JOURNAL DE LA FIN
DU SIÈCLE

1998

PHILIPPE SOLLERS

L'ANNÉE
DU TIGRE

Journal de l'année 1998

ÉDITIONS DU SEUIL
27, rue Jacob, Paris VIᵉ

ISBN 2-02-034259-6

Je n'ai pas besoin de m'occuper de ce que je ferai plus tard. Je devais faire ce que je fais. Je n'ai pas besoin de découvrir quelles choses je découvrirai plus tard. Dans la nouvelle science, chaque chose vient à son tour, telle est son excellence.

Lautréamont

Janvier

Jeudi 1ᵉʳ janvier

L'année 1998, en Chine, sera l'année du Tigre.
Douceur, ciel gris-bleu, puis bleu.

Il s'agit de vivre, pendant douze mois, avec une attention romanesque redoublée. Glissements, informations, désinformations, climat, travail, rencontres, signaux, projets, plaisirs, sommeils, rêves, fatigues.
Surprenante distance, surprenante joie dans l'absurdité.
Prière du matin :

> *Mon âme éternelle*
> *Observe ton vœu*
> *Malgré la nuit seule*
> *Et le jour en feu.*
>
> (Rimbaud)

Fin 1997, j'étais donc successivement à New York, Venise, Prague (visite au château de Duchkov, sur la route de Dresde, là où Casanova a écrit ses *Mémoires* et où il est mort).

Vendredi 2 janvier

À propos d'Anatoly Karpov, témoignages de joueurs d'échecs internationaux (*Libération*). Un Américain : « Karpov est unique. Son jeu est comme celui d'un boxeur qui ne punche pas. Il a de beaux mouvements, se tient à distance. Plus vous essayez de le frapper, plus il vous échappe et vous épuise. Et, d'un coup, vous vous retrouvez au tapis. Certains gagnent en empêchant les autres de réaliser leurs plans. Karpov, lui, se sert des plans des autres pour gagner. » Un Allemand : « Karpov n'est ni moderne ni créatif, ni ancien ni imaginatif : il est constructeur et étouffant. » Un Espagnol : « Face à Karpov, vous essayez toujours de comprendre quel labyrinthe il est en train de vous dessiner. Quand, enfin, après des heures d'introspection douloureuse, vous y parvenez, la partie est finie. » Un Russe, enfin : « Karpov est un mystère, une énigme, une équation insoluble. Comment un joueur peut-il jouer aussi bien aussi longtemps ? »

À propos de la momie de Lénine (qu'en faire ?), Claude Arnaud, dans *Le Point* : « L'institut qui entretient l'immarcescible Lénine n'est plus financé par l'État depuis 1991. Il survit en momifiant les mafieux, sous des cercueils de cristal. » La Corée du Nord a ainsi payé un million de dollars cash la momification de son despote.

J'ai parlé de tout cela autrefois, dans un petit texte plutôt enlevé : « La notion de mausolée dans le marxisme ».

Il y a un certain plaisir, il faut l'avouer, à constater qu'un de vos plus farouches adversaires peut faire de la très mauvaise littérature. Exemple : « Les lèvres frémissaient de sa nuque à son cou, les mains lui enserraient les épaules, les galbaient, les ramenaient en ailes repliées vers l'avant. Puis les lèvres essayaient de se glisser vers une épaule, de la main il écartait le pull, en étirait le col… Il lui souleva un bras et ôta la manche pour dégager l'épaule, qu'il suivit des lèvres, qu'il lécha, agaça des dents. Sa main pendant ce temps avait dégagé un sein, le soulevait, le pétrissait si serré qu'elle en sentait les glandes, les tissus », etc. (Jean-Philippe Domecq, *Silence d'un amour*).

Le passé simple, dans le récit, produit désormais des effets précieux ou comiques (surtout s'il s'accompagne de sa béquille de l'imparfait du subjonctif). Ainsi, dans *L'Identité*, le dernier roman de Milan Kundera : « C'est pourquoi, quand il voulut la prendre dans ses bras, elle se raidit ; elle eut peur d'être serrée contre lui ; peur que son corps moite ne divulguât le secret. Le mouvement fut trop court et ne lui donna pas le temps de se contrôler ; ainsi, avant qu'elle ne pût retenir son geste, timidement mais fermement, elle le repoussa. »

Question d'oreille et, comme dit Hemingway, « un écrivain sans oreille est comme un boxeur sans main gauche ». Dans le cas de Kun-

10

dera, c'est moins grave : ce genre d'embarras disparaîtra dans les traductions. Reste pourtant l'atmosphère : quelque chose de la collection « Harlequin ». Forme et fond, même substance.

Fin d'après-midi, 17 h 30, brusquement ciel bleu, croissant de lune, nuit arabe.

À Strasbourg, émeute de jeunes entre 13 et 20 ans, 50 voitures incendiées, dévastation d'Abribus et de cabines téléphoniques. La routine, quoi.

Samedi 3 janvier

Algérie : 412 égorgés et découpés à coups de hache (femmes et enfants compris).

Comble d'horreur, comble d'indifférence.

Pour les « fêtes », il y a eu 500 000 personnes sur les Champs-Élysées.

La Terreur peut être définie ainsi : une série de tests de passivité.

Lettre de D. : « Les fêtes passent au large, comme un cauchemar inoffensif... Quelqu'un éventrera peut-être une fillette ce soir ou demain ?... Ne pas avoir ramassé mon angoisse dans le caniveau était génial. Ça ne va pas durer. Mais si, ça dure... Splendeur de vivre. Pourquoi ? On verra ça demain. Égalité, fraternité, désastres. »

Paris encore vide, gris. Pluie, jour *fermé*.

Sous la lampe, tout change : musique et couleurs. Incroyable vie ouverte du silence.

Douleur physique en apprenant les nouvelles des massacres. Toujours cette même impression : on *vérifie* l'anesthésie des corps. Islamisme ? Coran ? Pas si sûr (tout est manipulable, même Dieu).

Une amie : « Tu sais, je crois qu'on crève, et puis c'est tout. » Devant mon air surpris, elle ajoute : « Mais je suis prête à croire à n'importe quoi et même à l'au-delà si tu me le demandes. » Rire forcé.

Énorme *avarice* subjective généralisée. C'est bien le temps de « la détresse de l'absence de détresse » (Heidegger). La Terre, devenue « l'astre errant ».

Dimanche 4 janvier

Non, je ne rêve pas, le mot *Épiphanie* est bien écrit sur mon agenda à cette date. Pour quelques-uns, dont je suis, c'est la Saint-James Joyce. *Word, save us !*

Lundi 5 janvier

On le sent déjà : les grandes manœuvres de conjuration-commémoration de mai 68 sont commencées. Un spectre hante les salles de rédaction. Trente ans après, il faudrait en finir *une fois pour toutes*.

Kafka, *Journal*, 5 février 1922 : « Je leur ai échappé. Je ne sais quel bond habile. Sous la lampe, dans ma chambre silencieuse. Imprudence de le dire. Cela les fait sortir des bois, comme si on avait allumé la lampe pour les aider à trouver la piste. »

L'athéisme et le libertinage sont – et doivent être – essentiellement aristocratiques. C'est une affaire trop grave pour être mise, c'est le cas de le dire, entre toutes les mains.

Claudel, *Journal*, 1926 : « Je suis en pourparlers avec la mort. Je pèse ses propositions. »

Sylla et Glaucus, de Jean-Marie Leclair. Ciré. Magnifique.

Ceux, ou celles, qui ne *peuvent* pas écouter de musique française et qui font la grimace dès qu'il en est question. Rameau ? Couperin ? *Niet*.

Algérie : pas une réaction des hommes ou des femmes politiques. Silence assourdissant. Scandaleux et honteux. Pas contents non plus, les politiques (ou les syndicalistes), que les chômeurs s'organisent, revendiquent, occupent, se constituent en lobby d'influence, *existent*. Où va-t-on si les misérables décident de se représenter eux-mêmes ?

Pendant ce temps, la station *Mir*, dans l'espace, est en panne d'ordinateurs. Il faut la réorienter vers le Soleil pour la recharger (panneaux solaires).

Pour Noël, les cosmonautes ont, paraît-il, bu un verre de cognac et installé un petit sapin dans leur cabine. Un verre seulement ? Bébés un peu ivres autour de la planète, jetés dans l'intersidéral.

Nouveaux silences : taxis, fax.

Nouveaux bruits : téléphones portables, etc.

Imaginer un fax d'Albertine dans la *Recherche* : perplexité et jalousie redoublées du narrateur.

Numéro de la *NRF* intitulé « Les moins-que-rien ». Pourquoi pas « Les au-dessous-de-tout » ou « Les pas-grand-chose » ? Retour du populisme dix-neuvièmiste sur fond de dévastation technique. Repli provincial, désarroi identitaire, littérature pour chômeurs.

Les vœux des Éditions Gallimard sont imprimés en regard d'une reproduction du tableau sublime de Delacroix, *La Femme au perroquet*, de 1827 (un des plus beaux nus de l'histoire de la peinture). On sent une gêne locale à utiliser cette reproduction pour souhaiter la nouvelle année. Antoine Gallimard, au contraire, me recommande son usage.

Mardi 6 janvier

Pascal Quignard, *Vie secrète* : « Un beau texte s'entend avant de sonner. C'est la littérature. Une belle partition s'entend avant de sonner. C'est la splendeur *préparée* de la musique occidentale. »

Beaux passages sur l'amour libre, la *connivence* des amoureux, la solitude, tout cela sans cesse ramené à l'expérience physique de la musique.

Sur la télévision : « Tous ceux qui y parlent, se sachant observés par l'œil en direct de la caméra, sont incapables d'ouvrir véritablement la bouche parce qu'ils sont sous le regard de l'autre… Il n'est jamais utile d'écouter des gens qui se savent être vus. Ils ne parlent pas. Ceux qui les voient parlent à l'intérieur d'eux et ils leur obéissent. »

Et aussi : « Le vrai secret ne se coupe pas du monde dont il ne craint ni le regard ni le jugement. Le vrai secret n'a pas besoin de vigilance. Quand on a assez vécu, on sait que personne ne s'intéresse à personne. On sait qu'on n'a pas besoin de se cacher pour être caché. »

X. m'écrit de façon distanciée et sentencieuse, comme s'il préparait un article nécrologique sur moi. Mais, cher ami, *nous ne sommes pas pressés* !

La *noria* de la médisance.

Mercredi 7 janvier

Correspondance de Flaubert. En 1869, son expression qui fait date : « la prêtraille jacobine ». Et celle-là : « Le Français est un coco envieux. »

« Paganisme, Christianisme, Muflisme : voilà les trois grandes évolutions de l'humanité. Il est triste de se trouver au début de la troisième. »

Le 10 juin 1871 (il revient de Paris, après la Semaine sanglante) : « À de très rares exceptions près, *tout le monde* m'a paru fou à lier. Une moitié de la population a envie d'étrangler l'autre qui lui porte le même intérêt. Cela se lit clairement dans les yeux des passants. »

Rimbaud, deux ans plus tard, va parler de « ce continent où la folie rôde. »

Samedi 10 janvier

Bleu doux, ciel nacré. Hiver indien, en somme.

Proverbe indien : « Les échecs sont un océan où un moucheron peut boire et un éléphant se noyer. »

Un professionnel (ou une professionnelle) de l'indiscrétion est toujours, à un moment ou un autre, amené à vous dire : « Je suis une tombe. »

Titre de *Libération* : « Les chômeurs gagnent un milliard en un mois. »

Lundi 12 janvier

« Le krach asiatique va aboutir à une destruction de richesses de l'ordre de 500 à 600 milliards de dollars. C'est exactement ce qui s'est passé dans les années 30, où l'effet de contraction de richesses dû au krach de Wall Street a amené les banques américaines à retirer leurs actifs un peu partout dans le monde. Ce dégonflement de la bulle spéculative de Wall Street en 1929 a provoqué des faillites bancaires en chaîne, puis une crise des paiements mondiaux. On est confronté aujourd'hui au même danger : celui de transformer le dégonflement des bulles spéculatives immobilières ou boursières en faillites bancaires en chaîne (cela commence à être le cas au Japon, en Thaïlande et en Corée) » (*Libération*).

Voilà l'année du Tigre. L'expression « bulles spéculatives » est admirable. Ainsi des galaxies d'argent gonflent, flottent et disparaissent, pendant que X ou Y vit (si on peut dire) avec 30 ou 40 francs par jour.

Exemple : 92 % des Bulgares ont des revenus inférieurs au seuil de pauvreté fixé par l'ONU.

L'autre élément de l'actualité profonde est le *clonage*. Beaucoup de bavardages là-dessus.

Au premier plan, en France, la commémoration du *J'accuse* de Zola. Le texte est déployé devant l'Assemblée nationale. L'effet est très beau.

Mercredi 14 janvier

J'avais fait le pari de faire imprimer les noms de Heidegger et Debord dans un magazine populaire. Gagné.

Avec François Fédier, à la *NRF*, pour choisir des photos de Heidegger des années 60. L'une d'elles, étonnante, où il est, de dos, devant la montagne Sainte-Victoire. Hommage à Cézanne. « L'éclair qui vient d'où règne la paix et comme étant la paix elle-même. »

Jeudi 15 janvier

Pluie grisâtre, le sale temps humide et venteux de Paris, quand « le ciel bas et noir pèse comme un couvercle ». Le *bassin* parisien.

Procès Papon. Le chef de la Police de sûreté allemande pendant l'occupation nazie, à Bordeaux, s'appelait Luther. Le 19 octobre 1942, il écrit que « tout fonctionnaire français est responsable pour le juif indiqué sur sa liste et il doit être avisé que, dans le cas de négligence ou d'appui à l'égard du juif à arrêter, des mesures sévères seront prises en ce qui le concerne ».

Claudel, dans son *Journal*, appelle Hitler « la hideuse semence de Luther ». Et ceci, le 21 mai 1935 : « Discours de Hitler. Il se crée au centre de l'Europe une espèce d'islamisme, une communauté qui fait de la conquête une espèce de devoir religieux. »

Lautréamont et Rimbaud sont absents de l'index des noms cités dans les *Écrits* de Lacan. Claudel, lui, s'y voit défini comme retrouvant, à travers le tragique grec, « un christianisme de désespoir ».
On rêve.

Dimanche 18 janvier

Pluie glacée. À 5 heures de l'après-midi, ciel brusquement bleu, fenêtre ouverte, regard sur les toits, immense bonheur sans raison.

La drague clandestine à Téhéran, ces temps-ci. Les filles : tchador et bas résille.

Le programme nihiliste exposé par Dostoïevski. Le Diable s'adresse à Ivan Karamazov : « Tout homme saura qu'il est entièrement mortel, sans résurrection, et il accueillera la mort fièrement et calmement, comme un dieu. »

Une fille, un peu gênée : « Il paraît... enfin le bruit court... la rumeur... que vous êtes devenu *croyant* ? » N'importe quoi, comme d'habitude, mais c'est vrai que je viens de publier un éloge de Pascal.

Lundi 19 janvier

Les chômeurs se sont invités à *La Coupole*, à Montparnasse. Ils viennent dîner gratis, refusant d'aller au sous-sol avec le personnel, jettent les sandwiches qu'on leur offre et se font servir des entrecôtes-frites. Des clients indignés s'en vont sans payer. D'autres leur offrent du champagne. Même cirque au *Lutétia*.
Les chômeurs avaient occupé auparavant l'École normale supérieure, rue d'Ulm, et Sciences-Po. Les restaurants, les temples universitaires ? Pas mal vu.

Comme chacun sait (la presse américaine le répète chaque mois), il ne se passe rien dans la création culturelle en France. On serait bien en peine de trouver aujourd'hui un seul grand écrivain français. Heureusement, la relève est assuré par les écrivains francophones. Un journaliste écrit, par exemple : « La langue n'est qu'un instrument. La littérature vaut beaucoup plus que l'agencement des mots. »

L'engrenage : la préférence antinationale fait monter la préférence nationale, laquelle, par sa stupidité même, peut être montrée du doigt comme danger. Le fascisme, le racisme, la xénophobie sont actifs, c'est un fait. Donc je m'y oppose. C'est là un travail à plein temps, toute autre pensée doit attendre. Ne surtout pas faire remarquer qu'un écrivain « francophone » écrit une littérature médiocre, on aurait l'air de défendre une très médiocre littérature « française ».

Dans une conférence à New York, je me suis présenté comme « européen d'origine française ». Flottement dans l'auditoire, je ne jouais pas le rôle prévu. Aucune revendication de ma part, sauf celle-ci : avoir trois lignes dans un dictionnaire de littérature mondiale daté de 2050 à Pékin. Style : « Ph. S., écrivain européen d'origine française qui, très tôt, et presque seul, s'est beaucoup intéressé à la Chine. »

Mardi 20 janvier

Zhong Yong, *La Régulation à usage ordinaire*, traduction et commentaires de François Jullien. Livre magnifique. « Quand on le déroule, ce livre emplit l'univers dans toutes les directions ; quand on l'enroule, il se retire et s'enfouit dans son secret. »

La marche en silence du Ciel : « Le monde du Ciel, en haut, s'accomplit sans bruit et sans odeur : stade suprême ! »

Procès Papon, de plus en plus pénible, confus. Nécessaire quand même ? Oui.

Le pape à Cuba. Tremblement de la main gauche. Les Américains mécontents. Castro *snobé*. Qu'est-ce que le Temps ? Réponse de Picasso : « La poussière est mon amie. »

Journal de Claudel (deux volumes en Pléiade) : je m'aperçois que personne ne l'a lu. Or il est passionnant.

« Écrire est mettre quelque chose de très noir au bout de quelque chose de très aigu. Plus la matière est noire, plus l'écriture est claire. »

« L'œuvre n'est pas le produit de l'artiste, l'artiste est l'instrument de l'œuvre. »

« L'esprit passe sur la matière comme l'archet sur la corde, ou plutôt comme le souffle sur les cordes vocales. »

Sur Molière : « Le génie de l'ironique et mordante gaieté a son lyrisme aussi, ses purs ébats, son rire étincelant, redoublé, presque sans cause et se prolongeant, désintéressé du réel, comme une flamme folâtre qui voltige de plus belle après que la combustion grossière a cessé, – un rire des dieux, suprême, inextinguible. »

Mercredi 21 janvier

Le « Ciel ». Je reçois le livre de François Jullien, *Un sage est sans idée*. Il faudrait reprendre toute l'histoire de la métaphysique occidentale d'un point de vue chinois. C'est sans doute ce que voulait dire Heidegger en insistant sur un travail de préparation en vue d'un « dialogue avec l'asiatique ».

Claudel a passé *quinze ans* de sa vie en Chine.
Sur Gide : « Il croit être sobre, et il est pauvre ; simple, et il est plat ; classique, et il n'est que bourgeois. »
Je relis *Les Caves du Vatican*, pour voir. Quel livre bizarre, sinistre, ennuyeux, décousu et fou, si on y pense. Des noms à dormir debout, Anthime, Amédée Fleurissoire, Baraglioul, et même Lafcadio. L'histoire du faux pape. Et le fameux « acte gratuit » : misérable. Des rats, des punaises, des puces, des moustiques. Aucune éroticité. Soufre ? Moisissure, plutôt. Le diable *moisi*. Tout le renfermé du 19e siècle.

Jeudi 22 janvier

Pour la première fois de l'année, soleil dans les yeux. L'éclaircie de janvier, comme une arrière-pensée forte, réserve.

Procès Papon : enlisement. L'accusé déclare qu'il a deux handicaps : il n'a pas prêté serment à Pétain et il n'a pas reçu la francisque. Allusion claire à Mitterrand (on n'a pas fini de voir rôder le spectre de Bousquet).
J'ai remarqué qu'il était impossible de faire lire les passages de *Studio* où je parle de mon enfance à Bordeaux pendant l'Occupation. Même chose pour les passages de mes autres livres où je décris ma vie dans les hôpitaux militaires de l'est de la France pendant la guerre d'Algérie. Censure immédiate, même avec les amis les plus

proches. Je ne *dois* pas avoir eu une famille pro-anglaise ni avoir été « réformé n° 2 sans pension pour terrain schizoïde aigu » (grâce à l'intervention *in extremis* de Malraux, après une grève de la faim). Ce côté de l'Histoire n'a pas droit à l'existence.

Claudel : « Rimbaud est le premier qui ait employé le langage et la poésie, non plus seulement à l'expression des choses connues, mais à une tâche de découverte. »
« Verlaine raconte que Rimbaud exerçait sur lui une "séduction démoniaque". "Encore maintenant, je rêve de lui toutes les nuits." Ce qu'il aimait, c'était ses vers. Ce qu'il dit prouve qu'il n'a jamais rien compris à sa prose, pas plus que Mallarmé. »
« Grâce à la haine des professeurs qui en France occupent toutes les positions stratégiques, j'ai pu procéder en paix au développement de mon immense phénomène. »

Ce matin, dans le studio froid, après avoir traversé le Luxembourg, passant devant les statues de Sainte-Beuve (bien en vue, très soignée) et de Baudelaire (à l'écart).

L'Hystérie occulte : symptômes nombreux. Affolement des femmes, chaponisation des hommes. En somme, clinique tous les jours.

À Saint-Germain-des-Prés, ouverture de l'*Emporio Armani* à la place du drugstore. Les Français, toujours en retard : petit New York provincial, petit Soho. Armani a fait savoir qu'il donnait un million de francs pour la restauration des vitraux de l'église toute proche. L'ensemble a coûté cent millions.

Le soir, images de la réception du pape à Cuba. Castro en maître d'hôtel. On le sent jaloux des prosternations des femmes du corps diplomatique qui se jettent à genoux en embrassant la main de Jean-Paul II. L'opium des riches est de meilleure qualité que celui des pauvres.

Dix lignes de plus dans mon roman : grande journée, donc.

Vendredi 23 janvier

L'affaire Clinton éclate vraiment. Titre de *Libération* : « Waterbraguette ». Du Figaro : « Womangate ». Monica Lewinsky, la stagiaire à la bouche irrésistible, appelait Clinton, paraît-il, « *dear shmucko* », en yiddish (« mon gros bêta », « mon bistouquet »).

Les quatre femmes qui accusent le président : leurs têtes sinistres.

Éditoriaux : on peut rire ou s'indigner, mais il faut comprendre : c'est la démocratie, il ne faut pas mentir. Quand les Français, par exemple, ricanent ou haussent les épaules, cela veut dire qu'ils gardent en eux des traces de monarchisme. La démocratie, en revanche, suppose un avocat virtuel derrière chaque citoyen, et un système sophistiqué d'écoutes policières (pour le bien, évidemment). L'Élysée, on s'en souvient, avait tenté une avancée dans ce sens pour protéger la vie privée du président de la République.

Massacres en Algérie, démocratie américaine : voilà le régime quotidien. Les journalistes américains ont d'ailleurs déserté le show cubain du pape pour se *concentrer* sur l'affaire Clinton. Beaucoup plus important, en effet ! Bistouquette ! Pénis planétaire !

Le soir, à la radio, *Messe Nelson* de Haydn, admirable interprétation dirigée par Michel Corboz. Guerre, feu, foi, bateaux à l'abordage, canons, mâts, cordages, grande signature verticale et horizontale, bien nette ; Trafalgar.

Samedi 24 janvier

Le *Sexgate* continue à Washington. Le dollar s'enrhume. Le FBI aurait trouvé chez Monica Lewinsky des cadeaux de Clinton. Une robe, des bijoux, et même un recueil de poèmes. Des poèmes ? *Lesquels ?*

La perle : le président aurait dit à sa stagiaire qu'il n'avait pas l'impression de commettre un adultère si elle lui faisait simplement des fellations (mot noble). Il reste à imaginer la scène.

Monica aurait gardé sur un de ses « vêtements » une trace de sperme séché du président. Certains réclament déjà une analyse de l'ADN de cette tache. L'ADN du président de la première puissance mondiale, après celui de Montand exhumé. On n'arrête pas le progrès. Bien entendu, tout cela n'a aucune importance, sauf comme symptômes du déferlement technique.

Dans l'après-midi, brève intervention sur Chateaubriand à la télévision. J'ai eu le temps de citer les phrases suivantes :

« À l'époque où on célébrait les joyeuses orgies du sang, de l'acier et de la rage, où l'on trinquait au néant… »

« Les béats de philanthropie faisaient couper le cou à leurs voisins avec une extrême sensibilité, pour le plus grand bonheur de l'espèce humaine. »

Et aussi (pour la musique) : « Ce château, ces jardins, ces jets d'eau qui ne se taisaient jamais ni jour ni nuit, que sont-ils devenus ? »

Rimbaud :

> *Ô saisons, ô châteaux !*
> *Quelle âme est sans défaut ?*

Le ministre de l'Intérieur de la République française est cultivé. La preuve (il parle des adolescents casseurs) : « Le moins que l'on puisse dire, pour ceux que la police a interpellés, c'est qu'ils n'ont pas grand-chose dans la tête. On pourrait parler d'acte gratuit s'ils avaient lu Gide, mais, en l'occurrence, ce sont des jeunes qui ne comprennent même pas ce qu'ils font. Ils n'ont pas perdu le sens de la réalité, pour la bonne raison qu'ils ne l'ont jamais eu. Ils vivent dans le virtuel. Ce sont les produits de ce que Régis Debray appelle la "vidéosphère". »

Il serait temps, en effet, de faire lire Gide aux mineurs.

Quelques aphorismes d'Oscar Wilde :

« De nos jours, il est très dangereux pour un mari d'être un tant soit peu prévenant avec sa femme en public. Les gens croient toujours qu'il la bat lorsqu'ils sont seuls. Le monde est devenu tellement méfiant à l'égard de tout ce qui ressemble à un mariage heureux. »

« Les femmes ont un merveilleux instinct des choses. Elles sont capables de tout découvrir, sauf l'évidence. »

« J'ai été éperdument, follement adoré. Je le regrette. Cela m'a été terriblement inconfortable. J'aimerais parfois avoir un peu de temps pour moi. »

« La seule façon, pour une femme, de parvenir à réformer un homme, c'est de l'ennuyer si profondément qu'il perde tout intérêt à la vie. »

Dimanche 25 janvier

Toujours le *Sexgate*, que la presse américaine appelle maintenant le *Fornigate*.

Une jeune Américaine blonde interrogée dans la rue, à New York : « Je pense que le président a une fâcheuse tendance à sortir son organe reproducteur de son pantalon. »

Cet « organe *reproducteur* » est tout un programme.

Impression de folie furieuse. Elle vient de loin.

Zizigate, Cockgate, Prickgate, Couillegate.

Monica Lewinsky, en plus, habite l'immeuble du Watergate.

Ce serait intéressant de savoir avec qui elle est en train de faire l'amour en ce moment.

Elle a 24 ans. C'est très âgé pour jouer Lolita.

Les yeux commencent à se tourner vers Hillary, qui devrait bientôt rentrer en scène. Un scandale la concernant (un amant noir à la sauvette, par exemple) est tout simplement inimaginable. Et pourtant, qui sait ?

Non, c'est le mâle hétérosexuel grossier qui mérite d'être blâmé. Ne pas oublier que, lors du défilé de la *Gay Pride* à New York, en août 1997, le plus gros succès a été atteint par le rassemblement des policiers homosexuels. Ils ont été chaleureusement applaudis par les familles.

Dan Rather, le présentateur de CBS : « Nous avons conclu que même une messe papale [à Cuba] ne pouvait pas rivaliser avec le cirque présidentiel qui se déroule ici. »

Voilà ce qu'on pourrait appeler une démonstration par vases communicants. On est loin de la « baie des Cochons » du temps de Kennedy et de Marilyn Monroe. Enfin, ça marche tout seul.

On parle sans arrêt, pour les critiquer, des « intellectuels médiatiques ». Mais que serait un « médiatique intellectuel » ?

Comment s'organiserait sa vie ? Son temps schizophrénique ?

Au fond, ce serait une sorte de *marrane* (juifs convertis qui judaïsaient en secret). Il penserait *à part*. Après avoir bien fermé sa porte. À l'insu de tous. Rentrant d'une émission de télévision, il lirait Spinoza. Chut !

Ou bien : « Comme on avait demandé à Rabbi Menahem Mendel de Worki en quoi consistait le Juif véritable : "Trois choses nous conviennent, dit-il : un agenouillement debout, un cri sans voix, une danse immobile." »

Ou encore : « Parole du rabbi de Guér : "Il y en a qui disent : le monde, je veux le rejeter. Mais le monde est-il tien, que tu veuilles le rejeter ?" » (Martin Buber, *Récits hassidiques*).

Lundi 26 janvier

Éclaircie.

Une fois de plus, les *Variations Goldberg*, interprétation de Barenboïm. Même Cioran trouvait là une lueur d'espoir, une issue à travers l'horreur et l'absurde.

Bach, cinquième évangéliste. Évident.

Toujours le Pénisgate.

Une chaîne de télévision : « Excusez-nous de nous concentrer sur le slip du président, mais c'est là que sont les *news* ! »

Les ultrareligieux, en Israël, comparent Monica Lewinsky à Esther, rôle majeur dans la Bible. *Esthergate*.

Monica aurait dit à une amie au téléphone (enregistré) : « J'ai menti toute ma vie. »

Là-dessus, le pape quitte Cuba. Castro toujours en maître d'hôtel. *Ciao !*

Carte postale d'Antoine Gallimard, de Tokyo, montrant des danseuses japonaises en costume rituel, autour d'un bassin en train de nourrir des carpes : « Je regrette que tu ne sois pas venu. Il y a des geishas charmantes, mais elles sont rares. Ils ne lisent plus Mishima, mais Kenzaburo Oé. Le fils de l'empereur va inaugurer la foire. On retient son souffle. »

Mardi 27 janvier

Soleil sec.

Et l'*Irangate* ? Qui s'en souvient ? De quoi s'agissait-il *exactement* ? Et pourquoi pas un *Irakgate* ?

Ce pénis présidentiel est le bienvenu pour détourner l'attention.

Affiches à Jérusalem pour soutenir Clinton. La presse arabe, comme d'habitude, parle de « complot sioniste ».

Le soir, conférence sur Rimbaud. Lecture de *Studio* qui, à haute voix, devient, même pour moi, un autre livre. Vérification rythmique.

Mercredi 28 janvier

Gris-blanc, - 1°. Puis, soleil.

Protestations, à Strasbourg, contre l'antisémitisme de la pièce de Shakespeare, *Le Marchand de Venise*. Pauvre Shakespeare. Il ne lui reste plus qu'à écrire une comédie : *Phallusgate*.

Jeudi 29 janvier

C'est décidément un mois bleu. Une amie : « Quel temps mirifique ! »

Contre-attaque de la Maison-Blanche : Clinton réussit son discours au Congrès. Il menace l'Irak (ça tombe bien). Hillary sourit. Retour aux vraies bombes (virtuelles).

Une autre amie : elle ressent toute pensée avec peur. De quelqu'un qui, en effet, aurait tendance à penser, tout de suite : « Il est fou. » D'ailleurs, c'est vrai : il est fou. Mais c'est ce qu'il a d'intéressant, justement.

Grande nervosité autour du linceul de Turin. Je ne parle pas de la mise en scène, classique, de la crédulité populaire, mais du frisson des intellectuels accrochés à l'idée du faux prouvé par la datation au carbone 14. Que, *malgré* cette expertise, on ne puisse donner aucune explication scientifique de la formation de l'image par disparition sans contact, cela les agace, les trouble, les indigne. Il *faut* que ce soit un faux. Mais pourquoi le faut-il ?

Gérard Miller, à propos de la tache de sperme de Clinton sur une robe de Monica Lewinsky : « Chaque époque a le Saint Suaire qu'elle mérite. »

Humour de Claudel : « On adore le cœur de Jésus-Christ, on n'aurait pas idée d'adorer sa cervelle. »

Pierre Nora me dit qu'il veut me voir « quinze secondes ». C'est pour m'annoncer, avec un grand sourire, qu'il se porte candidat à l'Académie française. « J'espère, ajoute-t-il, que vous allez maintenant dire le plus grand mal de moi. » – « Je n'y manquerai pas », lui dis-je. C'est un homme d'esprit : sérieux handicap pour lui.

Samedi 31 janvier

Annonce de la vente du manuscrit de la « Lettre du Voyant » de Rimbaud, à Drouot (11 pages).

Le Figaro : « Partagée entre poésie et soif de révolution sociale, la vie littéraire de Rimbaud n'aura été que de courte durée. Rejetant abruptement la poésie dont il dénonce l'impuissance à "changer la vie", Rimbaud s'enfermera pendant dix-huit ans dans le silence », etc.

Il faut donc éviter de dire que tout le monde aura été enfermé, à la fin du 19e siècle, sauf Rimbaud.

En 1982, le sonnet des *Voyelles* a été vendu 330 000 francs.

En 1991, le passeport de Rimbaud délivré par le consulat de France au Caire : 235 000 francs.

En 1993, le poème autographe de *Fêtes de la faim* (20 vers) : 182 000 francs.

En 1991, le manuscrit de *J'accuse*, de Zola : 5 millions de francs (Bibliothèque nationale).

En 1957, les *Illuminations* : 9 millions.

Le Figaro nous dit que la formule « Je est un autre » est une « mystérieuse phrase, à jamais énigmatique. » *Vraiment ?*

Une « exposition Rimbaud » est en cours de préparation à Gênes.

Je publie un article sur Flaubert dans *Le Nouvel Observateur* (« Libérez Flaubert ! »).

C'est surtout pour citer Lautréamont à son sujet : « écrivassier funeste ». Et puis cette merveille (toujours dans *Poésies*), à propos de George Sand : « l'Hermaphrodite circoncis ».

Il ne *faut pas* que Lautréamont et Rimbaud aient dit ce qu'ils ont dit. C'est pourquoi je défendrai simultanément, s'il le faut, Claudel et Breton. Le programme du Spectacle est en effet : le 20e siècle n'a pas existé, pas plus que ce qu'il y a eu d'essentiel au 19ᵉ. Retour, donc, à Péguy (Claudel et Proust d'accord *contre* Péguy).

J'écris un article dans *Le Monde* sur *Un sage est sans idée*, de François Jullien. Titre : « La voie chinoise ».

Le Web en folie : des équipes de *hackers* se ruent sur Internet pour avoir des informations sur Monica Lewinsky. Très vite, des sites affichent ses adresses présentes et passées, son salaire, la marque de sa voiture et de son ordinateur, le montant des dons versés par sa mère au parti démocrate. On a retrouvé son *curriculum vitae*. Profession : relations publiques ; *hobbies* : bénévolat, nature et environnement, camping dans l'Orégon ; associations citées par elle : *Big Sisters* (aide aux jeunes filles en détresse), *Greenpeace* et *Right to Life* (anti-avortement). Sa déclaration était dotée de liens avec le site de la Maison-Blanche. En exergue, elle a écrit : « Qu'elle est enchevêtrée, la toile qui nous tisse ! »

En effet. Je souligne seulement l'engagement antiavortement, cocasse. Fellation, oui, interruption de grossesse, non.

Hystérisation d'Internet. Et puis, soudain, fumée, coucou, rideau, *ciao*, à bientôt ! Ni vu ni connu, rendez-vous en Chine !

Un type, au café : « Très bien, votre article… Que j'ai lu… Dans… Très bien… » Là-dessus, il s'en va, tiré par son téléphone portable.

Déluge d'articles sur l'euro. Titre de roman : *La Disparition du franc* (qui pourrait commencer par une méditation sur Cézanne, dernière figure colorisée sur papier-monnaie). L'euro ! l'euro ! Leurro !

Et puis, soudain : la *Messe du couronnement*, de Mozart. Splendeur *incongrue*, simple, vertigineuse.

Claudel, 1922 : « Quelle est la situation ? Désespérée, mais pas sérieuse. »

Et ceci, dans *Éloge du Chinois* : « Il est impossible d'oublier que la découverte de l'Extrême-Orient et le développement de l'art baroque au 17ᵉ et au 18ᵉ siècle ont été synchroniques et que c'est de la première que le second a probablement reçu l'accentuation décisive. »

En 1946 : « La Chine : quelque chose de démesuré et de clos, quelque chose qui, pour arriver à la conscience de soi-même, au lieu de son récit, a besoin d'énormément d'espace et de temps. Tout cela tient ensemble. »

Il faut réévaluer Claudel à partir de son *Journal* et de sa prose, y compris sur le plan politique. L'hostilité constante de l'Action française à son égard (très important). Maréchalisme ? Très bref, il s'en excuse, il détestait trop la Troisième République, il n'arrête pas, ensuite, de parler de « l'immonde Pétain », et des compromissions honteuses de l'Église catholique (il lit sans cesse la Bible). Son dégoût pour la complicité Hitler-Staline. Il pleure en entendant annoncer, à la radio, l'avance des troupes alliées. En 1950 : « Pour moi, deux moyens d'arriver à quelque chose : l'Amérique et les Juifs. » Et en même temps (guerre de Corée) : « Cet éveil de l'immense peuple chinois. Mao Tsé-toung est le Washington de la Chine. » Son hostilité à Péguy, à Bernanos (qui reviennent comme par hasard à la mode en ce moment).

Au fond, personne n'aime Claudel, c'est-à-dire son style : « À mesure que je m'en éloigne, ma vie passée se dessine comme une île. » Et ceci : « Ce qui n'est pour vous que mots et cendres est pour moi chair, pain, vin, eau, lait, miel, huile, pulpe de fruit. »

Sur Proust : « Cette espèce de passion, digne des anciens prophètes, avec laquelle Marcel Proust dénonce le monde où il a vécu. Comme s'il avait reçu mission et qu'il fût dévoré par elle. »

Plus inattendu, le 27 mars 1949 : « Une grande tenture murale de Picasso me donne un choc. L'étoffe est d'un fauve sombre et, là-dessus, indistincts, deux personnages, un Arlequin rouge accroupi et une espèce de personnage blanc sans forme, le blanc personnifié. C'est étonnant de grandeur et de puissance dramatique. »

X., l'autre jour encore, lorsque je prononce le nom de Claudel, fait la moue, et murmure aussitôt : « pétainiste ». Puissance des clichés, qu'il s'agisse de Breton, Heidegger ou Céline. On dirait qu'un ordinateur donne ses ordres pour interdire, désormais, de penser.

Claudel, encore : « Toute collectivité est régie par un esprit de routine et de jalousie réciproque. »

Et aussi : « Il vous écoute avec des yeux rayonnants d'intelligence, uniquement occupé à ne pas comprendre. »

Ou bien : « Ces vieilles dames, pareilles à un conciliabule de mouches à merde. »

Et ça : « Il faut tout faire bien, même le mal. »

Février

Dimanche 1er février

Grand beau temps bleu sec, sphérique.

Photographies de mes manuscrits pour le film d'André S. Labarthe. La gentillesse de toute l'équipe du tournage à Ré, Venise, New York. Pas une minute de tension.

Mardi 3 février

Déclaration, dans *Le Figaro*, d'Andreï Makine, prix Goncourt 1996 : « À Moscou, au début des années 20, on voyait des femmes défiler nues dans les rues pour protester contre la morale bourgeoise. Quand les Français parlent de leur mai 68, cela nous fait rire. »
Le prix Goncourt francophone nous fait rire.

Publicité pour le *Journal* de Hallier : pathétique, vide, nul.

Mercredi 4 février

Marche arrière, prévisible, des médias américains sur le *Monicagate*. Clinton sauvé par sa femme Hillary. Voilà où est le pouvoir.

Exécution programmée, au Texas, de Karla Faye Tucker, 38 ans, condamnée à mort pour un double meurtre au *piolet*.
Elle est dans le « couloir de la mort » depuis treize ans. L'exécution doit avoir lieu par injection et arrêt du cœur.
George Bush Jr. pourrait la gracier.
Quand elle a tué, elle avait avalé Valium + héroïne + tequila + rhum.

Elle dit avoir « joui sexuellement » en tuant un homme et une femme (elle s'est surtout acharnée sur la jeune femme).

C'est la fille d'une prostituée, accrochée à l'héroïne dès l'âge de 10 ans, prostituée elle-même avant l'âge de 15 ans.

Elle s'est convertie au christianisme, a épousé l'aumônier fondamentaliste protestant de la prison (elle lui parle à travers une épaisse vitre en Plexiglas), elle est *angélique* (très jolie), elle dit des choses du genre : « Je sais où je vais, Jésus va venir me chercher. »

Aucune femme n'a été exécutée au Texas depuis 1863, c'est donc une sorte de première.

Karla est devenue célèbre grâce à la télévision. Un télé-évangéliste ultraconservateur la soutient. Elle-même aide maintenant les délinquants à se sortir de la drogue, etc.

Le pape intervient en sa faveur. Spectacle total.

Progrès de l'érotisme américain dans le sadisme sur fond de morale : l'*injection* est une idée de génie (beaucoup plus excitante que la chaise électrique).

Tuer une repentie, et peut-être une sainte, voilà ce qui les fait jouir (pas « sexuellement », bien sûr).

Le corps américain a ses raisons que la jouissance ignore. D'ailleurs, comme on sait, le mot « jouissance » n'est pas traduisible en anglais.

Il y a, aux États-Unis, plus de 3 200 condamnés à mort en attente, dont 47 femmes. Ce n'est pas encore la parité.

Je me souviens d'une réflexion de Paulhan, un matin que j'allais le voir chez lui, après l'exécution d'un condamné à mort américain (Caryl Chessman) : « Dommage, il venait de s'abonner à la *NRF*. »

Avantages en publicité de l'*inhumanité pure*.

Karla Faye Tucker a été « injectée » dans la nuit du 3 au 4 (heure française). Le bourreau masqué met des gants, passe par une lucarne, manipule des tubes et opère. On la fait manger avant, etc. Horreur radicale, celle de la bien-pensance elle-même.

Le 3 au soir, diffusion de *Shoah*, le film de Lanzmann, sur Arte. Grande œuvre, pas seulement sur l'abominable, mais comme réflexion critique intense sur le cinéma.

Andreï Makine écrit le français comme ça : « Ils se sentent tout à coup seul à seul avec quelque vertigineuse intuition, une percée qui incise leur vie d'un trait aveuglant. » Ou : « La nuit de la première chute de neige formait dans son esprit une vaste contrée de surdité qu'elle apprit à éviter par la pensée. »

Ce n'est pas grave, les traductions seront meilleures que l'original.

Vendredi 6 février

Mort de Renaud Matignon. Il m'insultait systématiquement depuis des années (style *Action française*). Drôle de type, courageux, indépendant, talent. Pas de livre. Avec Huguenin et Hallier, disparition d'un ami de jeunesse (je revois son air buté et furieux). Ami ? Non : ces trois-là étaient amis *entre eux*, et ce n'était pas du tout mon histoire (ni littéraire ni politique). Leur point commun (très français) : une bizarre et tenace haine de soi.

Assassinat du préfet Érignac en Corse. Il venait de garer sa voiture, il allait écouter un concert. Martine Aubry, à l'Assemblée nationale, débat sur les « 35 heures », fatiguée, a cette formule étrange : « Nous avons tous un sentiment affreux pour lui et sa famille. » Une minute de silence.

Le ministre de l'Intérieur, à propos des tueurs qui ont agi à visage découvert, parlera d'« éléments semi-mafieux ». Ce *semi* est ineffable.

Samedi 7 février

Le matin, retour à la pluie glacée ; l'après-midi, soleil.

Debord : « Je me flatte de faire un film avec n'importe quoi ; et je trouve plaisant que s'en plaignent ceux qui ont laissé faire de toute leur vie n'importe quoi. »

Dimanche 8 février

Gris blanc, puis très bleu.

Deux avions ont laissé dans le ciel des sillages qui se croisent comme un immense X en expansion. Le ciel en équation.

Freud a étudié tout seul l'espagnol pour pouvoir lire *Don Quichotte*. Il parlait l'italien, l'anglais, l'allemand, le français.

X. a été frappé par une phrase de moi : « Je ne dis jamais nous. » Je l'ai quand même dit, autrefois, en rédigeant anonymement sur des coins de table des déclarations « révolutionnaires ». Personne ne veut croire que c'était amusant à faire. Laissons tomber.

Un garçon de 13 ans, Nicolas, devait se faire des piqûres d'eau de mer trois fois par jour. Cela se passait dans la Mayenne, dans un château. La famille a fini par porter plainte contre la secte qui organisait ce genre de plaisanteries, la FBU, Fraternité Blanche Universelle.

La FBU, fondée en 1947 par un certain Aïvhamov, propose « un ésotérisme syncrétique fondé sur l'adoration du soleil, les lois du karma et la galvanoplastie spirituelle ».

Une vidéo, enregistrée lors d'un mariage, montre un décor maçonnique où les triangles ornés de bougies décorent les murs. Amour, fécondité, karma reviennent sans cesse, ponctués de chants en bulgare, « des sons harmonieux qui façonnent la matière », disent les adeptes. Ce cérémonial est présidé par un membre éminent de la Grande Loge Nationale Française, une obédience très traditionnelle qui compte quelque 23 000 membres.

Film américain : reportage « compréhensif » sur les transsexuels. Dans un sens, dans l'autre. Voici donc les volontaires de l'expérimentation organique. C'est leur obsession, leur passion. Quelques femmes à barbe, des hommes opérés, des pénis greffés, des voix qui montent ou descendent. Bonne humeur et mélancolie noire.

Qu'est-ce que l'identité ? Un couple raconte : « Nous étions lesbiennes, puis un couple hétéro, et maintenant un couple homo. » Voilà ce qui s'appelle faire le tour de la question.

Lundi 9 février

Toujours les long-courriers, là-haut, dans le bleu griffé.

Très beau temps. Méditation au soleil, dans le cloître de Port-Royal, qui me fait penser chaque fois (en moins beau) à celui de Santa-Croce, à Florence. Rien à voir, sauf la concentration de silence. Souvenir de la Capella dei Pazzi, avec ses quatre évangélistes blanc et bleu de Della Robbia. Je me suis endormi là, un matin, pendant vingt minutes. Je travaillais sur Dante et son *Paradis*.

Ici, Pascal, miracle de la Sainte Épine, chapelle fermée, avec, parfois des concerts d'amateurs ou des expositions de peintures minables. Abandon et Maternité : médecine du travail.

Les deux statues bibliques, là, en attente, Moïse, Aaron. L'herbe, les roses. L'Esprit.

Je revois la tombe de Hegel, à Berlin, sur laquelle j'ai cueilli une feuille de lierre.

Les morts vivent au soleil.

On me demande de prêter ma voix pour un film sur Roger Caillois (il paraît que je sais lire). Déplacement à Bry-sur-Marne, donc. Caillois était un drôle de grand garçon brusque, sanguin, véhément, un furibond rentré, qui n'a pu trouver son point d'équilibre que dans la passion des pierres. Lecture de *Patagonie* et du *Fleuve Alphée*.

Bry-sur-Marne me rappelle mes séjours dans les hôpitaux militaires au début des années 60, pendant la guerre d'Algérie. C'est là que j'ai été amené un jour, en camionnette grillagée, pour subir des tests de crises d'asthme déclenchées artificiellement. Je me revois dehors, asphyxié, à quatre pattes, regardant Paris, au loin. Les séances avaient lieu en sous-sol, dans des salles bétonnées. Moment difficile. J'ai écrit une petite nouvelle là-dessus : *Background*.

Mardi 10 février

Toujours le bleu, toujours le sec.

Découverte d'embryons fossiles de vers de moins d'un millimètre de diamètre, dans des carrières de phosphate, en Chine : - 570 millions d'années.

La bactérie est plus ancienne : - 3,8 milliards d'années.

Pas de plus gros organismes à cause de la faible concentration de l'air et de l'eau en oxygène.

Après-midi avec François Fédier, pour préparer un livre de ses photographies inédites de Martin Heidegger.

La correspondance entre Hannah Arendt et Heidegger paraît enfin, le mois prochain, en Allemagne.

Heidegger : « Toute pensée essentielle traverse intacte la foule de ses partisans et de ses adversaires. »

Mercredi 11 février

Même temps. « Le vierge, le vivace et le bel aujourd'hui » (Mallarmé).

Mallarmé est mort en 1898, on va donc le « commémorer ». Tu parles.

De même, le Spectacle feint de s'intéresser à Chateaubriand.

Jeudi 12 février

On interroge Claude Lanzmann.

Le devoir de mémoire ?

« Non. Je n'aime pas cette expression. La source de *Shoah*, ce n'est ni la mémoire ni le souvenir. C'est l'immémorial. J'ai été le contemporain de ces événements, mais l'horreur et l'effroi étaient tels que je les avais repoussés hors de la durée humaine, à une distance stellaire. Cela n'avait pu se passer de mon temps. Si ces événements n'avaient pas été si loin de moi, je n'aurais pas pu faire ce film. L'immémorial, c'est le passage du lointain absolu au présent pur. »

Je ressens très fortement ces propositions. Contre l'idéalisation de l'imagerie documentaire et moralisante. Film hors temps, qui ne montre pas, mais *fait voir*. Puissance de l'éthique elle-même.

« Crime contre l'humanité » : mais si l'humanité est en elle-même criminelle ? J'avais été très étonné de la réaction positive de Lanzmann à mon *Sade contre l'Être suprême*. J'avais tort d'être surpris. C'est maintenant un ami.

Un type dans la rue (un Américain d'une trentaine d'années) veut absolument me serrer la main pour me remercier, dit-il, d'avoir écrit *Picasso, le héros*.

Dans *Libération*, à propos du dernier livre de Nabe, Pierre Marcelle me traite de « compliqué et omniprésent ». Il serait intéressant que ceci entraîne cela.

Je ne note pas ici, bien entendu, mes apparitions « médiatiques » (comme ils disent).

Samedi 14 février

Toujours beau temps. Grand silence.

Et puis, manifestation hurlante des chasseurs. Ils sont 150 000. Pancartes dégueulasses contre Dominique Voynet, ministre de l'Environnement. « Vous n'avez pas honte ? » – « Non. » Beauferie sinistre.

Un journaliste américain, jeune, sympathique : « Comment expliquez-vous qu'il ne se passe plus rien, culturellement, en France ? Pourquoi n'y a-t-il pas un seul grand écrivain français ? »
Il ne me dit pas ça méchamment, il me regarde avec intérêt comme un faiseur d'opinion parmi d'autres. En réalité, il récite la propagande autodépréciative des Français eux-mêmes. Je réponds n'importe quoi, en attendant qu'il enchaîne, et cela ne tarde pas : comment il s'est installé à Paris, la naissance de son fils, etc.

« J'ai horreur de la psychanalyse », dit-elle. Là-dessus, elle parle de son père pendant trois quarts d'heure.

On ne décrit pas des soirées idylliques, ou plutôt elles passent directement dans mes romans : « L'homme ne doit pas créer le malheur dans ses livres » (Lautréamont).

Lors de la déclaration de guerre, Samuel Beckett, bien que citoyen d'un pays neutre, s'est mis au service de la Résistance. En 1945, il est décoré de la Croix de guerre avec étoile d'or, sur ordre du général Juin. Le texte suivant est signé par le général de Gaulle : « Beckett, Sam : homme d'un grand courage qui, deux années durant, a prouvé son efficacité au sein d'un important réseau de renseignements. Il a poursuivi ce travail bien au-delà de sa sécurité personnelle. Dénoncé aux Allemands, il a été contraint, à partir de 1943, de vivre dans la clandestinité, au milieu des plus grandes difficultés. »
Joyce meurt à Zurich en janvier 1941. En 1942, Beckett échappe de justesse à une descente de la Gestapo. Il réussit à fuir avec Suzanne et se réfugie en zone libre, dans le Vaucluse, dans le village de Roussillon. C'est pendant cette période qu'il écrit *Watt*.

On sait que Beckett a eu une liaison avec Peggy Guggenheim. Ça a dû être quelque chose. Relire ce chef-d'œuvre comique : *Premier Amour* (1970).

Joyce à Zurich, Beckett dans le Vaucluse, Bataille isolé à Vézelay, Artaud à Rodez (40 000 aliénés morts de faim dans les asiles français pendant l'occupation nazie) ; quel récit à faire.

C'est à Turin, où se trouve le linceul, que Nietzsche tombe, en 1889.

Rimbaud est le 31 août 1870 à la gare du Nord, à Paris.

En avril a eu lieu la publication du premier fascicule des *Poésies* de Lautréamont.

En juin, paraît le deuxième.

Lautréamont et Rimbaud auraient pu se rencontrer au buffet de la gare du Nord en août. Le premier est mort le 24 novembre 1870, pendant le siège de Paris.

C'est en avril 1919 que Breton fait part de sa découverte de *Poésies*, dans le deuxième numéro de *Littérature*.

Lundi 16 février

Gris-blanc.
Lecture de Martin Buber, *Récits hassidiques*.
Texte sur Francesca Woodman (1958-1981). Son suicide à New York.
Pression sociale continue, l'*usure*.

Heidegger : « L'absence de différence qui accompagne l'usure totale provient d'une volonté "positive" de n'admettre aucune hiérarchie, conformément au primat du vide de toutes les visées. »

Et aussi : « La volonté de volonté, sans qu'elle puisse elle-même le savoir ni tolérer un savoir à ce sujet, s'oppose à tout destin. »

Parfois, André Breton s'amuse : « La lectrice excitée éteint l'électricité. »

Difficile liberté : ils ont attendu quelque chose de la société. Risques pris. Marginalisation, fatigue, amertume. Il y a une coupure incessante à observer : tout n'est pas social, justement, l'erreur est de ne pas le comprendre.

Mardi 17 février

Gris-blanc et, vers 11 heures, le ciel se dégage.

Beaucoup de bruit autour du clonage. Après le tout-social, le tout-biologique. Un ami cloneur : « Tu serais probablement le même, mais sans doute pas écrivain. »

36

Mercredi 18 février

Bleu soleil.

Mort d'Ernst Jünger à 102 ans. Son œuvre m'a toujours ennuyé. Son succès, en France, tient surtout à son principe d'ordre. Pensée « encyclopédique », mais sans poésie. Aucune comparaison possible avec Heidegger, dont il n'a d'ailleurs compris ni l'envergure ni la profondeur. Salué aujourd'hui par Jack Lang, Helmut Kohl, et... Le Pen. Il ne manque que Mitterrand, qui l'admirait, et pour cause.

Son concept d'*anarque*, pendant de *monarque*, sorte d'aristocratisme sublimant l'anarchie. Mais impossible, en français, de ne pas entendre *arnaque*.

Mimétisme par rapport à Goethe.

Son amitié avec Cocteau, Guitry, Léautaud.

Son influence sur Gracq.

Et, *bien sûr*, sa détestation de Céline.

Bonne image de prêtrise laïque, métaphysique, sous forme de rationalisme magique. Les insectes, un peu de drogue, les papillons. Gros romans barbants.

Dans le document de la télévision allemande consacré à Heidegger, il surgit, petite voix de tête, flûtée, désagréable, cocorico prussien.

Son admiration pour Arno Breker (Breker pilotant Hitler dans Paris à l'aube, sur le boulevard Saint-Michel.)

De temps en temps, un peu de pensée au milieu de beaucoup de banalités correctes. C'est raide et sans fantaisie. Rare moment émouvant : quand il lit l'*Iliade* à haute voix dans une chambre d'hôtel, et que sa voisine tape contre la cloison pour le faire taire.

Feu et Sang : il dit tout le temps *nous*. Nous ceci, nous cela. Petit *je* dans le *nous*, et content d'y être.

Le contraire de Céline qui, au fond, n'arrête pas de faire l'apologie de la désertion.

Gide : « *Orages d'acier* est le plus beau livre de guerre que j'aie jamais lu. »

Culture de mort, ou plutôt de pétrification, de formol. Pas de sexe, pas d'art moderne (Picasso), etc.

Pour la guerre, il vaut mieux lire Céline, Hemingway.
Pour la drogue, Artaud.
Pour les papillons, Nabokov.
Pour la pensée, Freud, Heidegger.

Mitterrand, en 1995, sur Jünger : « L'homme qui me faisait face frappait par son allure. Elle était d'un Romain, altière et simple, inaltérable. » Ah, ces Romains !

Jünger, en 1985 (à une correspondante, à propos de son père vichyste) : « Avec le temps, on finira par comprendre le rôle tragique d'un homme qui, tout comme Pétain et Laval, a empêché la destruction complète de son pays. »

Jeudi 19 février

X. me traite de « fossoyeur de l'avant-garde », à cause de mon passage de *Paradis* à *Femmes*. Cela me rappelle le mot célèbre de Carl Schmitt (d'ailleurs cité par Jünger) qu'on avait accusé d'avoir été le fossoyeur de la République de Weimar : « Pour qu'il y ait un fossoyeur, il faut qu'il y ait un cadavre. »
Mais X. parle sous l'influence de Bourdieu, en style stalinien typique : renégat, vipère lubrique, hyène dactylographe, prostitué notoire, etc. On connaît la chanson.

Parmi les signaux de détresse du paquebot *Titanic*, mis aux enchères à New York, le « avons heurté un iceberg » a été vendu 123 500 dollars (environ 740 000 francs), bien au-dessus des prévisions les plus optimistes.

Gérard Guégan, dans *L'Événement du jeudi* : « Malgré l'ambiguïté de son parcours, Jünger n'est pas Heidegger qui, lui, est vraiment allé à la soupe nationale-socialiste. » Il raconte ensuite comment il a aimé se baigner à côté de Jünger, un jour, à Nice. Ces Romains ! ces Romains ! Heidegger était décidément trop grec.

Panique à Ravenne : Giuseppina Barbieri, 49 ans, est une prostituée séropositive. Près de 5 000 clients sont concernés. Le surnom de Giuseppina était « la putain du tribunal » parce que son lieu de travail se situait près des grilles de ce bâtiment. Elle est désormais protégée par la police sur son lit d'hôpital. Elle refuse de parler à qui que ce soit. *La Stampa* écrit : « À la pinède du lido de Dante, à proximité de la maison de "Lady Aids", la vie continue comme si rien ne s'était produit. Les couples se retrouvent toujours au beau milieu de l'après-midi. »

Vendredi 20 février

La formule ressassée : « Un homme sur deux est une femme. »
La formule lumineuse de Lacan : « *Toutes* les hommes aiment *le* femme. »

Je reçois un appel pour l'Algérie.
Les faits : les dix premiers jours du mois de janvier 1998, 1 000 personnes ont été assassinées dans la Mitidja et l'Oranie.
Les questions : pourquoi les massacres et quel profit les extrémistes trouvent-ils dans ceux qu'ils revendiquent ? Pourquoi la sécurité des habitants n'est-elle assurée ni dans les campagnes ni même aux portes de la capitale ? Qu'en est-il des disparitions après arrestation par la police et les tortures en prison ? Pourquoi, alors que le pays s'enrichit et que les infrastructures industrielles ne sont jamais touchées, des régions entières sont-elles abandonnées et de plus en plus d'Algériens s'enfoncent-ils dans la misère ? Pourquoi l'institution judiciaire est-elle réduite à une parodie ? Pourquoi les artistes, les journalistes, les intellectuels n'ont-ils pas la liberté d'expression et d'exercice de leur métier ?

Roger Martin du Gard (prix Nobel 1937) écrit en octobre 1942 : « Ces maudits Anglais ont encore montré leur sottise et leur lâcheté en venant attaquer les paisibles et inoffensives populations du Creusot ! On en vient à regretter que toute la France ne soit pas occupée militairement par l'Allemagne, et que la zone libre ne soit pas défendue contre les incursions de la RAF, comme le sont nos côtes de la Manche. Ils ont été reçus à Dieppe d'une façon qui leur enlèvera le goût de revenir ! À ce propos, n'avez-vous pas lu dans la presse suisse, aux environs du 25 août, le message reconnaissant du gouvernement français aux armées occupantes qui protègent notre territoire ? C'est un document historique intéressant, dont nos journaux n'ont pas parlé. »

J'ai montré à André Labarthe le cimetière d'Ars-en-Ré où je serai heureux d'être enterré près des pilotes anglais, australiens et néo-zélandais, tous très jeunes, abattus là entre 1940 et 1942, les années cruciales. Je reviens souvent là-dessus dans mes livres, sans aucun écho, on s'en doute. Souvenir de Violet, l'amie anglaise qui faisait passer les pilotes anglais abattus mais survivants vers l'Espagne. Ils étaient à la maison dans les caves. Il était interdit d'en parler.

Samedi 21 février

Blanc-gris pluvieux, un de ces jours désolés de Paris. Mais il faudrait aussi parler des nuits, des réveils à 3 heures du matin avec récapitulations, remémorations panoramiques et notes. Deux sommeils distincts. L'un révélateur, l'autre porté (comme une prière).

L'étrange *joie* à lire Beckett.

Ainsi dans *Nouvelles et Textes pour rien* : « Quand je pense, non, ça ne va pas, quand viennent ceux qui m'ont connu, voire qui me connaissent encore, de vue bien entendu, ou à l'odeur, quand j'y pense c'est comme, comme si, alors quoi, je ne sais pas, je ne sais plus, il ne fallait pas commencer. »

Dans *L'Expulsé* : « Quand je suis dehors le matin, je vais à la rencontre du soleil, et le soir, quand je suis dehors, je le suis, et jusque chez les morts. Je ne sais pas pourquoi j'ai raconté cette histoire. J'aurais pu tout aussi bien en raconter une autre. Peut-être qu'une autre fois je pourrai en raconter une autre. Ames vives, vous verrez que cela se ressemble. »

Et dans *Premier Amour* : « Elle avait une voix fausse mais agréable. Je sentais l'âme qui s'ennuie vite et n'achève jamais rien, qui est de toutes peut-être la moins emmerdante. »

« Elle se mit à se déshabiller. Quand elles ne savent plus quoi faire, elles se déshabillent, et c'est sans doute ce qu'elles ont de mieux à faire. Elle enleva tout, avec une lenteur à agacer un éléphant, sauf les bas, destinés sans doute à porter au comble mon excitation. C'est alors que je vis qu'elle louchait. Ce n'était heureusement pas la première fois que je voyais une femme nue, je pus donc rester, je savais qu'elle n'exploserait pas. »

Dimanche 22 février

En 1996, 11 280 personnes se sont suicidées en France, et 150 000 ont tenté de le faire. Forte augmentation des suicides masculins des 35-45 ans.

Conclusion d'un article de Pierre Vidal-Naquet et François Gèze sur la situation algérienne : « Le gouvernement français pourrait, sans plus tarder, diligenter des enquêtes financières sur les commissions occultes liées aux échanges commerciaux franco-algériens, qui jouent un rôle essentiel dans le maintien au pouvoir des dictateurs d'Alger et dans le martyre du peuple algérien. »

Étonnement presque haletant d'une journaliste qui, voulant savoir ce que je pense de Martine Aubry, m'entend dire que je la trouve « sexy ». J'aurais dû ajouter que Nicole Notat me semble, elle aussi, susceptible d'un érotisme latent (à la différence de Chirac, Blondel ou des chasseurs français).

Quel est l'ordinateur, dans l'affaire USA/Saddam Hussein, qui pourrait dire *exactement* ce qui se passe entre dollars, pétrole, nourriture et armes chimiques ? Y en a-t-il un ? Pas sûr.

Robert Badinter s'exprimant sur le procès de Patrick Henry (tueur d'enfant) dont il a autrefois sauvé la tête : remarquable maîtrise d'élocution. Première victoire dans l'abolition de la peine de mort.
Aujourd'hui encore, la peine de mort reste un test fondamental pour savoir qui est qui. J'ai toujours été fanatiquement abolitionniste (conviction d'enfance).

11 h 20 : tiens, le soleil, ici, sur la page.

Allez donc dire à une femme qu'elle n'est pas la seule au monde, lieu unique d'un événement potentiellement unique, vous m'en direz des nouvelles. Tant pis, si ça n'est pas pour cette fois, ce sera pour la prochaine, et *jamais*, en ce point, signifie toujours *quand même*. Messianisme prouvé. Le christianisme a fait ce qu'il a pu (surtout le catholicisme avec son histoire de Vierge).
Il est très difficile d'imaginer qu'on est complètement indifférent à quelqu'un. Longue ascèse.

Lundi 23 février

Bleu frais.

Tirésias à Œdipe : « Je nourris, dans sa force, le vrai. »

Le plus souvent, on oublie qu'Antigone n'est pas seulement la fille d'Œdipe, mais aussi sa demi-sœur. Personne n'a osé traiter le cas du fils d'Œdipe (fils et demi-frère de son père).

Dans les moments de découragement, lire Eschyle, Sophocle, Euripide. Effet immédiat.

Les journaux : « Place Saint-Marc se pressent des centaines de femmes. Masquées et costumées, elles effleurent du bout des doigts une statue de Casanova, éternel prince des séducteurs, mort il y a deux siècles en Bohême, après une vie d'amours et d'intrigues... »
Statue ridicule, triomphe du kitsch.

Les États-Unis voudraient renforcer Saddam Hussein qu'ils ne s'y prendraient pas autrement. Dictateur chimique, soit, mais raisonnable, opposable à l'Iran, etc. Faites-nous Hitler, en gentil.

L'excellent acteur noir Kofi Annan. *Une longue poignée de main* (caméras).

En France, 60 % des personnes interrogées pensent que l'Irak est une menace pour le monde, mais 55 % pensent que la France doit rester totalement neutre en cas d'intervention américaine. Donc la France ne fait pas partie du monde ?

Économie de guerre, flux des capitaux, investissements tournant à vide. Même technique en Algérie. Le terrorisme est un *travail*.

Madeleine Albright et son visage un peu bouffi de vieille petite-fille à porte-avions. Clinton et Tony Blair, plus *golden boys* que jamais. Chirac et Kohl en Pologne : belle journée, bonne choucroute, nombreuses bières en perspective.

Expérience de *rassemblement* du temps. Au présent perpétuel imposé par le Spectacle correspond, de plus en plus, l'avènement d'une très longue vision du Temps. C'est ce *roman* qu'il faut écrire. Ce que j'ai fait, au fond, et continue de faire dans *Paradis*. De même, en termes de figuration tordue, plus démonstrative, dans tous mes livres depuis *Femmes*. Autre façon d'envisager le lyrisme et la poésie (cf. *Studio*).

Casanova, *Le Duel*, publié à Venise en 1780. L'affaire se passe en 1766 en Pologne. La danseuse vénitienne Anna Binetti.

Le soir, *Salomon*, de Haendel. Arrivée de la reine de Saba. Enchantement. Haendel me touche de plus en plus. Il a écrit *Le Messie* en vingt et un jours. « Il me semblait, dit-il, que je voyais le ciel ouvert et Dieu lui-même devant moi. »

On ne trouve pas trace d'une commande pour *Israël en Égypte* donné à Londres le 4 avril 1739 (échec). Il est possible que Haendel ait écrit ce chef-d'œuvre en remerciement pour la guérison de l'attaque de paralysie et des crises de folie qu'il avait subies l'année précédente.

Haendel dans son lit. Il se dresse, il *guérit*. Sortie d'Égypte en pleine Angleterre.

Mardi 24 février

Gris-blanc.

En réalité, plutôt que « jour », il faut dire : le matin, la matinée, midi, l'après-midi, le soir, la soirée, la nuit, ou plutôt les deux versants de la nuit.

Une femme de lettres : « Comment pouvez-vous méconnaître la *spiritualité* de Jünger ? »

Le mot *spiritualité* prononcé la bouche en avant, pincée, presque tremblante.

Mercredi 25 février

Walter Benjamin, *Image de pensée* : haschisch à Marseille. « Versailles n'est pas trop grand pour celui qui a mangé du haschisch, et l'éternité ne dure pas trop longtemps. »

Benjamin parle de dimensions « royales ». *C'est ce qu'il faut interdire ?*

Karl Kraus : « Plus on considère un mot de près, plus il vous regarde de loin. »

Jeudi 26 février

Gris-blanc frais.

Projection du film de Labarthe sur moi.

Vendredi 27 février

D. très malade. Je vais parler comme je peux de son livre, *La Rénovation*, chez Pivot. Elle écrit, par exemple : « L'acide briè-veté du mot *fric*. » Portraits des promoteurs et des ouvriers sur le chantier de son immeuble. Récit héroïque, drôle, précis.

Samedi 28 février

Numéro de la *NRF* sur Duras. Très bon texte de J. K., mais d'où vient, dans l'ensemble, cette impression de *propagande* ?

On lit, par exemple, des phrases de ce genre : « Elle [Duras] hait ceux qui croient au bonheur, ces stupides, ces arrogants qui se contentent d'illusions. » (Duras me haïssait, c'est certain.)

Et encore : « Les ruptures, les meurtres, les tueries lui sont néces-saires pour renouveler cette vie qui lui échappe, le crime l'aide à respirer. »

« Une littérature religieuse, touchant aux arcanes de la sexualité et de la mort. »

« Ses personnages existent comme les personnages bibliques. »

« Comme la Bible, comme la mythologie grecque, l'œuvre de Duras appelle une exégèse infinie. » (Calmons-nous.)

« On ne rit pas beaucoup dans ses livres. Comme Dieu, là encore, elle manque d'humour, de fantaisie, de variété. » (Drôle de repré-sentation de Dieu.)

Et partout : douleur, mort, destruction, folie, passion, mort, des-truction, mort, folie, douleur, horreur, mort.

On dirait une litanie de secte. Le côté Hare Krishna de Duras. Revu *India Song* il n'y a pas longtemps : absolument irregardable et inécoutable, préciosité, maniérisme, lourdeur, comique involontaire massif.

Un type vient m'interviewer sur 68. Il a 30 ans. Comme les autres, il parle immédiatement de sa « génération ». Quelle génération ? Slo-gan publicitaire inconscient : « génération Mitterrand ».

Qui dit génération dit corruption. Ils y croient.

De sa part, clichés classiques : la régression serait la faute de la révolution et non pas de la répression. Une liberté trop grande aurait entraîné la soumission, la violence, les désordres, l'apathie, etc. Le livre de Guillebaud, *La Tyrannie du plaisir*, va dans le même sens. Trop de liberté sexuelle inconsidérée ramène la responsabilité, la famille, etc. Bref, les révolutionnaires sont responsables de tout, les forces de l'ordre, de rien. Propagande pour ordre moral et adaptation à la résignation ambiante.

Mars

Dimanche 1er mars

Paradoxalement, le malheur donne de la force, et, malade, on travaille mieux. Mets-toi en question, là, au bord de l'abîme. Représente-toi, une fois de plus, ta disparition.

Kafka : « Dieu ne veut pas que j'écrive, mais moi, je dois. »

Et ceci : « Nous avons été créés pour vivre dans le Paradis, le Paradis était fait pour nous servir. Notre destination a été changée, mais que celle du Paradis l'ait été également, cela n'est pas dit. »

Deux péchés capitaux pour Kafka : l'impatience, la paresse. L'impatience, surtout.

Texte sur les photographies de Francesca Woodman.

Lundi 2 mars

Étrange de réfléchir au slogan de mai 68 : « Soyez réalistes, demandez l'impossible », comme si c'était un aphorisme de Kafka. En réalité, c'en est un.

Mardi 3 mars

Nuit de fièvre. Le matin, nuages rapides, comme de larges coups de pinceau fluides dans le ciel gris-blanc. Soudain, une tranquillité éblouie dans l'autobus, au carrefour de l'Observatoire, lieu magique, pour moi, pour plein de raisons (cf. *La Fête à Venise*).

Le livre de Régis Debray, *Par amour de l'art. Une éducation intellectuelle*.

Ce qui est touchant, chez Debray, c'est qu'il ne sait toujours pas où il est. Il en plaisante lui-même, avec une délectation morose. Ses professeurs ont-ils été les bons, ou bien figés (on peut le penser) dans le style Troisième République ? Ses livres ne sont-ils pas trop dispersés, existent-ils, à leur place, dans les bibliothèques ? La *médiologie*, est-ce bien sérieux ? Les allergies de Debray : Lacan, Debord. Et moi, je suppose (pas un mot, lourd silence). Julien Gracq, pour finir, le reçoit gentiment, mais ne lui dit pas grand-chose. Ah, être un « grand écrivain » ! On peut rire, ce n'est quand même pas rien. *Le livre qui fait la différence*, où est-il ?

Être anti-vénitien ne porte pas chance.

« Atteindre la vérité dans une âme et un corps », écrit Debray en croyant citer Rimbaud. Mais Rimbaud n'a jamais parlé d'*atteindre* la vérité, mais de la *posséder*.

Sa dédicace : « À Ph. S., ce livre qui l'agacera, à tort, je crois. »

Agacement ? Non. Commisération, plutôt. Le problème de Debray, c'est l'École et encore l'École, le vieux rêve des professeurs de régner sur les écrivains (même symptôme de ressentiment fondamental chez Bourdieu). Ils rêvent tous de Sartre.

Alors qu'il s'agit précisément de fuir la Famille, l'École, l'Armée, les Partis, la pesanteur, l'ennui.

On a parfois l'impression qu'il n'est rien arrivé de *personnel* à Debray. Il est vrai qu'il n'est pas le seul (les « intellectuels » sont empêtrés dans cet embarras subjectif, il les résume).

Mercredi 4 mars

Vent et pluie. L'emmerdant Paris-lessiveuse.
Encore la fièvre.

Kafka : « De son propre gré, tel un poing, il se tourna et évita le monde. »

« Si ce qu'on prétend avoir été détruit dans le Paradis était destructible, ce n'était rien de décisif ; si c'était indestructible, nous vivons dans une fausse croyance. »

Jeudi 5 mars

Nouvelle projection du film de Labarthe. Chaque fois de nouveaux détails, de nouveaux rapprochements. Le film n'a pas de fin, c'est bien. Peu de photos, d'autant plus d'effet. Le chuchotement dans l'église, à Venise. Les manuscrits et l'eau. Le poème de Hölderlin, *Andenken*, monté sur le plan de la Dogana (Venise à Bordeaux). La lecture a été enregistrée à l'intérieur de la Salute, comme une messe basse. La photo de Joyce, assis dans un champ du sud de la France, les mains sur les oreilles, concentré à mort. Le jeu de Martha Argerich dans Bach. Le texte de Giacometti (« des allumettes sur le parquet comme des bateaux de guerre sur la mer grise »). Les réserves sur le film sont sociales, inhibition et angoisse par rapport à la poésie.

Vendredi 6 mars

Pluie et vent.

Allons, bon : Tony Blair est maintenant soupçonné de vouloir se faire catholique. Sa femme l'est déjà. C'est vrai que, jovial comme il est (plus l'affaire irlandaise), il a l'air d'un mauvais protestant.

Avancée sociale-démocrate en Allemagne (bien sûr).

La Cour suprême des États-Unis d'Amérique reconnaît officiellement le délit de harcèlement sexuel homosexuel. Enfin !

Samedi 7 mars

Douceur, vent, surplace du temps.

Bernanos : le style énervé et névrosé, emphatique et mystique, de la vieille France d'Action française, celle qui s'est déjà définitivement effondrée en 1940 et qui ne reviendra plus. Celle de Drumont, au fond, effarée, peu à peu, de sa propre existence.

Il y a maintenant un courant de restauration « péguyste » (Péguy épatant dans l'affaire Dreyfus) et un courant de nationalisme « bernanosien ». Régression, vieilles lunes, christianisme social, prédication morale incessante.

Dimanche 8 mars

Ce qu'on va appeler maintenant « l'affaire Roland Dumas » prend de l'ampleur. Pourquoi lui comme bouc émissaire ? Voilà la vraie question. Ô frégates ! Ô femmes ! Ô Syrie ! Ô Chine ! Ô Elf-Aquitaine ! Ô Crédit Lyonnais incendié un beau jour (si belles volutes de fumée dans le ciel de Paris) ! Supposons : je vais le voir, je lui dis : « Racontez-moi tout, j'écris le roman de l'époque. Posthume, évidemment. »

La Symphonie n° 83 de Haydn, *La Poule*. Orchestre philharmonique de New York, direction Leonard Bernstein. Merveille.

Charles Bukowski, ce vieux dégueulasse, était bien entendu quelqu'un de très raffiné. Il aimait Haydn et Bach. Voici ce qu'il dit en 1986 : « Le vin aide à préserver une certaine normalité. J'avais l'habitude de boire de la bière et du scotch ensemble. Mais, de cette façon-là, vous ne pouvez écrire qu'une heure, une heure et demie. Avec le vin, vous tenez le coup trois ou quatre heures. »

« J'aurais de loin préféré un peu de bonheur, s'il fallait pour cela n'avoir rien écrit. Écrire n'est pas si important » (réflexion à la Céline).

« L'espoir, c'est une touche d'humour, et de la grâce, quoi qu'il advienne. La capacité de rire, de voir le ridicule, de ne pas excessivement se crisper quand les choses deviennent impossibles... Disons : le rire à travers les flammes. »

« Le suicide, c'est juste se laisser décourager par le jeu qu'on a en main. Vous voudriez relancer les dés une seconde fois, tenter une nouvelle donne – parce qu'on sent bien que c'est un jeu. L'idée du suicide naît de là. L'ennui, c'est que vous devez vous trancher cette foutue gorge, c'est salissant, éprouvant. Un tas de pensées vous poussent au suicide, et un tas d'autres vous retiennent : hé ! attends ! Peut-être que tu ne te la trancheras pas bien nette ! Et que tu ne parleras plus qu'avec la moitié de la gueule pendant le restant de tes jours ! Moi, c'est ce que je me disais : que je pourrais me retrouver dans une situation bien pire. Et ça, ça me redonnait toujours de la force. Donc, j'ai fait mon choix contre le suicide. Enfin, je crois. »

J'allais oublier : le 8 mars est la « journée nationale des femmes ». Les journaux : « Les filles des féministes parlent ».

Tiens, elles ont déjà 40 ans. Elles sont plutôt d'accord avec leurs mamans.

Attendons les petites-filles.

Le soir, feu de bois, *La Flûte enchantée*, orchestre philharmonique de Vienne, direction Georg Solti.

David chante avec moi. « Il est génial, ce Mozart ! » Bouteille de margaux, travail.

Lundi 9 mars

Soleil bleu, silence.

Un bébé hurle dans la cour.

Une femme, sur un balcon, de l'autre côté de la rue, allaite son enfant avec des gestes ensommeillés et doux.

Peinture : les maternités de Picasso.

Premier sandwich dehors, à la terrasse du café. À côté de moi, deux Suédoises.

Une dame très sérieuse est plongée dans un livre d'ethnopsychologie : *Rites de vie, Rites de mort*.

Titre d'un hebdomadaire : « L'islam est-il soluble dans la République ? » La réponse est dans la question.

Le premier geste des Iraniens prenant possession de l'ambassade à New York a consisté, il y a presque vingt ans, à casser sur la Cinquième Avenue toute la cave (excellente) de l'ex-ambassadeur. Le Coran faisant couler sur le macadam le sang des dieux : on connaît la suite.

Dîner avec Felix Rohatyn, nouvel ambassadeur des États-Unis à Paris. Il me raconte sa fuite de France, en 1941, à l'âge de 10 ans. Sur un chemin isolé, ses parents et lui sont arrêtés par un barrage allemand. L'officier nazi allume une cigarette et fait signe à leur voiture de passer. Depuis, ajoute-t-il, je ne peux plus voir sans un frisson l'inscription « *No smoking* ». Drôle, réservé, obstiné, sympathique.

Mardi 10 mars

Nietzsche : « Il y a certainement quelque chose à dire en faveur de l'exception, pourvu qu'elle ne veuille jamais devenir la règle. »

« La danse est la preuve de la vérité. »

« Le charme qui combat pour nous, l'œil de Vénus, qui fascine et aveugle nos adversaires mêmes, c'est *la magie de l'extrême*, la séduction qu'exerce toute chose extrême : nous autres, immoralistes, nous sommes *les extrêmes*. »

Mercredi 11 mars

Article pour *Le Monde* : « Le corps américain ». L'affaire Monica Lewinsky, l'exécution de Karla Faye Tucker : parallèle. La planète médiatique mise en orbite autour du pénis de Clinton.

Jeudi 12 mars

Soleil frais.

Nietzsche, lettre à Carl von Gersdorff, du 20 décembre 1887 : « Le désert autour de moi est effrayant : je ne supporte plus, à vrai dire, que les personnes absolument étrangères ou fortuites, ou bien celles qui me sont proches de longue date et depuis mon enfance. Tout le reste s'est effrité, ou bien a été *rejeté* (il y a eu, à ce sujet, beaucoup de choses violentes et douloureuses). »

Vendredi 13 mars

Le petit calendrier avec des reproductions de Picasso dans la salle de bains.

Pour mars, c'est *La Femme allongée sur un canapé bleu*, de 1960.

Il faudrait vivre et dormir avec les tableaux, sans quoi pas grand-chose. Souvenir de sommeil avec les De Kooning à Long Island. La sculpture dans la lumière du matin.

Kafka et Claudel se sont entr'aperçus en 1910 à Prague. Claudel faisait le consul, Kafka, dans la foule, a remarqué ses yeux bleus.

Samedi 14 mars

Nietzsche : « Partout résonne la voix des prédicateurs de la mort. »

« Tout grand homme possède une force rétroactive : à cause de lui toute l'Histoire est remise sur la balance et mille secrets du passé sortent de leur cachette pour être éclairés par *son* soleil. Il n'est pas du tout possible de prévoir tout ce qui sera encore de l'histoire. Le passé demeure peut-être encore tout à fait inexploré. Il est encore besoin de beaucoup de forces rétroactives. »

À utiliser contre les prédicateurs de « la fin de l'Histoire ». *Rétroactif* ne veut pas dire réactionnaire, bien au contraire. Picasso, justement.

Dimanche 15 mars

Gris-blanc.

Élections régionales en France.

Brecht, notes autobiographiques, 1941 : « Le réfugié cherche un pays où l'on puisse vivre tant bien que mal avec des vertus moyennes et quelques vices modestes. »

Ailleurs : « Si le film parlant était soutenu par un texte véritablement poétique, le cinéma y gagnerait énormément. »

Voilà ce que le Spectacle a toujours essayé d'empêcher au cinéma : l'image sortant de la poésie verbale.

Lundi 16 mars

Quelques nouvelles :

Les homosexuels peuvent être boy-scouts officiellement aux États-Unis.

Mary Kay, professeur, est à nouveau enceinte de son élève-amant de 13 ans.

Saint Pierre prosterné, de Fragonard, est vendu 9 millions de francs à Drouot.

Jeu : trouvez le rapport entre ces trois informations. Il existe.

Élections : victoire relative de la « gauche plurielle », Front national stable à 15 %, extrême gauche 5 %, recul de la droite annoncé.

Le Saint-Esprit a sept caractères : Sagesse, Intelligence, Science, Conseil, Force, Piété, Crainte de Dieu. C'est ce que nous rappelle un prédicateur du carême à Notre-Dame de Paris (écouté par hasard à la radio). Il faut y ajouter le Don des langues. Effet surréaliste du discours.

Document du Vatican sur la Shoah : personne n'est content. C'est pourtant un grand pas en avant, inévitable.

Mardi 17 mars

Je prends chez Gallimard les épreuves de Marcel Detienne, *Apollon le couteau à la main*. Tout de suite saisi, emporté, grand livre.

Mercredi 18 mars

Gris frais, soleil vers 13 heures.

Publication des archives de la police sur mai 68. Le premier rapport sur les incidents de Nanterre parlent d'un certain Marc Daniel Kohn-Bendit (*sic*), « étudiant d'origine allemande ». Le ministre Missoffe vient de visiter le nouveau centre sportif, s'intéressant aux installations de chauffage, à la ventilation et au système de purification de l'eau. L'étudiant en question prend le ministre à partie, soutenu par cinquante autres étudiants qui poussent des cris hostiles. Il est proposé au ministre de discuter sur le champ du problème sexuel. Le ministre croit qu'il s'agit d'une plaisanterie. Il a tort.

Le 10 mai 1968, dans la nuit, les policiers échangent les propos suivants :

« Voulez-vous envoyer un véhicule place Paul-Claudel pour récupérer des manifestants blessés ?

– Message reçu. »

« Opération effectuée. Comme d'habitude, ils s'en vont comme une volée de moineaux et se regroupent plus loin en criant "CRS-SS".

– Bon, d'accord, procédez à des arrestations. Il ne faut pas que ces gens-là nous ennuient jusqu'à 4 heures du matin. Dès qu'il y en a deux ensemble, c'est deux de trop.

– Reçu. »

Le soir, projection du film de Labarthe à la Bibliothèque nationale.

Jeudi 19 mars

Les commentaires hostiles au film de Labarthe : « Il prend trop de place dans le film. » Ce n'est pas mon avis. Mais il est vrai qu'il est le seul, à part moi, à être *dans* le film. Tout l'aspect social est exclu, ce qui est d'une grande insolence. Cependant, beaucoup d'opinions positives.

Hier soir, cohue au Salon du livre. Presque impossible de rejoindre l'entrée. De loin, les affiches, avec le mot LIVRE, comme un continent perdu.

Vendredi 20 mars

Douceur blanche.

Mise à prix de la « Lettre du Voyant » de Rimbaud à Drouot : 1,5 million de francs.

Anecdotes sur Lacan. Elles sont parlantes.
Un type lui téléphone :
« Allô, Lacan ?
– Certainement pas. »
Jean Beaufret est en analyse avec Lacan. Il le trouve trop silencieux. Il imagine de le piéger en lui racontant qu'il était récemment à Fribourg, chez Heidegger, qui lui a parlé de lui. Lacan bondit : « Qu'est-ce qu'il vous a dit ? »
Le mot de Heidegger, après avoir reçu les *Écrits* de Lacan : « Il me semble que le psychiatre a besoin d'un psychiatre. »

Samedi 21 mars

Tremblement de terre politique. Cinq présidents de région élus avec des voix du Front national. Titre de *Libération* : « Honte ! » Les autres commentaires : « Vendredi noir », « Convulsion à droite », « Terrible ». L'un des hommes politiques en question est exclu, à ce sujet, du Grand Orient de France.

Paris-Match me demande de « commenter » une photo de 1968 où je serais à la Sorbonne, une nuit, en compagnie de « Katangais » (casseurs de l'époque).
« Il doit s'agir d'une erreur.
– Mais non, vous êtes sur la photo, c'est bien vous, d'ailleurs l'agence le confirme.

55

– Quelle agence ?
– Sipa Press.
– Vous m'envoyez la photo ? »

Je reçois la photo où l'on voit trois loubards à l'air allumé, enlaçant un petit type tassé genre intello. Ce serait moi. Vague, très vague ressemblance. Comme quoi on peut ressembler à n'importe qui *quand quelqu'un y tient* (voilà un renseignement sur ma fiche de police).

Lettre de Frans De Haes, de Bruxelles : « J'avais été chargé par la Bibliothèque royale de "convoyer" – mallette spéciale à la main, voyage en *business class* – des éditions originales de Lautréamont et Rimbaud, ainsi que le fameux dossier judiciaire relatif au procès de Verlaine, le tout destiné à une "exposition Rimbaud" organisée par la ville de Gênes et financée par la banque Chiavari. L'événement se passe au premier étage d'un magnifique palazzo de la via Garibaldi, occupé par la banque en question. Je suis reçu par le responsable de l'expo, petit homme glabre, chauve, souffrant d'une légère claudication et d'une très mauvaise haleine. L'exposition est en plein chantier : partout des panneaux *noirs*, contrastant comiquement avec les couleurs éclatantes des fresques anciennes au plafond. Le malentendu est là, d'emblée : Rimbaud est assombri, tragifié à souhait, flanqué des "poètes maudits" (Verlaine, Laforgue, Corbière, sur le même plan funèbre que Baudelaire et Lautréamont). Mieux : *Une saison en enfer* se verra "illustrée" par des tableaux symbolistes horribles (Böcklin, Xavier Mellery, Jean Delville et autres désastreuses belgitudes) au milieu desquels se noie un Bacon choisi au hasard. Si Rimbaud a pu échapper à son siècle, le *Professore Dottore*, flanqué de son "assistant", un peintre local et homosexuel, l'y ramène de force. Inutile de dire que, lorsque je déballe soigneusement le dossier judiciaire, ils se précipitent sur le rapport médical au sujet de Verlaine, offusqués – disent-ils – par les mœurs bourgeoises de l'époque, auxquels, pensent-ils, ils ont échappé progressistement, sans doute grâce à la banque Chiavari. Une profonde émotion quand même, au milieu de cette comédie, quand le *Prof* est appelé au téléphone et que l'occasion m'est donnée ainsi de feuilleter l'édition originale d'*Une saison*, ce mince fascicule à petits caractères qui envoie au diable, c'est le cas de le dire, des milliers de poètes et de romanciers maudits, avant et après lui ; et puis, enfin, j'ai pu ouvrir ces livres (*Manuel du charpen-*

tier, etc.) que Rimbaud a fait venir d'Europe en Afrique, et qui portent, sur la page de garde, son nom tracé à l'encre brunie. J'ai vite quitté ce drôle de ménage dans cette drôle de banque pour découvrir Gênes, que j'ignorais, et là, quelle merveille, cette ville construite en terrasses avec son labyrinthe de rues étroites encore épargnées par les ravages touristiques, et l'église du Gesù, mieux proportionnée que celle de Rome, où l'on découvre les plus beaux Rubens que je connaisse, ainsi qu'un admirable Simon Vouet. Voilà, c'est comme dans un de tes romans. »

Réédition de *La Véritable Scission dans l'Internationale situationniste* (première édition : 1972). C'est du grand Debord. Citation du cardinal de Retz : « L'on a plus de peine, dans les partis, à vivre avec ceux qui en sont qu'à agir contre ceux qui y sont opposés. »

Ça me rappelle ce mot de X., un jour : « Au fond, on aurait dû vous exclure de *Tel Quel*. » Bien dit.

Dimanche 22 mars

Trente ans après « l'incident de Nanterre ».

Soleil doux dans la figure. Les cloches sonnent dans le bleu.

Insurrection sexuelle. En 1974, J. K., à Shanghai, vérifiant qu'on trouvait bien la pilule contraceptive dans les pharmacies.

Lundi 23 mars

Grisaille et douceur. En fin d'après-midi, réception de Jospin à Matignon. Léger malaise (élections). À 20 heures, discours de Chirac : « Le Front national est un parti xénophobe et raciste. » Mais alors, pourquoi ne pas l'interdire ?

Mardi 24 mars

Soleil bleu frais.

Dans les archives de la police, en mai 68, figure une demande de protection comme journaliste au journal *Minute* d'un certain Jean-Marie Le Pen.

Voltaire dit de la tolérance qu'elle est « l'apanage de l'humanité ».

Mercredi 25 mars

Bruine.

Les journaux, sans arrêt : la droite ! Le Pen ! La droite ! Le Pen !

Alice D. me cite le mot de Jarry : « Nous n'aimons pas les femmes. Du tout. Mais si nous les aimions, nous les aimerions comme nous-même, *ce qui n'est pas rien.* »

Vendredi 27 mars

Gris brumeux.

Le Monde publie un supplément spécial : « Des écrivains face à la haine ». Très mauvais textes. Pleynet tire son épingle du jeu en citant simplement Rimbaud : « Ce peuple est inspiré par la fièvre et le cancer… Le plus malin est de quitter ce continent où la folie rôde pour pourvoir d'otages ces misérables. »

Samedi 28 mars

Manifestations contre le Front national.

Le mot terrible de Céline sur la cruauté féminine : « Le sang de leur cul, se marie bien, le coule perpétuel, avec la giclée du billot. »
Sainte Catherine de Sienne, on le sait, aimait bien accompagner les condamnés à mort au supplice de la décapitation.

Épreuves d'un livre de Faye sur Nietzsche : toujours la même obsession haineuse contre Heidegger.
Heidegger : « Se taire en tant que "ne pas dire" n'est pas toujours négatif, ce peut être très positif, très parlant. Cela peut même dire ce qu'il y a de plus propre (celui qui se tait devant un flot continu de bassesses dit quelque chose, même si seuls le comprennent ceux qui comprennent le silence). »

Dimanche 29 mars

Cette fois, printemps.
Douceur blanche : le ciel pour la première fois *reposé.*

58

Kafka : « Le silence apparent dans lequel les jours, les saisons, les générations et les siècles se succèdent est le fait de quelqu'un qui dresse l'oreille ; ainsi trottent les chevaux devant la voiture. »

L'énergie mystérieuse de Kafka : « Il peut y avoir un savoir du diabolique, mais non une croyance en lui, car plus de diabolique qu'il n'y en a ici, cela n'existe pas. »

Plus, pourtant, il y en a eu quelques années plus tard.

Et ceci : « Croire signifie : libérer l'indestructible en soi, ou plus exactement : se libérer, ou plus exactement : être indestructible, ou plus exactement : être. »

Lundi 30 mars

Article pour *Le Monde* sur le recueil de Simon Leys, *Essais sur la Chine*. Titre : « Deux et deux font quatre ».

Leys publie aussi un recueil d'essais, *L'Ange et le Cachalot*. Beau texte sur la calligraphie : « *In principo erat scriptum* ».

Il cite un mot de Bernard Frank (la preuve, par Sartre, de l'existence de Dieu) : « Sartre s'est toujours trompé, or Sartre niait l'existence de Dieu, donc Dieu existe. »

Et un mot de Gide, à propos d'un écrivain qu'il n'aimait pas : « Il gagne beaucoup à être traduit. » Actualisation facile.

Deux télévisions : une sur Michaux (je lis un texte de lui sur la mescaline) ; une sur Picasso, avec Geneviève Laporte (*Un amour secret de Picasso*). Elle était lycéenne quand Picasso l'a connue. « Son regard changeait du tout au tout quand il commençait à dessiner. » « Pour moi, ça a toujours été Pablo. »

En fin d'après-midi, débat avec Labarthe à Beaubourg. Le son, l'image.

Mardi 31 mars

X., sa voix qui blesse immédiatement l'oreille. *Non cogito, virago sum.*

Il y a femme et femme. Ce que disait Lacan : « C'est curieux comme, quand une femme cesse d'être une femme, elle écrabouille l'homme avec lequel elle est. Pour son bien, évidemment. » Je me souviens que Catherine Millot, qui se trouvait là (on dînait), a relevé alors le mot « écrabouiller ». Confirmé par Lacan – oui, *écrabouiller* – avec un grand sourire. C'est l'époque où on dînait de temps en temps à *La Calèche*, rue de Lille, presque en face de chez lui. C'était toujours intéressant, même dans les contre-sens (Joyce).

Kafka : « L'évolution humaine : une croissance de la puissance de mort. »

Avril

Mercredi 1ᵉʳ avril

Ciel calme, plafond haut.

Le dissident chinois Wei Jingsheng fait scandale à Stockholm en révélant que la Suède forme les gardiens de prison chinois. La Suède ? Comment est-ce possible ? Il a passé dix-huit ans en prison, avec quatre caméras dans sa cellule et, vers la fin, avant son expulsion vers New York, une paroi vitrée surveillée nuit et jour. On espère pour lui le prix Nobel de la paix, c'est du moins une suggestion sincère.

Mazarine Pingeot, la fille longtemps clandestine de François Mitterrand, lequel fut, pendant quatorze ans, président de la République française, publie, à 23 ans, son premier roman, intitulé *Premier Roman*. En France tout finit par de mauvais romans. Les républicains convaincus sont priés d'admirer les yeux fermés les débuts, dans l'œuvre au noir, d'une jeune fille rangée normalienne. L'émotion est grande, le succès garanti.

Jeudi 2 avril

Bordeaux sous la pluie. On attend le verdict du procès Papon, qui tombe vers 9 h 30. Il est condamné à dix ans de prison pour complicité de crime contre l'humanité. Les neuf jurés ont répondu à 764 questions. La délibération a duré dix-neuf heures. Il reste en liberté, puisqu'il y a pourvoi en cassation. Vichy enfin jugé sur le fond, c'est-à-dire la compromission molle.

Discussion avec Pleynet sur *Départ*, dans les *Illuminations* de Rimbaud. « Les arrêts de la vie. » « L'affection et le bruit neufs. »
Le Chant du Départ.

Vendredi 3 avril

Pluie, vent lessiveuse.

Glucksman a raison, dans *Le Figaro*, de revenir, à propos de Papon, sur le crime d'*indifférence*. « L'indifférence bestiale », a dit Hermann Broch. Ainsi l'ambassadeur de France au Rwanda laissant les Tutsis à sa porte pendant les massacres ethniques. Même chose pour la Bosnie ou l'Algérie. Laisser faire. En théologie, le pire des péchés est celui par *omission* (l'omission est un homicide).

Lanzmann, dans *Le Monde*, insiste : qu'est-ce qu'être *contemporain* d'un événement comme la Shoah ? Qu'est-ce, à ce moment-là, que *savoir* ? On ne sait que ce qu'on peut imaginer, sentir. Autrement dit : jusqu'où va ma capacité de *représentation* ? C'est le point capital, jamais abordé, d'où l'importance de la peinture (Picasso).

Publication de lettres inédites de Vivant Denon à Isabella Teotochi, sa comtesse vénitienne. Elles vont de 1788 à 1816. Elles le rendent encore plus énigmatique. Rien, en tout cas, qui m'oblige à modifier *Le Cavalier du Louvre*. Ces gens se tenaient.

Samedi 4 avril

Exemple du style de Mazarine Pingeot : « Victor se sentit défaillir. Il semblait prisonnier d'une de ses hallucinations : celle-là avait pris la forme de Suzanna. Il avait trouvé la forme de son désir inconscient, expérience unique, rencontre inouïe. Les obscurités de son être étaient éclairées d'un trait de lumière et renaissaient d'être ainsi éblouies. Elles auraient pu rester enterrées, mais au contact de cette présence elles furent révélées au jour. »

L'auteur nous dit de ses personnages que « 1968 était derrière eux ». Ah bon ?

Cambriolage chez D. Tous ses bijoux, auxquels elle tenait tellement. Toujours le même courage invraisemblable : « J'ai perdu des millions, mais je m'en fous. »

Dimanche 5 avril

Je lis *Les Guerres de la Révolution*, de Jomini.
Il est mort le 22 mars 1869 à Passy, à 90 ans. Magnifique récit de la bataille de Rivoli.

« Pour ôter ses moyens à l'ennemi, il faut, dès qu'on a gagné ses communications, ou une de ses extrémités, marcher à lui et combattre. »

Arrivée à Ré à 13 h 30 : tout de suite, le jaune des giroflées, l'océan, les mouettes, l'air libre.

Mazarine Pingeot, à la télévision (avec Michel Field), s'élève contre la « curiosité malsaine » des journalistes, dit qu'elle s'est sentie « salie » par leur acharnement « lubrique ». Un couplet sur la France et la terre qui, elle, ne ment pas, et qu'il faut aimer « physiquement ». À plusieurs reprises, le mot « incarnation ». C'est cela : elle incarne. Un coup de patte à Flaubert, écrivain « trop appliqué » (on rêve).

Je retrouve ici ma vieille collection du *Journal de Bordeaux* (sous-titre : *Politique, commercial et littéraire*). Voici, par exemple, en première page, le feuilleton du 20 juillet 1866 (nous sommes sous Napoléon III). Il s'appelle *Marie-Anne* : « Ses yeux étincellent, sa poitrine se soulève avec violence, et, dans son exaltation, elle me rappelle les prêtresses inspirées des temps antiques, qui révélaient aux hommes et aux peuples leurs destinées », etc. etc.

C'est ce que dit Céline : on prend les romans parus dans la *Revue des Deux Mondes* au 19e siècle, on rajoute des avions et des téléphones, et le tour est joué.

Dans le *Journal de Bordeaux*, il y a aussi le mouvement des bateaux du port. Ici, un jour, un certain Isidore Ducasse a débarqué de Montevideo.

Lundi 6 avril

Zhu Rongzi, le nouvel apparatchik chinois, Premier ministre, est à Paris, reçu, bien entendu, avec tous les égards dus à un « modernisateur anglophone » (*sic*).

Un observateur : « Jacques Chirac écrit pratiquement tous les mois au président chinois, souvent pour parler des poésies de l'époque Tang. » Il faut espérer que cette correspondance sera publiée un jour. Protestation de Wei Jingsheng, cri dans le désert financier.

Nuit de pluie intense.

Mardi 7 avril

Vent d'ouest. Bleu d'abord, gris-bleu ensuite.

Dans la fièvre, vous pouvez entendre en vous tous les bavardages sociaux. La société est une grippe, un virus de voix bêtes.

Corpus Christi sur Arte : tout ce qui intéresse les spécialistes, c'est de replacer l'histoire christique *dans son contexte*. Au fond, c'est la méthode du musée d'Orsay (réintroduire de force ceux qui sont sortis du 19e siècle dans leur époque, mettre sur le même plan Bouguereau et Manet). C'est aussi convaincant qu'une enquête sur les amis de Lautréamont ou ceux de Rimbaud. Vous dites qu'il s'est passé quelque chose ? Peut-être, mais rien n'est sûr.
Claudel : « L'apparition du génie est accueillie par un silence réprobateur. »

Débordement du *fenouil*, l'odeur de la fraîcheur elle-même.

Jeudi 9 avril

Pluie la nuit.
Je reprends mon roman. Il s'agit d'introduire la pensée et la poésie chinoises en plein dans le chaos de notre temps.
Heidegger : « La poésie est ce qui a lieu au fond de l'être comme tel. »
Raconter ça.

Pourquoi cette émotion en lisant des textes sur les peintures et les gravures rupestres de la préhistoire ? Je me souviens d'avoir lu ici, précisément, à 16 ou 17 ans, le *Lascaux* de Georges Bataille et d'en avoir été bouleversé. Vraiment enivré, la nuit, sur la digue, soulevé par l'espace. J'ai ensuite visité Lascaux au début des années 60. Impression d'un *son* gigantesque, évanouissant.

Les grottes, les animaux, les abris, tout est bizarrement présent et intense. Les *mains négatives* contre les parois : c'est de toi qu'il s'agit.

Longue marche dans les marais. Le sel.

Vendredi 10 avril

Averses, éclaircies, averses, éclaircies, etc.

Picasso : « La peinture est une machine à imprimer la mémoire. » « La peinture n'est pas faite pour décorer les appartements. C'est un instrument de guerre offensive et défensive » (1945).

Tempête toute la nuit. J'écoute la continuité du vent. C'est beau.

Samedi 11 avril

Pluie et froid. Drôles de Pâques.

Réédition des *Souvenirs imaginaires* de Pierre Herbart.

Sur Gide : « Une certaine répulsion. Ce visage immobile et gris, cette bouche droite sans lèvres. Même quand je lui vouai plus tard une grande affection, le sentiment du début persista en moi, nuancé – c'est ridicule – par de la *pitié*. Je crois que son aspect physique, sa gaucherie, sa bonne volonté (il lançait un caillou, une balle, comme une femme), ses manies aussi de châles, de chandails, de mitaines, de camomille, me dégoûtaient. Quand je le connus mieux, mon "dégoût" fit place à du malaise devant son avarice ("Je ne fais, disait-il, que des économies de bouts de chandelle") ; son inconscience ; sa façon de croire qu'il était révolté contre la "bourgeoisie", alors que cette "révolte" était entièrement axée vers la pédérastie qui n'est pas affaire de classes sociales ; son goût du sordide : ce cendrier à trous qui permettait d'éteindre et de rallumer les mégots. Si je n'avais pas su dissimuler mon irritation, il me disait : "Je vous agace, n'est-ce pas ? Marc aussi, je l'agaçais" – et je sentais pour lui un grand élan de pitié et d'amitié que je devais regretter : ON ÉTAIT TOUJOURS REFAIT. »

C'est encore plus dur que le fameux portrait de Gide par Cravan. Au fond, il n'y aura peut-être eu que Claudel pour être amoureux de Gide (la réciproque n'étant pas vraie, le corps de Claudel ne plaisant pas à Gide, Claudel souffrant d'être dans ce corps-là, etc.). Il faudrait faire une histoire des corps d'écrivains (cf. *Studio* pour Rimbaud et Hölderlin).

Dimanche 12 avril (Pâques)

Tempête toute la nuit, violent vent nord-ouest.
11 h 30 : soleil et vent calme, comme si de rien n'était.
En bateau sur une île.

Picasso, 1935 : « Je mets dans mes tableaux tout ce que j'aime. Tant pis pour les choses, elles n'ont qu'à s'arranger entre elles. »

« Je me comporte avec ma peinture comme je me comporte avec les choses. Je fais une fenêtre comme je regarde à travers une fenêtre. Si cette fenêtre ouverte ne fait pas bien dans mon tableau, je tire un rideau et je la ferme comme j'aurais fait dans ma chambre. Il faut agir avec la peinture comme dans la vie, directement. »

Tout cela, bien sûr, applicable à la littérature.

Un Américain, en 1945, veut absolument qu'une tête de taureau dans l'extraordinaire *Taureau noir, Palette et Chandelier* (1938) représente le fascisme. « Non, dit Picasso, le taureau n'est pas le fascisme, mais la brutalité et l'obscurité. »

Autrement dit : c'est vous, là, vous, et votre question qui est déjà une réponse, vous qui ne voulez pas *voir* ce tableau.

Picasso, au 7 rue des Grands-Augustins, à Paris, le 9 novembre 1944. Il dit à Daniel-Henry Kahnweiler : « La peinture, ce n'est pas du vent. Je crois aux fantômes, ce ne sont pas des vapeurs brumeuses, c'est quelque chose de dur. Quand on veut planter un ongle dedans, il se retourne. »

Il cite souvent ce qu'il appelle un vieux dicton chinois : « Ne pas imiter la nature, travailler comme elle. »

« De la chair tiède dans une main, du champagne glacé dans l'autre, il n'y a pas de doute, les sculpteurs sont en plein accord avec la réalité. »

« L'art n'est jamais chaste, on devrait l'interdire aux ignorants innocents, ne jamais mettre en contact avec lui ceux qui n'y sont pas suffisamment préparés. Oui, l'art est dangereux. Ou s'il est chaste, ce n'est pas de l'art. »

Picasso a toujours dit qu'on le prenait pour un peintre, mais qu'il était autre chose : « Au fond, je crois que je suis un poète qui a mal tourné. » Matisse se moquait de lui en lui disant qu'il voulait attraper la « quatrième dimension ». Il ne savait pas ce qu'il disait, remarque Picasso, mais c'est exactement ça. Platitude décorative de Matisse par rapport à Picasso (Matisse, en effet, n'est qu'un peintre, un « grand peintre »).

Un livre sur *Les Femmes photographes* : magnifiques photos d'Ilse Bing (*Autoportrait au Leica*, 1931 ; *Moulin rouge*, même date). Curieux comme beaucoup de femmes photographes ont fini en voulant devenir peintres, Dora Maar notamment. Voici un portrait d'elle, impressionnant d'énergie nocturne, par Rogi André, en 1936. Dora est « la femme qui pleure » de Picasso. Elle s'appelait Théodora.
Revenir sur les photos de Picasso par lui-même (1915).

Livre de Jean-Michel Frodon, *La Projection nationale. Cinéma et nation* :
Staline, paraît-il, ne se contentait pas de voir les films, il *croyait* à ce qu'il voyait sur l'écran plutôt que de s'informer de la réalité. Il pensait ainsi que les campagnes (où il n'avait pas mis les pieds depuis 1928) regorgeaient de nourriture. André Bazin : « La mystification cinématographique se refermait sur celui-là même qui en était le principe. Il serait à peine exagéré de dire que Staline en arrivait ainsi à se convaincre de son propre génie, par le spectacle de films staliniens. »

« Chemin de croix » à Rome, au Colisée. Jean-Paul II sous la pluie (les cardinaux hésitent). De nouveau, un geste en direction des Juifs. De deux choses l'une : ou bien le catholicisme est à bout de souffle et avoue ainsi son erreur millénaire (comme tout le monde, ou presque, désormais, l'y invite), ou bien il se sent assez fort, de nouveau, « à la veille du troisième millénaire » (comme on dit) pour reconnaître et dépasser cette histoire sanglante de tous les diables. Qui vivra verra.
Ce qui est étrange, c'est que jamais la curiosité à propos de l'affaire christique n'a été si vive. Toujours les mêmes objections, on n'en finit pas (voir Pascal). Jean, l'évangéliste, était-il Jean ? Ou un autre que Jean ? Et pourtant Jean quand même ? Encore une heure de télévision

sur la question. Visages universitaires usés, passionnés *quand même*. Il y a là des Allemands, des Italiens, des Français, des Suisses, des Américains, des Anglais. De temps en temps, une lueur. Sinon : ma bourse de recherche est justifiée, et je vous le prouve.

Le Christ obtiendra-t-il son diplôme ? Les avis sont partagés. Certains passages de sa thèse sont âprement discutés. C'est quand même un étudiant doué, aucun doute.

Tout le monde me demande des nouvelles de mon *Casanova*, mais évidemment personne de mon roman. Logique. Ce silence finit par être un encouragement radical.

Jorge Semprun, de l'académie Goncourt, dans le *Journal du dimanche*, dans un article très médiocre sur Henri Michaux, a soudain cette réflexion : « les inepties cinématographiques de Guy Debord. » Eh bien voilà : il l'a dit.

J.-P. II, bénédiction *urbi et orbi*. Il est épuisé, visage fermé, il souffre. « La vie triomphant de la mort. » Fleurs, groupes de jeunes (filles, surtout) qui s'amusent (c'est un show). La vie, la vie, la vie. Et puis : « *indulgentiam plenam* ». *Amen*, ponctuent ici les mouettes.

De nouveau l'exercice magique consistant à dire la résurrection dans toutes les langues, la plus petite ayant le même rang que la plus grande. Ma langue préférée, aujourd'hui, sera le swahili. Babel à l'envers, Babel d'espérance. L'énorme misère, les massacres et les persécutions ont lieu en ce moment même un peu partout, on peut y compter. Cependant, c'est la première retransmission télévisée d'une bénédiction papale en Russie (bras d'honneur à l'ex-KGB en souvenir de deux balles dans le ventre). La Pâque orthodoxe est dans une semaine. Coïncidence avec la Pâque juive.

Cette cérémonie laisse la plupart de mes amis (ou amies) insensibles, voire franchement hostiles. On ne se comprend donc *pas du tout* ? Non. Aucune importance (*Le Secret*, livre gênant).

Il y a longtemps que j'ai renoncé à faire sentir l'humour grandiose du catholicisme (Joyce). Misère dix-neuvièmiste du catholicisme français et de ses adversaires. Leur ignorance crasse de la Bible. Rideau.

Pleine lune à travers les cupressus noirs.

Lundi 13 avril

Ciel bleu, léger vent nord-est, beau temps froid.
Sciatique jambe gauche. Douleur aiguë. Piqûres.

Guitare est le même mot que *cithare*. Rivalité avec le luth (décrété plus noble). Origine orientale, mauresque, espagnole. On oublie toujours qu'Anne d'Autriche, la mère de Louis XIV, était espagnole. Louis XIII, Louis XIV : rois musiciens (ballets, danses). Vieux mot français : *guiterre* (Ronsard).

Picasso, plus royaliste que les rois, plus républicain que toutes les républiques. Musiciens, mousquetaires. Il a pris le Prado et Versailles. Une seule trajectoire dans l'envers de la représentation.

Flamenco : mouvements, gestes, gitaneries, feu, femmes. Taureau embusqué. Palette, livre, sculpture. Et le soleil noir de la guitare sur tout ça.

Les nuits, autrefois, avec E., et ses amies danseuses.

Poète, prends ta guitare, dis-nous tes amours avec les « dames pensives et lascives » (Ronsard).

Des livres *lascifs*. Des sarabandes.

Le Baroque vient toujours de plus loin qu'on ne croit. Góngora.

Gaspard Sanz, un des grands guitaristes du 17e siècle, était prêtre, comme Vivaldi. Voici un Christ à la guitare, *corpus Christi*.

Roi-Soleil, chasse, jardins, châteaux, musique.

Pendant son agonie (horrible), Louis XIII se met à chanter des psaumes. Il a composé un air pour la *merlaison* (chasse au merle).

Le mot *arbalète*.

Immédiatement : jambes, cuisses, talons, épaules, bras, mains frappées, chant *sorti*. Et puis les reins, les croupes, les paumes, les doigts.

Anecdote de printemps : une Française très française ne sait pas que *pâquerette* vient de *Pâques*. C'est une étrangère qui le lui apprend.

Douleur.

Norman Mailer à la télévision, crevé. Il a écrit un roman sur le Christ. Il dit n'importe quoi, bouillie de paroles, pénible.

Mardi 14 avril

Calme, ciel à perte de vue.

7 heures du matin, piqûre. L'infirmière : « Vous êtes difficile à trouver. » Elle commence sa journée, elle part en courant.

Léger vent nord-est. Hölderlin a dû entendre comment on l'appelle dans toute la région : le *nordé*.

« L'effort pour rejoindre », dont parle Proust, c'est l'effort pour arriver où on *est*, immobile dans le courant du temps irréversible. « *Wo Es war, soll Ich werden* » (Freud). Là où ça était, je dois advenir. Pas revenir, *advenir*.

« L'inépuisable au-delà de tout effort » (Heidegger). Quand le langage coule en lui-même, et la main est là, et elle est légère. « Ça vient. » Flux, fleuve, rythme, jointure. Plutôt le matin très tôt, ou la nuit.

À la mesure de la douleur ? Pas facile. On risque à chaque instant de s'endormir (antalgiques puissants). On ne devrait jamais commencer une conversation avec quelqu'un sans lui demander s'il souffre. On n'entre jamais dans la douleur d'un autre, sauf sadisme (et encore). Dans son plaisir, parfois. Plaisir, douleur : les seuls problèmes philosophiques sérieux.

Vivaldi : *Judith Triumphans* (1726). Sublime air de contralto avec clarinette.

Il s'agit d'une victoire sur les Turcs (souvenir de Lépante).

J. K. prépare son exposition pour le Louvre : « Visions capitales ».

Piqûre, soir gris, pluie fine.

Mercredi 15 avril

Pluie toute la nuit. Matin calme et bleu. Je ne sais pas comment l'île, pendant le sommeil, s'arrange pour prendre de front toute la tempête possible. Parfois, j'ai l'impression qu'elle est allée, comme un grand navire, dériver au loin sur l'océan, pour se réamarrer en douce, le matin, pour le lever du soleil.

Elle est retrouvée !
Quoi ? L'éternité.
C'est la mer mêlée
Au soleil.

Rimbaud et Shakespeare.

Conversation avec J. K. sur la liberté. Je lui rappelle cette formulation de Heidegger, dans *Introduction à la métaphysique* : « Sans la manifestation originelle du néant, il n'y aurait ni être personnel ni liberté. »
Elle affirme son athéisme. Dans son cas, pourquoi pas ?

Roman. Le Temps est une substance, *la* substance. Sensible sous forme d'eau lourde, parfois. Savoir l'écouter. Il « passe » moins qu'il n'écrase de son évidence.
Le roman comme voie vers le dépassement de la Métaphysique. Mais alors, c'est une question de simplicité, de grande proximité, de détachement.
Couleur de violence (ou de douleur) pour mieux faire sentir le clair, le tout proche.
Qu'est-ce qu'une *perte* de temps ? Penser qu'on le perd.

Très beau temps (soleil) entre 7 et 9 heures. Ensuite tempête, puis belle grisaille, puis éclaircie, etc.

Imaginer un narrateur qui, toutes les cinq minutes, se trouverait, à haute voix intérieure, en train de penser « Comme c'est étonnant ! comme c'est beau ! » : le gravier, les iris, l'herbe, l'océan, les arbres. Même chose depuis l'enfance. Le jardin s'est déplacé, voilà tout.

Jeudi 16 avril

Tempête, fort vent du sud (très rare), rafales incessantes.
Abruti par les médicaments.
17 h 30 : accalmie. Et puis, de nouveau (18 h 30), etc.

Il paraît que Pol Pot est mort d'une « crise cardiaque ». On le charge, lui et lui seul, du massacre de 2 millions de Cambodgiens. Commode. Enfin, le monstre est mort, on va pouvoir repeindre la façade de l'horreur.

Les deux mouettes planant au-dessus de l'écluse. Vol ralenti et un peu niais des canards.

Tempête toute la nuit. Toujours étonné, vu sa position, que la maison ne soit pas emportée, engloutie.

Vendredi 17 avril

Exhibition sordide du cadavre de Pol Pot sur toutes les chaînes de télévision. Le monstre était quand même toléré par toutes les chancelleries (comme d'habitude) : Pékin, Washington, Paris. Montage de son corps, allongé à quelques kilomètres de la frontière thaïlandaise, avec des monceaux de crânes du génocide cambodgien. Crime contre l'humanité ? C'est le moins que l'on puisse dire. Mais où est le tribunal ? Où sont les juges ? Et le Rwanda ? Une enquête est en cours, dit-on. Et l'Algérie ? Polémique entre intellectuels sur fond d'égorgements. Et ainsi de suite.

Le soir, *Bouillon de culture*, de Pivot. Dany Cohn-Bendit est là, en pleine forme, heureux élu, heureux amoureux, heureux père, heureux citoyen, heureux écologiste, heureux joueur de football, heureux défenseur de l'euro. *C'est l'Heuro*. Il est accompagné d'Olivier Duhamel qui semble le trouver un peu trop euphorique, et même légèrement réactionnaire, puisque Cohn-Bendit semble réticent sur les couples homosexuels adoptant des enfants et sur la procréation artificielle. Bon, ce n'est pas grave. En face de lui, et le tutoyant, Luc Ferry et André Comte-Sponville, les penseurs de l'époque. On croit comprendre que Comte-Sponville est « matérialiste » (il pense que c'est son cerveau qui pense, et il le dit avec beaucoup de conviction), tandis que la position de Ferry est plus « spiritualiste ». Spiritualiste « laïque », entendons-nous. Leur but semble être de remplacer les religions à propos des questions essentielles : la vie, la mort. Exemple : comment réagir à « la disparition d'un être aimé » ?

Tout cela est charmant, consensuel, bien-pensant en diable, inoffensif, scout, et il faudrait être un monstre (ou un ancien maoïste) pour s'en offusquer. Seule critique, à la fin, inattendue : celle de Cohn-Bendit au sujet du livre de J. K., *Contre la dépression nationale*. Elle aurait donc dit quelque chose d'irritant ? Il est vrai que l'émission ne comportait pas de femmes (dans une autre émission, au contraire, il n'y aura *que* des femmes).

Très bon article de Gilles Anquetil sur le film de Labarthe, dans *Le Nouvel Obs*.

Samedi 18 avril

Accalmie du temps.

Le supplément TV du *Figaro* présente ainsi le film de Labarthe : « Sollers, écrivain versé dans le cynisme. » Ce *versé* m'enchante.

On aurait dû tourner ce plan : j'allume une bougie, je l'approche d'un écran de télévision, et je murmure : « Je cherche un homme. »

Le soir de la diffusion (le 22), doit avoir lieu celle d'un film français sur Hannah Arendt, que le même supplément TV annonce ainsi : « la jeune fille étrangère » (comprenne qui pourra).

J. K. travaille beaucoup en ce moment sur Arendt. Le texte de Barthes autrefois, pour la défendre (J. K.), s'appelait comme par hasard : « L'étrangère ».

J'aime ce genre de communiqués, très rares, faits pour passer inaperçu sauf des spécialistes (courrier du *Monde*, daté du 18 avril) : « Dans le point de vue de Jean Kahn, "Dits et non-dits du pape", paru dans *Le Monde* du 20 mars, on peut lire : "Encore évêque de Cracovie, Karol Wojtyla déclare en 1972 que la Shoah était un sacrifice expiatoire des juifs pour se faire pardonner la mort de Jésus, et Auschwitz son Golgotha." Je suis en mesure d'affirmer que S. E. Karol Wojtyla, à l'époque évêque de Cracovie, n'a jamais prononcé les mots qui lui sont gratuitement attribués par M. Kahn. Naturellement, il n'existe aucun texte duquel il serait possible de déduire une telle opinion, qui ne reflète en aucune manière la pensée du Souverain Pontife et se révèle contraire à celle-ci. »

Signé : Dr Joaquin Navarro-Valls, bureau de presse du Saint-Siège.

Pour la troisième fois dans sa présentation du journal télévisé, Claire Chazal, bien maquillée, parle de « l'ostentation » du Suaire de Turin, au lieu de l'*ostension*. On est un peu gêné pour elle, mais la répétition prouve que personne ne s'en est avisé.

Pour voir ce morceau de linge, il y aura près de 4 millions de visiteurs, à raison de 4 000 par heure. Chacun aura deux minutes pour regarder. Quoi ? Sa propre mort, irréversible. En un sens, c'est encore plus dur si le Suaire est authentique puisqu'il faut *attendre* la résurrection des corps. Mais enfin, ce Suaire est-il *authentique* ? Entre l'adoration pétrifiée et le ricanement ou le haussement d'épaules, la voie est étroite. Éclipsons-nous.

En contrepoint de l'image blanche rectangulaire du Suaire dans la cathédrale de Turin, la crémation « bouddhiste » de Pol Pot devient surréaliste. On le brûle en effet avec ses affaires personnelles (presque rien) sur un matelas où trône, renversée, une chaise d'osier. Chaise électrique soudain en flammes. Message : le cadavre emporte ses secrets en fumée.

Après ses accords avec le Front national à Lyon, Charles Millon, ancien ministre de la Défense, annonce la création d'un nouveau parti qui s'appellera « La Droite ». Des centaines de partisans l'acclament. Il a l'air illuminé.

En Italie, on demande à Fini, qui a rénové l'ex-parti fasciste, de quel mouvement politique français il se sent proche. Réponse : le RPR. Personne ne rit. Fini est *extrêmement* convenable. Le reportage est fait pour donner à comprendre que les vieux fachos à grandes gueules (Almirante, Le Pen), c'est fini, et que maintenant Mégret s'appelle RPR. Fini est le promoteur type en costume trois pièces, ou encore le cadre supérieur universel annoncé autrefois par l'Internationale situationniste comme « le *plouc* ».

Pas une bourgeoise qui ne rêve d'avoir ce type de mari-plouc.

Dimanche 19 avril

Gris, pluie fine, changement de temps.

L'ironie veut qu'en face d'un article de Valérie Cadet très favorable au film de Labarthe (*Le Monde*) figure l'annonce d'un autre film documentaire, sur le dalaï-lama, « une des personnalités les plus respectées du vingtième siècle ».

« Une heure et demie d'intelligence, d'altruisme... Essentielle et magistrale réflexion sur des questions vitales... »

Voici une pensée du dalaï-lama : « La violence, qui entraîne un ressentiment durable, est comme un médicament trop puissant, qui terrasse la maladie, mais nuit à la santé. »

On comprend que, devant un tel océan de profondeur, l'intervie-wer soit resté, dit la journaliste, « comme un petit garçon ébloui ». Nous sommes d'accord : Hitler, Staline ont usé de « médicaments trop puissants ». Il est temps de se mettre à la tisane.

Ici, le spectre de Shakespeare passe, sifflant un air de sa composition, *Sound and Fury*, qui le transforme, peu à peu, en ombre chinoise.

Libération de Wang Dan, un des leaders de l'insurrection de Tiananmen en 1989. L'hypocrisie d'État fonctionne, et les Chinois ont parfaitement compris le système. Un dissident célèbre libéré, les affaires sont blanchies, on peut arrêter sans faire de bruit cent autres gêneurs (des ouvriers, par exemple).

Bach parle du *goût* italien et du *style* français.

Lundi 20 avril

Un visiteur vénitien du Suaire de Turin (qui fait suer, ces temps-ci, les religieux et les anticléricaux de tout poil) a cette remarque de bon sens : « Si c'était un faux, il n'y aurait pas autant de télévisions. »

Debord : « Dans le monde réellement renversé, le vrai est un moment du faux. »

Mardi 21 avril

Beau temps, enfin. Matin de soleil dans la brume. Léger vent nord-est.

Marcel Detienne, *Apollon le couteau à la main* : « Cyrène dans la lumière du matin. Sur la côte libyenne, près du temple d'Apollon, le laurier se met à frémir, les hautes poutres du sanctuaire tremblent, les portes sont ébranlées : le pied d'Apollon vient les heurter. Le dieu arrive, il entre dans sa demeure : jour d'épiphanie, jour de fête. »

Et aussi : « L'Archer en gloire s'avance au milieu des trépieds de grand prix, semblable à un astre qui luit en plein jour. Le même dieu, justement nommé pour l'occasion "Éblouissant", *Aiglétès*, fait apparaître pour les Argonautes, abîmés cette fois dans la nuit et la tempête, une île dite de l'Apparition, l'île d'Anaphè… »

Ainsi soit-il.

Devant moi, au-delà de la pelouse, l'océan très bleu. Le soleil chauffe et la marée monte. Je suis assis sur une serviette de bain américaine noire avec un globe terrestre blanc. Inscription sur la serviette : « *Crazy world* ». Voici donc du *temps*. Je regarde les pâquerettes, les boutons-d'or, une bête à bon Dieu sur un brin d'herbe.

Tout à l'heure, la brume du matin, protégeant le soleil, était comme un grand *chut !* avant le lever du rideau.

Haleine du vent, *zéphyr* (musique française).

La douleur sèche en même temps que le sol.

Ludwig Wittgenstein était, dans sa jeunesse, le condisciple de Hitler, à Linz. Il est devenu ensuite l'homme clé de l'espionnage soviétique en Angleterre. Il aurait pu s'exiler à Kazan (ex-URSS) en 1935. Quel roman. « Ce dont on ne peut pas parler, il faut le taire. »

À quand des révélations sur Heidegger agent chinois, en contact avec les États-Unis *via* Hannah Arendt ? Ou quelque chose dans ce genre ?

Un prospectus m'annonce le colloque international de l'*Aumisme*, « religion du troisième millénaire » (qui englobe tout, cela va de soi). En la cité sainte de Mandarom Shambavalem, 04120 Castellane, France, où se trouve le « Temple Pyramide Humanité Réconciliée ».

Il y aura des évêques « aumistes ». Ils ont tous des noms indiens, pour dissimuler, je suppose, leurs patronymes détestablement nationaux. L'un est « docteur ès sciences physiques. » L'autre est « technicien géologue ». Une autre est « institutrice, retraitée de l'Éducation nationale ». Une autre encore « agrégée d'allemand ». Une autre « technicienne, retraitée de l'industrie aéronautique, professeur d'art floral japonais ». Il y a même un « docteur en sciences de l'éducation ».

Tout cela ne s'invente pas. Dans le monde réellement cinglé, le roman est la raison même.

Mort d'Octavio Paz, poète surréaliste, diplomate, prix Nobel. Il pensait, paraît-il, que l'humanité devait faire une « cure de bouddhisme ». Bon.

Un organisme américain l'ABI (*American Biographical Institute*) propose à J. K. une médaille d'honneur pour l'an 2000. « Vous êtes une des rares personnes nominées », dit la lettre de félicitations. Cependant, c'est 195 dollars. « Si vous n'êtes pas intéressée, votre famille peut l'être. »

Mercredi 22 avril

Mort de Jean-François Lyotard. Je l'ai rencontré la première fois lors d'une émission de télévision avec Godard où, à ma grande surprise, il a cru me faire plaisir en me proposant d'aller enseigner dans une université américaine. Étrange hommage funèbre de Derrida dans *Libération*, depuis la Californie, disant qu'il est « plein de larmes ».

Cette photo de Hannah Arendt dans *Le Figaro*. Comment on devient, non pas vieux mais *méconnaissable*. Quoi, cette belle jeune femme aiguë, brûlante, dont Heidegger était si amoureux, s'est transformée en cette lourde ossature hommasse ? Le regard seul persiste en elle, la vie de l'esprit.

Diffusion, le soir, du film de Labarthe, dans la série *Un siècle d'écrivains*, sur FR3. Présentation de Rapp, un peu gêné : « C'est un film très personnel. »

Jeudi 23 avril

Bleu partout.

Francesco Guicciardini, *Ricordi* : « Celui qui estime à haut prix l'honneur réussit en toute chose, car il n'épargne ni fatigues, ni dangers, ni argent. J'en ai fait l'expérience moi-même, de sorte que je peux le dire et l'écrire : les actions des hommes qui n'ont pas cet ardent stimulant sont mortes et vaines. »

17 h 30. Départ de l'île dans le froid et la pluie (il y a deux jours, j'étais nu sur l'herbe). Toujours l'émotion en quittant ce lieu, la vision.

Très violent article du *Figaro* contre le film de Labarthe : « De l'illisible à l'indéchiffrable ». Article politique (maurrassien). Philistinisme.

77

Labarthe « comme Godard » ? Non. Godard use de la voix sur un ton crépusculaire, emphatique, apocalyptique (Élie Faure, Malraux). Au contraire (et au moins depuis *Paradis*) : traiter la voix comme couleur. Il ne s'agit ni de la même pensée ni de la même histoire (puritanisme évident de Godard).

Mai 68 commenté par le Spectacle : déluge de photos et de mots. Rien. Trou noir.

Après Poitiers, vers Paris, la nuit tombe, le ciel s'éclaircit.

Vendredi 24 avril

On réhabilite, à la Réunion, la figure de Jeanne Duval, la maîtresse de Baudelaire. Les Fleurs Duval. Au fond, personne n'a supporté l'idée que le plus grand poète français ait eu une maîtresse de couleur, source de la plus noire comme de la plus lucide volupté. Son portrait par Manet. Proust, par exemple, n'a rien voulu en savoir. Tout cela, aujourd'hui, paraît stupéfiant (mais méfiance).

Philistin : « A été appliqué en France, particulièrement par les romantiques, à tout bourgeois d'esprit vulgaire. » Marx l'emploie souvent (origine biblique).

Octavio Paz, nous dit un journaliste, conciliait en lui Breton et Camus. La scène se passe au Mexique.

Samedi 25 et dimanche 26 avril

Week-end à Cassis. Soleil vif et terrasse. Masse montagneuse blanc et ocre, à pic dans l'eau bleue. Cézanne en train de peser les volumes. Bonheur. Le visage devient soleil ; la pensée, air, montagne, eau. Respiration en peinture. Les pins ont des touffes de pinceaux.

Rimbaud : « Je suis réellement d'outre-tombe, et pas de commission. »
Le mot *commission*.
Et, dans *Solde* : « À vendre… ce qu'on ne vendra jamais ! Les vendeurs ne sont pas à bout de solde ! Les voyageurs n'ont pas à rendre leur commission de sitôt ! »

Lundi 27 avril

Exposition de J. K. au Louvre, « Visions capitales ». Très réussie, forte, en plein dans la cible (excellent catalogue).

La « Sainte Face » de Laon à côté d'une tête de Méduse.

Un autoportrait d'Artaud.

Un buste de Marie-Thérèse Walter de Picasso.

Admirable petit dessin de Rembrandt.

L'ensemble saute en pleine figure, le contraire d'un accrochage décoratif ou d'une animation culturelle. Grandeur de l'anarchie, décollations de l'illusion rétinienne. Souvenir, peut-être, chez elle, par ce surplomb des crânes, d'origine préhistorique, du *consolamentum* cathare (ou bogomile) : la main sur la tête, c'est tout.

Mardi 28 avril

Article très favorable sur Bourdieu dans *Le Figaro*. Normal. Les Institutions parlent aux Institutions.

Mercredi 29 avril

Déjeuner avec Martine Aubry. Conviction, énergie, connaissance de ses dossiers, elle est très séduisante (presque personne ne partage ce sentiment). Elle est tout simplement *belle*. Les hommes ont peur, les femmes sont jalouses et terrorisées. Parfait.

Elle a, toutes les dix minutes, un tic de langage : « Disons-le simplement. »

La politique : pouvoir et fatigue. Moins ennuyeuse que la vie « sociale » en général ? Sans doute. Je lui dis à part qu'on pourrait, un jour, parler d'autre chose. « Mais oui, pourquoi pas, j'en ai ras-le-bol de tout ça. » Il n'en est rien, mais sourire dans les yeux, netteté, charme.

Tony Blair a dit, paraît-il, qu'il n'y avait pas de politique de droite ou de gauche, mais simplement une bonne et une mauvaise politique. Aubry : « Ça ne veut rien dire. Il y a une bonne ou une mauvaise politique de droite, et une bonne ou une mauvaise politique de gauche. »

79

Jeudi 30 avril

En mai 1968, pendant que *Le Figaro*, la *Pravda* et *L'Humanité* attaquaient lourdement le mouvement révolutionnaire de Paris, il se passait ceci à Pékin : 500 000 manifestants criant : « Vive la juste lutte des ouvriers et des étudiants français ! », « Vive la tradition révolutionnaire de Paris ! », « À bas les réactionnaires français, à bas l'impérialisme et le révisionnisme ! » L'agence *Chine nouvelle* soulignait que le mouvement estudiantin « se répand comme un feu de brousse en France, aux États-Unis, en Allemagne occidentale et en Italie. »

On allait acheter *Chine nouvelle* à la librairie chinoise du boulevard Saint-Michel. Papier fin, papier bible. Grands idéogrammes rouges, textes enflammés. Pardon, mais c'était très beau.

Le soir, revu *La Mort aux trousses* de Hitchcock. Chef-d'œuvre étonnant, plan par plan. Cary Grant, Eva Marie-Saint. Le train (paysage défilant à gauche par la fenêtre du wagon-restaurant), le mitraillage célèbre de l'avion (on ne s'en lasse pas), le rasage dans les toilettes de la gare. Le moindre geste pensé. Les films de Hitchcock, selon lui-même : l'histoire d'un homme innocent dans un monde coupable (juste le contraire de ce que tout le monde pense).

Rimbaud : « Faiblesse ou force, te voilà, c'est la force. Tu ne sais ni où tu vas, ni pourquoi tu vas, entres partout, réponds à tout. On ne te tuera pas plus que si tu étais cadavre. »

Mai

Vendredi 1er mai

Je repense à Martine Aubry parlant avec force et rapidité : 35 heures, emploi, chômage, banques, banlieue, réinsertion, éducation, exclusion, sécurité, solidarité, études, euro-sondages, modèle italien de la Lombardie, initiative, liberté, solidarité, etc.

Auto, boulot, dodo.

L'avenir, pour la société planétaire, est aux petites filles intelligentes et têtues, transformées en gestionnaires équitables. C'est une vocation (*Femmes*, livre d'anticipation).

Cinquantenaire de l'État d'Israël. Film américain sur l'assassinat de Rabin. On voit la *préparation* du meurtre par les ultrareligieux. Affiches où Rabin est transformé en nazi (brassard à croix gammée), hurlements, danses de mort, et… Un fascisme *angoissé*. Sourire faux et carnassier de Netanyahou.

Les Prophètes (Isaïe, Zacharie), l'Ecclésiaste : parenté évidente avec *Une saison en enfer*. Le ton fondamental, le coup d'archet, le *je*. Ceux qui croient lire Rimbaud sans avoir lu la Bible me font rire (cela explique aussi le cas Claudel).

Mort de Dominique Aury (90 ans). Je l'observais, chaque mois, au comité de lecture de Gallimard, où elle restait le plus souvent silencieuse. Elle s'endormait un peu, comme Claude Roy, spectral, un peu plus tard.

Souvenir de la NRF, il y a quarante ans. Paulhan et Arland face à face et, dans un coin, Dominique Aury. *Histoire d'O* était la partie immergée de l'iceberg, la plus intéressante évidemment. C'est l'époque où Sade « revenait », avant de redisparaître.

Aury toujours très courtoise avec moi, précautionneuse même. Je lui baisais la main ostensiblement en pensant à ce que raconte Stendhal du modèle de la marquise de Merteuil, à Grenoble, qui lui offrait des bonbons dans son enfance. Un jour, dans l'escalier de Gallimard, elle m'arrête : « J'ai beaucoup aimé votre *Cézanne*. Je l'ai lu trois fois. »

Pas envie de relire *Histoire d'O*, d'ailleurs. Sade est aujourd'hui en Pléiade, *Juliette* arrive enfin cette année sur papier bible, il aura fallu deux siècles, rien, un clin d'œil. Décision de publier Sade en Pléiade : avec Antoine Gallimard, dans l'avion qui nous conduisait à New York en novembre 1982. Cela amusait Antoine de penser que « ni Gaston ni Claude ne l'auraient fait ». Dont acte. Robert Gallimard m'avait demandé d'écrire la préface du premier volume, mais, bien entendu, il y a eu une cabale pour m'en empêcher (j'ai la lettre de Robert Gallimard à ce sujet). Bref : *Sade contre l'Être suprême*, précédé de *Sade dans le temps* (Gallimard, 1996).

Samedi 2 mai

Gris frais.

Officialisation de l'euro à Bruxelles.

Hurlements de Le Pen à Paris : « Chirac collabo ! » Une foule d'anciens collabos reprend ça en chœur. Tout cela, comme d'habitude, au pied de la statue de Jeanne d'Arc.

Dans *Le Figaro Magazine*, article haineux contre mai 68, avec, au passage, l'inévitable appel à Péguy.

Comme c'est étrange de voir ces deux femmes déjeuner ensemble. Toutes les deux ont été les maîtresses plus ou moins clandestines de deux hommes très influents d'autrefois. L'un est mort, l'autre est encore vivant mais très fatigué. L'une des deux femmes a eu un enfant avec sa passion, l'autre pas. Quel roman, si elles racontaient vraiment les choses. Elles ne le feront pas : la société tout entière est tissée de ce genre de silences.

De Quincey sur la conversation de Coleridge : « La plupart des gens avaient perdu le fil et croyaient, assez naturellement, qu'il l'avait perdu lui-même, alors qu'en réalité une logique extrêmement rigoureuse participait de ses méthodes de pensée de façon aussi inaliénable que la grammaire de son langage. »

Baudelaire sur De Quincey : « Sa pensée est naturellement spirale. »

Les professionnels de l'opium dans l'Angleterre puritaine. L'importance du poème « automatique » et inachevé de Coleridge *Kubla Khan* : tout le début de *Paradis* I en est inspiré. Rapidité fluide.

Un professeur canadien travaille sur Lautréamont. Il a découvert que, vers 1863, les jeunes Anglais atteints de spleen venaient se suicider à Paris en se jetant du haut de la colonne Vendôme (place Vendôme, c'était aussi auparavant l'adresse de l'occultiste Mesmer). Ducasse a sûrement connu ce fait (Mervyn, dans *Les Chants de Maldoror*).

Dimanche 3 mai

En réalité, qu'est-ce qu'ils veulent, tous et toutes ? Contrôler, surveiller, détourner, retarder, pomper, exploiter, freiner au maximum, qu'il n'y ait pas trop de liberté en cours (surtout si elle doit être *dite*).

Encore Cohn-Bendit à la télévision. De plus en plus sympathique, entraînant, souriant, les yeux clairs. Cette fois, il fait carrément de la politique, élections européennes, etc. Il a un ballon de football dans les mains, ce qui ne l'empêche pas de faire un détour par la dépénalisation des drogues douces. On sent que le *Mundial* approche. Le soir, Paris-Saint-Germain bat Lens, 2 à 1, en finale de la Coupe de France. Chirac est retenu par l'euro à Bruxelles, mais Marie-George Buffet, ministre communiste de la Jeunesse et des Sports, le remplace dans le cérémonial républicain (douce, un peu raide).

Lundi 4 mai

Gris froid, peu à peu retour du soleil.

Depuis 1968 : le problème des *défections*. L'âge, la peur, la folie, le suicide, la résignation, l'usure.

À l'inverse, et quoi qu'il arrive : l'étonnement, l'obstination, l'ironie, la joie.

Qu'aura été le gidisme (ou le nrfisme) ? Se défendre sans cesse contre Claudel, Proust, Joyce, Picasso, Céline. Un siècle de dénégations.

Et voici la pilule érectisante *Viagra* (Vigor + Niagara). *Le Figaro* s'interroge aussitôt gravement : « Quelles sont les conséquences pour la société ? » En effet.

Mardi 5 mai

Lecture de *Studio* pour une collection de voix enregistrées chez Gallimard. Je centre l'intervention sur Rimbaud. Tout de suite, à voix haute, c'est un *autre livre*. Preuve du sens par la voix : déploiement, volume.

Passage à l'euro : réévaluation globale du 20e siècle. Conséquences rétroactives et prospectives. Rééquilibrage par rapport au dollar (donc, au moins, cinquante ans).
Disparition du mot *franc*. Monnaie depuis 1795. Les Francs étaient germaniques. Je ne me suis jamais senti *franc*.
Dévaluation et transvaluation des valeurs antérieures. Excellente chance, contrairement à ce que disent les réactionnaires de tout poil, pour un sursaut national. L'Européen d'origine française, les Lumières, Voltaire (contre Vichy, le Front national et l'imposture stalinienne).
1998, c'est déjà 2002.

L'Événement du jeudi me demande de tester la pilule Viagra. Je réponds au journaliste que je l'emploie déjà depuis des années. Il a l'air de le croire.

Spectacularisation de mai 68 : bavardage naturaliste. On se croirait en 1898.

Wang Dan, à New York, pendant qu'on représente l'éternel *Gisèle* à Pékin, à côté de la place Tiananmen, dit que, maintenant, il n'a plus le temps que de dormir et de donner des interviews. C'est quand même mieux que la prison. En Chine, en cellule, il lisait Sartre, Foucault. On va l'abonner à *L'Infini*.

Quelqu'un vole un Corot au Louvre, estimé 8 millions de francs. Personne n'a rien vu. Envolé. Pendant ce temps, François Pinault achète 29 % de Christie's. *Libération* : « Il collectionne notamment Pollock, Rothko, Rauschenberg. Il va pouvoir affiner son sens de l'esthétique. »

Mercredi 6 mai

Meurtre au Vatican : un garde suisse en tue un autre et sa femme, avant de se suicider. La victime avait essayé de faire rempart de son corps contre le tir de l'assassin du pape en 1981. Version officielle : « raptus de folie ». En apprenant la nouvelle de cette boucherie soudaine à deux pas de ses appartements, Jean-Paul II s'est retiré dans sa chapelle pour prier. Séquence à la Shakespeare.

Publication, longtemps attendue, des *Lettres de prison* (à Lucette Destouches et à maître Mikkelsen), 1945-1947, de Céline. En 1947, Céline écrit à Mikkelsen : « Travailler l'*Évêque* pour qu'il me donne asile… L'Église est faite pour donner asile aux traqués, réprouvés, lépreux dans mon genre. C'est sa fonction historique. *Parlez-lui-en*, je vous prie. »

Offensive dix-neuvièmiste partout (normal). Françoise Chandernagor, de l'académie Goncourt, raconte les souffrances d'une mère de quatre enfants abandonnée par son mari. Dans *Match*, elle dénonce « l'escroquerie du couple Sartre-Beauvoir », responsable, selon elle, du malheur de tant de femmes. C'est la faute à Sartre, à Beauvoir, à Voltaire, à Rousseau, etc., etc.

Jeudi 7 mai

Froid pour commencer, puis le soleil sort en fin d'après-midi, whisky en terrasse, lumière dans les yeux, *enfin*.

Condamnation en référé de l'éditeur Albin Michel pour un livre sur la mafia des tribunaux de commerce : 100 000 francs d'amende pour chaque exemplaire vendu. On en est à plus de 5 millions constatés par huissier. Jérôme Lindon : « C'est comme si on tirait au canon sur un piéton qui traverse en dehors du passage. » Pressions sur l'édition pour la pousser à l'autocensure, pendant que le marché regorge de mauvaise littérature : même but.

Vendredi 8 mai

Livre de Jean-Michel Mension (entretien), qui a connu Debord autrefois et a beaucoup bu avec lui.

Question : « Tu as rendu visite à Debord à l'hôtel de la rue Racine ? »

Réponse : « Une fois ou deux. J'étais très étonné de le voir, de voir un monsieur dans une robe de chambre très classique, bourgeoise, bordeaux avec la ceinture, je me suis dit : "Tiens, c'est drôle." Je n'ai pas cherché plus loin. »

Prochaine visite d'Hillary Clinton à Bernadette Chirac, en Corrèze. Mot de Bernadette Chirac à Moscou aux ministres socialistes : « Vous voyez, ce qu'il faudrait à mon mari, ce sont des amis comme vous. »

Chirac président radical-socialiste de la « gauche plurielle » : qui ne comprend pas cela ne comprend rien. La droite ? Quelle droite ?

Dimanche 10 mai

Conversation avec X. Jean. Le nom possible du prochain pape, Jean-Paul III ? Jean XXIV ? Paul VII ? Peut-être, mais il y a aussi Grégoire ou Benoît, qui pourraient prendre un coup de jeune.

Pie XIII, s'il n'y avait pas de superstition sur le 13 (le treizième revient, c'est toujours le premier), serait très bien, très *stratégique*.

Article pour *Le Monde* : « Littérature et politique ». Je pars de *La Barricade* de Delacroix (1830).

Lamartine et Chateaubriand. Hugo.

Hugo : « J'ai fait un jacobin du pronom personnel. »

1873 : « Que suis-je ? Seul, je ne suis rien. Avec un principe, je suis tout. Je suis la civilisation, je suis le progrès, je suis la Révolution française, je suis la révolution sociale. »

Le despotisme et le nihilisme sont, pour Hugo, « dans un duel de ténèbres » (il faudrait dire aujourd'hui : dans une alliance).

Sur Mirabeau : « Il ne rencontre dans la vie que deux choses qui le traitent bien et qui l'aiment, deux choses irrégulières et révoltées contre l'ordre, une maîtresse et une révolution. »

Sur l'*Histoire des Girondins*, de Lamartine : « Il enseigne la Révolution à la France. »

Baudelaire souligne l'imagination *poétique* de Delacroix, lecteur de Dante, Shakespeare, Byron, l'Arioste.

« Delacroix était passionnément amoureux de la passion, et fermement déterminé à chercher les moyens d'exprimer la passion de la manière la plus visible. »

« L'homme supérieur est obligé, plus que tout autre, de veiller à sa défense personnelle. On peut dire que toute la société est en guerre contre lui. »

Des visages heureux sortent du Luxembourg. Les grands marronniers dans le ciel clair. La ville s'agrandit sous la chaleur.

Lundi 11 mai

Travaux de rénovation du Pont-Royal. Le léger grillage gris clair qui entoure les échafaudages flambe dans le soleil.

Mardi 12 mai

Parution des *Passions de Francis Bacon* et du *Cavalier du Louvre* au Japon. Raffinement et hospitalité de l'édition japonaise : les titres maintenus en français sur la couverture, avec traduction en dessous. L'Asiatique vous dit : « Vous êtes français ? Merveilleux ! Encore ! » Et l'Américain : « Vous êtes *trop français*, aucun intérêt » (il est à noter que ce « trop » se dit uniquement pour le français).

L'éditrice d'art américain, l'année dernière, à Francfort, à propos de Picasso : « Picasso ? Oh, *old fashion* ! »

Mercredi 13 mai

La masseuse, 30 ans : « C'est fou ce que les gens peuvent raconter pendant qu'on les touche. » – « Ça les déclenche ? » – « Voilà » – « Vous voulez dire qu'ils ne savent pas très bien dans quel corps ils sont ? » – « Oui. C'est étrange, quand même. »

Nuit d'orage. Canonnade du tonnerre dans les arbres. Admirable sommeil dans les éclairs et le bruit (le *fracas*).

Jeudi 14 mai

Chaud d'orage.

Émeutes et pillages à Djakarta. Étudiants et population affamée. La police tire à balles réelles et fait la chasse aux Chinois (boucs émissaires).

Trois palestiniens tués, dont un enfant de 8 ans.

Essai nucléaire de l'Inde. Condamnations formelles.

Tarek Aziz (Irak) est à Paris. Bientôt Assad (Syrie).

Les brutalités policières françaises sont épinglées par le Conseil de l'Europe, à Strasbourg. Violences sur les Maghrébins. Sévices sexuels exercés sur les détenus dans les prisons.

« Lave tes mains, reprends la route qui va où tu dors » (Lautréamont).

Vendredi 15 mai

Chaleur, pollution, fièvre.

Comme prévu, l'ignorance de l'Histoire s'accroît de façon vertigineuse. Soit mépris pur et simple, soit reconstruction arbitraire. « Du passé faisons table rase. » Vide ou clichés. Et, *en même temps*, connaissance secrète, de plus en plus profonde, de l'Histoire.

Samedi 16 mai

Bleu moins chaud. Sommeil.

Magnifique finale de rugby au Stade de France. Victoire aisée et rapide du Stade français sur Perpignan. L'un des commentateurs, lyrique, au début, avait risqué ces mots : « C'est le match de la race contre la caste. » La race ? Les Catalans, je suppose. Eh bien, la caste a gagné.

Dimanche 17 mai

L'Ennui.
Chacun a ses grands ou petits problèmes. Ils ou elles vous en font

part. Indéfiniment. En détail. Et de nouveau. Vous, bien entendu, vous n'avez pas de problèmes.

En plus, ils ou elles écrivent. Beaucoup. Beaucoup trop. Et mal. Je me souviens de Barthes souffrant de ce qu'il appelait le « babil ». C'est cela : immaturité, adolescence prolongée, infantilisme, agressivité à peine dissimulée. Barthes, encore : « l'arrogance des paumés ».

Dans l'Occident bavard quel devint son ennui !

La plupart des femmes, surtout, sont devenues très *ennuyeuses*. Comme la société elle-même qu'elles représentent spontanément (mais ça peut changer d'un moment à l'autre).

Je veux bien qu'elles aient été amusantes entre 1730 et 1790 (Casanova), puis vers 1920 ou 1930. Assurément, elles l'ont été dans la nébuleuse de 1968. Depuis, dégradation continue, affaissement, narcissisme obsessionnel, conformisme, affairisme.

Une petite fille (9 ans) : « C'est une femme ? » Sa mère : « Non, c'est un homosexuel. » La petite fille : « Ah, je comprends, c'est une femme *spirituelle*. »

Elle me dit qu'elle a ri pendant deux heures dans son sommeil, en me voyant, dans elle ne sait plus quel château, faire des acrobaties multiples tout en tenant des discours hilarants. Je lisais, par exemple, *Les Chants de Maldoror* avec la voix de De Gaulle (bonne idée de mise en scène, d'ailleurs).

A. me dit : « Au fond, ce qu'on te reproche, c'est d'être venu d'un *autre milieu*. »

C'est ça : *je gêne les milieux*.

Elle voulait dire « bourgeoisie », je suppose. Comme cette amie qui me dit toujours : « Forcément, vous, vous êtes né avec une cuillère d'argent dans la bouche. »

Qu'y faire ? Avale ta cuillère, et continue. Au lycée, à 12 ans, les garçons s'amusaient bêtement à jeter des cailloux aux filles. Moi aussi, j'ai voulu être bête. Alors, une fille (la plus jolie) : « Pas toi. » – « Pourquoi ? » – « T'es trop riche. »

Jeunes gens : comme ils aiment déjà l'échec, les martyrs, etc. Leur parler de Voltaire ou de Nietzsche, à quoi bon ? Fascinés par leur propre inaptitude. Ce qu'ils veulent, donc : que tout disparaisse, y compris eux. Et puis, un jour, comme par hasard, on les retrouve partisans de l'ordre, voire carrément fascistes.

Elle voulait vraiment me faire connaître *le fond du malheur*. Pourquoi pas ? C'était ruineux.

Lundi 18 mai

35 000 personnes, dans un stade de Kaboul, assistent à l'égorgement de deux femmes condamnées à mort pour meurtre. Litanies islamiques et couteau. Allah est grand et miséricordieux. La foule envahit alors la pelouse pour assister de plus près aux derniers soubresauts des suppliciées.

Emplois fictifs à la Mairie de Paris. 100 millions de francs par an, 1 % du contribuable parisien. Ce détail émouvant : « Et puis, il y avait les "amis" : écrivains, poètes, danseurs… »

Kafka : « Le Messie viendra dès l'instant où l'individualisme le plus déréglé sera possible dans la foi, – où il ne se trouvera personne pour détruire cette possibilité et personne pour tolérer cette destruction, c'est-à-dire quand les tombes s'ouvriront. Ceci est peut-être aussi la doctrine chrétienne, tant dans sa manière réelle de montrer l'exemple qui doit être suivi – un exemple individualiste – que dans sa manière symbolique de montrer la résurrection du médiateur en tout individu. »

Mardi 19 mai

Contre l'intégrisme sociologique (Bourdieu, etc.).

Les traits caractéristiques du stalinisme : haine du pape, haine de classe, dépréciation de l'identité nationale (sauf dans le cadre dogmatique de la réécriture sociomaniaque de l'Histoire). Tout cela a été, en France, systématiquement *inculqué*. Bien entendu, aucune aide à attendre de la bourgeoisie trou du cul catholique et nationaliste, qui a vécu d'abord de Vichy et ensuite de son alliance objective (répulsive et répétée) avec Moscou.

Je m'étonnais, un jour, de l'hostilité *a priori* d'un critique littéraire influent. X., agacé par mon aveuglement, me dit : « Mais enfin,

tu n'y comprends rien, il a eu une enfance pauvre. » Et en effet :
c'était tout.

Julien Green me fait parvenir le tome 8 de ses *Œuvres complètes*
en Pléiade, avec la mystérieuse dédicace suivante : « Pour Ph. S.,
pour qui j'ai une très vive sympathie pour beaucoup de raisons. »

Carte postale de Marc Dachy, signe amical de New York. Photographie, prise par Hans Namuth, de Elaine et Willem De Kooning
devant une *Woman* encore fraîche épinglée au mur de l'atelier. On
est en 1953. Ils sont tous les deux très beaux. Entre eux : l'éventre-
ment du tableau. Elle est assise sur une chaise, souliers à lacets, cheveux courts. Elle détourne légèrement la tête, elle fume de la main
gauche, geste élégant. Lui est au premier plan, debout, bras croisés,
maillot de corps, pantalon taché de peinture, marin, Hollandais
volant. Énorme liberté sensible.

Les travailleurs de l'ombre : un tampon destiné à rendre infalsi-
fiable, au cours de la fabrication des billets de la future monnaie
unique européenne, l'euro, a disparu durant son transport à bord du
Bœing 737 d'Air France assurant la liaison quotidienne entre Roissy
et Munich.

Mercredi 20 mai

Martha Argerich viendra début juin à Paris.
Je lis une interview d'elle faite à Los Angeles en avril 1997 :
« Quand j'avais 8 ans, j'avais à jouer un concerto de Mozart. Avant
le concert, je suis allée dans la salle de bains, je me suis agenouillée,
et je me suis dit à moi-même que, si je ratais une seule note, j'ex-
ploserais. Je ne sais pas pourquoi je croyais ça, mais je n'ai pas
manqué une note. C'est terrible pour quelqu'un de très jeune, et cela
explique quelque chose de moi, je crois. »
Elle parle contre la pseudo-profondeur, l'emphase, le kitsch.
Question : « Quelle est la chose la plus importante pour un
artiste ? »
Silence, et réponse : « La liberté. »
Un chef d'orchestre célèbre lui a dit un jour : « Ne soyez pas l'esclave de votre propre confusion. »

Les musiciens, les musiciennes sont pour moi des dieux, des déesses. Je n'en connais pas d'autres. De nouveau, Martha Argerich dans la Suite anglaise n° 2 de Bach.

Jeudi 21 mai

Ascension.

Vol de trois tableaux à Rome par un commando armé : deux Van Gogh, un Cézanne. Tableaux non négociables sur le marché public, mais certainement pas sur le marché parallèle.

Chute de Suharto en Indonésie. On oublie toujours les 600 000 morts « communistes » de son arrivée au pouvoir. 500 morts cette fois (du moins officiellement). Les banques applaudissent, les Américains ont tranché : tout doit continuer comme avant, mais *en moins visible*.

Vendredi 22 mai

Plus frais.

Julia et David à Vaux-le-Vicomte : éblouis.

Référendum en Irlande.

Françoise Gilot, ex-compagne de Picasso (deux enfants avec lui), a épousé en 1970 le professeur américain Salk, « célèbre savant de la recherche médicale ».
Mais surtout, elle est peintre. Voici ce qu'elle dit : « Ces dernières années, j'ai peint par terre de grandes toiles sur lesquelles je rampe, je m'étends, des toiles que je bénis en les aspergeant de couleurs, des toiles qui m'englobent, des toiles sidérales. Elles m'emmènent en voyage. Ce sont des marques fastes faites pour conjurer les fortunes adverses, les nœuds sinistres du destin. »
Picasso, ici, s'appelle *destin*.

Le Figaro Magazine, apocalyptique, nous prévient : la sexualité risque de devenir peu à peu sans objet, donc agressive, meurtrière. « On pourra alors dire du mythe de la libération sexuelle de mai 68, qui a valorisé la sexualité adolescente – donc masturbatoire, hygié-

niste et indifférenciée – et mis en avant l'homosexualité, le trans-
sexualisme, voire la zoophilie, qu'il aura trouvé sa confirmation, et
fini par prévaloir, pour notre malheur. »

Les roses du cloître de Port-Royal. Des filles sur l'herbe, au soleil.
Je vais lire là, dans un coin, le *Quid sit lumen* de Marsile Ficin.
« Rien n'est plus clair que la lumière et rien n'est plus obscur. »
« La couleur est une lumière opaque et la lumière une couleur
claire, ou plutôt une sorte de fleur et d'éclat du corps transparent. »
« L'intellect est une lumière en soi totalement invisible en raison
de sa subtilité et de son extrême abondance. En outre, la lumière est
dans l'intellect la vérité se réjouissant et la joie vraie. »
« Devant le rire des astres, principalement manifesté par leurs
rayons, tout ce qui est sous le ciel et au-dessus de la terre sourit. »
La musique du ciel et le rire du ciel sont des allusions très claires
à Pythagore et Dante.
Tout cela se retrouve très explicitement dans *Paradis* I et II :
« voix fleur lumière écho des lumières » et « soleil voix lumière
écho des lumières soleil cœur lumière rouleau des lumières », etc.
Dieu comme « lumière des lumières », etc.

Réveil à 5 heures du matin. Méditation jusqu'à 6 h 30. Sommeil
très profond ensuite. Réveil *dégagé*.

Dimanche 24 mai

Beau temps. Le mot *embellie*.

Trente ans après, *Le Journal du dimanche* : rencontre, avec photo,
entre Alain Krivine et Georges Séguy (Krivine : « le mur de Berlin
est tombé entre-temps »).

André Breton, sur Staline, le 6 mars 1953 : « L'attentat insigne
contre le Verbe qui a consisté à pervertir systématiquement les mots
porteurs d'idéal, la duplicité et la terreur érigées en mode de gouvernement... »
Les staliniens, avec « leur éden de laquais et de bagnards ».
Breton cite Novalis : « Nous sommes en relation avec toutes les
parties de l'univers ainsi qu'avec l'avenir et le passé. Il dépend de la
direction et de la durée de notre attention que nous établissions tel

ou tel rapport prédominant, qui nous paraît particulièrement important et efficace. »

C'est exactement ce qu'il s'agit de faire ici, maintenant.

Le *oui* à la paix l'emporte largement en Irlande du Nord. Qui ne voit (mais il ne faut pas le dire) qu'il s'agit d'une grande victoire catholique ? Il suffit de regarder les visages, notamment la crispation meurtrière du pasteur fascisant Paisley.

Jean-Paul II, à Turin, devant le Suaire. Il marche difficilement, il souffre, il est là, à genoux devant le rectangle blanc imprimé, il prie, il doit se demander, comme tout le monde, si la chose est *vraie* (vraie et irreprésentable). Souvenir du Christ mort de Holbein vu par Dostoïevski. Image extraordinaire de ce pape, dans la pénombre, visage un peu levé vers l'énigme. Mort ? Néant ? Résurrection ?

« Tu crois qu'il y croit ? me demande J. K., résolument incrédule. – C'est probable. »

Russie : les mineurs souffrant de la faim. Ils ne sont pas payés depuis *dix-sept mois*.

Lundi 25 mai

Couverture du magazine *Marianne* : « Napoléon précurseur de Staline et de Hitler ». Rien que ça.

Dans *Le Figaro*, article de Bruno Gollnisch, « secrétaire général du Front national, député européen » : « Les "Lumières" du dix-huitième siècle, le socialisme du dix-neuvième, le nihilisme du vingtième ont préparé les éruptions successives d'une révolution sans doute unique mais qui progresse et change de visage à chaque étape... Nous vivons, depuis 1968, sous la domination du programme et des slogans des émeutiers de mai. »

Au moins, voilà qui est clair.

Mardi 26 mai

L'émission en direct *Staccato*, d'Antoine Spire, sur France Culture : retour, sans arrêt, sur l'histoire de mon article de janvier 95 sur Balladur (dans *L'Express*) qui a provoqué une convulsion de

Bourdieu. C'est comme si je n'avais fait que ça depuis trente ans. Je finis par m'échauffer, tellement la ficelle est grosse. Je suis une vipère lubrique et une hyène dactylographe, soit.

Fièvre toute la nuit, grippe, tremblements.

Mercredi 27 mai

Le château de jeunesse de Sade, Saumane, est vendu. On pourra y réserver, paraît-il, des « chambres d'hôte ».

Déjeuner avec Labarthe. Idée d'aller tourner un jour en Chine. Titre du film : *La Chinoise*.

Jeudi 28 mai

Pluie. Rendez-vous avec Nicole Wisniak et Richard Avedon, rue Saint-Dominique. Quand j'arrive, il est en train de photographier un modèle masculin debout, manipulant une petite marionnette de diable rouge. Le diable ? Allons-y.

Avedon : bondissant, charmant, inquiétant, insaisissable. Action : il veut que je considère une de mes bagues un peu retirée de l'index, puis que je mette le doigt sur mes lèvres. Voilà. La photo, c'est l'instant reconstitué, une compression noire de temps.

Au déjeuner, avec Nicole, il raconte assez longuement l'histoire d'un violeur qui se faisait passer pour lui afin d'attirer des jeunes femmes dans des hôtels. Cela a duré deux ans avant l'arrestation du type. Ça a l'air de l'amuser. Il est beau et vif, comme un flash.

Vendredi 29 mai

« Ce monde a acquis une épaisseur de vulgarité qui donne au mépris de l'homme spirituel la violence d'une passion » (Baudelaire, Préface des *Fleurs du mal*).

Et la merveilleuse insolence de cette déclaration : « Le poète n'est d'aucun parti. Autrement, il serait un simple mortel. »

Martha Argerich annule souvent ses concerts au dernier moment. Elle s'en explique :

« N'exagérons rien ! J'ai assuré plus de concerts que je n'en ai annulé. Seulement, je ne monte pas sur scène pour un simulacre de sincérité. Pensez-vous que les aéroports, le stress, les simagrées mondaines, cet état de non-être que vous ressentez dans votre chambre d'hôtel, seule avant l'heure fatidique, la culpabilité que vos trois enfants vous renvoient pour vos absences répétées, pensez-vous que ces horreurs participent d'une forme d'art ? Lorsque vous travaillez dans un bureau ou dans un orchestre, l'entourage accepte que vous soyez malade, en méforme, dépressive. Nous, musiciens, devrions être surhumains pour répondre à ce que le public projette sur nous ? Ou pire, tricher ?

« Je pourrais très bien me passer de concerts. C'est un acte contre nature. Le plaisir y est si rare. Sur scène, on se tient différemment de chez soi, on ne produit plus les mêmes gestes avec les mains froides, les genoux qui tremblent et le nez qui coule. Votre interprétation se modifie. Et puis le poids des regards sur vous… L'effet de masse qui vous observe… juge…

« Je ne supporte pas d'être prisonnière d'une programmation, moi qui hésite, tâtonne en permanence. Je ne dis jamais franchement oui ni franchement non. Aujourd'hui, quand on vous apprécie, on vous fixe rendez-vous pour dans trois ans. J'en éprouve des cauchemars. Par exemple, l'orchestre attend, les bras croisés, que j'attaque une œuvre que je n'ai jamais entendue de ma vie. Tout le monde possède la partition. Sauf moi.

« Ou bien je suis engagée pour un concerto de violoncelle. J'arrive face à un chef très sévère. Je ne porte qu'un seul soulier (allez savoir pourquoi ?). Je supplie : "*Maestro*, demandez aux violoncellistes de l'orchestre de jouer, moi je ne sais pas. Au piano, promis, je le jure, j'exécuterai ce que vous voudrez." Implacable, il insiste : "Pas d'histoires, mademoiselle ! Votre imprésario vous a vendue comme violoncelliste !" Tous ces cauchemars s'achèvent généralement par un télescopage d'aéroports, d'hôtels, de scènes. Et moi poursuivie par la police. »

Elle dit aussi : « Je ne suis pas pianiste, je suis musicienne. »

La France reconnaît officiellement (enfin !) le génocide de la Turquie contre les Arméniens, perpétré en 1915. Je pense à C., cette fille ravissante qui militait pour l'Arménie, il y a vingt-cinq ans. Mais que deviennent aujourd'hui les Kurdes ?

Essais nucléaires au Pakistan, réponse à celui de l'Inde. Réprobation pincée des États-Unis. Silence assourdissant de la Chine : voilà le point d'écoute (Clinton va bientôt en Chine en demandeur).

Fin d'après-midi, verre avec BHL. Il a décidé de ne pas se raser pendant un certain temps, « c'est mieux pour écrire ». Toujours drôle, mais inquiet. Il dit être immergé dans un livre sur Sartre, qu'il écrit à Tanger. Comme toujours, il est on ne peut mieux informé sur toutes les intrigues, grandes et petites, de Paris-Communication. C'est un plaisir de l'entendre retourner les masques et les cartes. À chaque instant, puisqu'il sait que je publierai mon journal de cette année, il répète : « *Off! Off!* » Je promets, et je tiens. Des tas d'histoires vraies, à peine croyables. *Off! Off! Off!*

Le soir, par hasard, à la radio, le *Credo* de la *Messe en si* de Bach, vieil enregistrement, orchestre de la BBC, direction Otto Klemperer. Grande émotion.

Samedi 30 mai

Revu Richard Avedon à *La Closerie*, avec N. W. Une demi-heure au soleil, rires, petites photos avec appareil de poche de Nicole.

Maurice Druon, secrétaire perpétuel de l'Académie française, pense et écrit que mai 68 a été une « méningite ».

Les rosiers en fleur, dans la cour. Ils se balancent doucement. Je compte : dix-huit roses roses.

Pluie, le soir, nuit chaude. Les rosiers dans le noir, en bas : je les *entends*.

Dimanche 31 mai

Pentecôte. Je ne connais pratiquement plus personne qui sache *de quoi* il s'agit.

La biographie à paraître de Marguerite Duras, par Laure Adler. Le rôle de Duras dans la commission du livre pendant l'Occupation : « Elle a toujours minimisé son rôle, prétendant avoir été une petite secrétaire, mais c'est faux. Jusqu'à la fin de 1942, elle a collaboré à un organisme dirigé par les Allemands, alors qu'elle a prétendu avoir été une grande résistante. »

Duras m'a beaucoup attaqué au début des années 80 (après la publication de *Femmes*). À la fin, toute ratatinée, elle me sautait au cou, elle ne m'en voulait pas de ses insultes (auxquelles, d'ailleurs, soyons justes, j'avais répondu deux ou trois fois, *à proportion*).

Il y aurait tout un livre de fond à écrire : *Les Mystères de la rue Saint-Benoît*. Personnages : Duras, Antelme, Mascolo, Blanchot, Claude Roy, Semprun, Mitterrand, et la liste pourrait être plus longue. Toile de fond : le maurrassisme, Vichy, les camps, le parti stalinien français, la gauche, le socialisme, l'humanisme, le milieu littéraire, etc. Duras aura été la pythie de la région, Blanchot son grand prêtre, Mitterrand sa pyramide associée. Toute une histoire ramifiée, obscure.

Teresa Cremisi, retour d'Égypte et de Syrie. Elle me raconte (très bien) comment elle s'est levée à 4 heures du matin, à Palmyre, pour voir le lever du soleil. Elle est née à Alexandrie, et, de là, en Italie, puis Paris. Elle parle avec animation et gaieté (chez elle constante, gagnée, presque inexplicable) du Caire, d'Aboukir, de Damas. Elle aime Paris mieux, et plus intensément, que la plupart des Français (ici, je repense à *Méditerranée*, le film que j'ai réalisé autrefois avec Jean-Daniel Pollet, au long travelling latéral, magique, sur les colonnes abattues de Palmyre).

Acte des Apôtres : « Le jour de la Pentecôte étant arrivé, ils se trouvaient tous ensemble dans un même lieu, quand tout à coup vint du ciel un bruit tel que celui d'un violent coup de vent qui remplit toute la maison où ils se tenaient. Ils virent apparaître des langues qu'on eût dites de feu ; elles se partageaient, et il s'en posa une sur chacun d'eux. Tous furent alors remplis de l'Esprit saint et commencèrent à parler en d'autres langues, selon que l'Esprit leur donnait de s'exprimer. »

Il est presque incroyable que le mot *Pentecôte* figure encore dans les agendas. Mais c'est comme ça.

Juin

Lundi 1er juin

Article pour *Le Monde* : « Mai 68, demain ». Retour sur Debord et Breton. Dans la démission générale, il faut quand même que quelqu'un se dévoue.

Temps lourd.

Tremblement de terre en Afghanistan, région isolée, 4 000 morts, milliers de blessés.

Massacres en Sierra Leone.

Grève d'Air France.

Scandale du château-giscours, un des meilleurs margaux, à Bordeaux. Mélange interdit d'appellations et de millésimes.

Mardi 2 juin

Debord : « Un autre feint de se demander si dénoncer publiquement le spectacle ne serait pas déjà entrer dans le spectacle ? On voit bien ce que voudrait obtenir ce purisme si extraordinaire : que personne ne paraisse jamais dans le spectacle en ennemi. »

Mercredi 3 juin

Céline, en 1947, depuis sa prison de Copenhague, écrit à Lucette qu'il a demandé à voir un prêtre catholique parlant français. « Il n'est pas venu, dit-il, on doit avoir peur de ce que je dirais. » Il se compare drôlement au « Masque de fer ».

Un journaliste, ces jours-ci, découvre que Céline était « para-noïaque ». Quel scoop.

Catastrophe ferroviaire en Allemagne : 120 morts.

Hölderlin, dans ses Remarques sur l'*Œdipe* de Sophocle, dit que ce qui manque aux modernes par rapport aux Grecs, c'est « la soli-dité du fond ».

« La poésie a particulièrement besoin de principes et de délimita-tions sûres et caractéristiques » (il s'agit d'établir un rapport entre ce qui est calculable et ce qui ne l'est pas).

« Faire apparaître la représentation en elle-même. »

« La sphère excentrique des morts. »

« Comment, toute limite abolie, la puissance panique de la nature et le tréfonds de l'homme deviennent Un dans la fureur. »

« À la limite extrême du déchirement, il ne reste en effet plus rien que les conditions du temps ou de l'espace. »

« Le Dieu n'est rien que Temps. »

Je relis aussi *Œdipe à Colone*. Quelle beauté. « La voix des rossi-gnols de toutes parts jaillissant sous les branches. »

Jeudi 4 juin

Très beau temps.

Départ pour Venise. Air France étant en grève, je bascule sur Alitalia.

Aéroport presque désert, pas de contrôle, la plupart des vols annu-lés, *cancelled*. Une publicité pour le téléphone portable : « Votre vie exige de vous une perpétuelle remise en question. Pouvez-vous en demander autant à votre portable ? » Je n'ai pas et ne veux pas avoir de « portable ».

Un des taxis exhibait, sur l'une des portières avant (pub pour quoi ? pas vu) le slogan suivant : « Vite, ne laissez pas l'avenir se faire sans vous. »

Le café de l'aéroport, qui serait presque agréable, est envahi de postes de télévision transmettant les émissions du matin, débiles. La grande victoire du système marchand est d'avoir compris que l'es-pèce humaine était indéfiniment hypnotisable. Les gens ont besoin

100

de cet environnement pour ne pas s'apercevoir qu'ils sont déprimés. Le silence les rendrait malades.

Dans le même ordre d'idées, à quoi bon reprocher à ceux qui publient à tour de bras de la mauvaise littérature de publier de la mauvaise littérature puisqu'ils n'ont aucune chance de s'apercevoir que c'est de la mauvaise littérature ? (Même chose pour le cinéma, etc.) Pourquoi leur dire, même si c'est vrai, qu'ils le font par ressentiment, esprit de vengeance, etc. ?

Intersigne : dans le taxi, sur l'autoroute, la radio annonce le concert que doit donner ce soir Martha Argerich à Paris. Extraits presque inaudibles de son interprétation du Deuxième Concerto de Liszt à travers les camions.

Je vais donc arriver à Venise pour le deux centième anniversaire (si on peut dire) de la mort de Casanova en Bohême (4 juin 1798). Des *spectacles* sont partout prévus. Ce sera le moment d'être seul, très silencieux, très à l'écart.

Mais quelle joie d'entendre parler italien dès l'avion : « *A Venezia, il tempo è sereno.* » Sereno. Sérénissime. Gelassenheit.

Le mot *sérénité* fait idiot en français.

Et quelle joie, aussi, de retrouver les *Canottieri Querini*, l'Arsenal, San Giorgio, la Dogana et l'Emporio dei Sali.

Voilà, j'y suis. Ciel bleu, 18 heures, les cloches.

Premier bateau : le *Sea Goddess II*, de Nassau (Afrique du Sud). Lignes Cunard. Fantômes : Nancy Cunard, Aragon, ce dernier ratant ici son suicide en 1928. Il écrivait *Défense de l'infini* (ce qu'il a fait de mieux, détruit en partie).

Immédiatement, les oiseaux : hirondelles frémissantes, folles, mouettes donnant le *tempo*, goélands ou cormorans plus lents.

Et, de nouveau, cette pensée toute simple : on ne voit jamais les oiseaux mourir.

Vendredi 5 juin

Du côté de la Riviera. Le quai a été restauré, large et lumineux. Premier remorqueur aperçu : le *Pardus*. Premier bateau qui s'en va : l'*Érotokritos*, Minoan Lines. Tout est bleu, enveloppé, fabuleux.

« Comme toujours, ici, vers le dix juin, la cause est entendue, le ciel tourne, l'horizon a sa brume permanente et chaude, on entre dans le vrai théâtre des soirs » (*La Fête à Venise*).

Lionel Jospin décide enfin de lever le « secret défense » de la grotesque affaire des écoutes de l'Élysée.

Le Monde publie les résultats de la vente en librairie des livres « sur mai 68 ». « C'est un bide » (*sic*). Rien ne s'est vendu, les « jeunes » n'ont pas marché. Mais ces livres étaient-ils bons ? La question n'est pas posée, et pour cause.

Aucun article de fond n'a paru sur la réédition de *La Véritable Scission*. Il se vendra calmement, c'est un classique.

Je reprends mon *Casanova*. Il s'agit de montrer comment tout le monde s'est volontairement trompé à son sujet en le caricaturant et en le sous-estimant. Démonstration sur deux siècles. Personne n'a envie que j'écrive ce livre, c'est pourquoi je dois.

Guerre entre l'Éthiopie et l'Érythrée. Bombardement d'Asmara.

À ma gauche la lune montante ; à ma droite le soleil jaune clair déclinant. Ponton, clapotis de l'eau – temps fixe.

Samedi 6 juin

À 7 h 15, devant moi, le remorqueur *Hippos*.
À 8 heures, le bruit des bateaux jusque dans l'église.
On peut dire que la mort se montre chaque fois que vous commencez à vous voir comme les autres vous voient.
Temps coulé dans le bleu, mercure de l'eau plus tard.
Montée intense de souvenirs (enfance, adolescence), hémorragie de mémoire : vacances, routes, chemins, navigations, plages, bains, forêts, désirs.

Sur mon lit, l'après-midi, comme drogué de visions précises (non recherchées).

Campo San Agnese : les acacias, les oiseaux, les merles. Le clocher sonne 9. Rentrer, écrire.

En octobre 1982, quand je terminais *Femmes* ici même, je voyais le soir, au loin, une jeune femme brune lisant dans une bibliothèque.

Depuis, les feuillages ont tout recouvert de leur rideau sombre, je poursuis bleu sur blanc dans la nuit.

Dimanche 7 juin

Ciel nacré bleu-gris.

À 8 h 30, le *Costa Victoria*, de Monrovia, accompagné par le *Novus*, entre. C'est une grande ville blanche flottante, beaucoup de monde à bord.

Le *Bolero*, de Panamá.

Je lis dans les journaux français que Martha Argerich a été ovationnée par le public du théâtre des Champs-Élysées.

Je lis aussi (par contraste) que Pierre Mauroy a inauguré, à Lille, une statue de François Mitterrand en prononçant ces phrases : « Là où vous êtes, je ne sais pas si vous nous voyez, je ne sais pas si vous nous entendez, mais, réunis autour de votre statue, nous sommes là en pensant à vous. » En sommes-nous vraiment là ? On se pince.

Lundi 8 juin

Parution dans *Le Monde* de mon article « Mai 68, demain ». Plus à contre-courant en ce moment, je ne vois pas.

Le *Ionian Star*.

L'entrée et la sortie des bateaux sur la Giudecca sont un grand cérémonial. C'est une affaire lente et grave, petits remorqueurs noir et blanc (*Ausus*, *Titanus*, *Strenuus*, *Hippos*, *Pardus*), pilotes, passagers figés sur les ponts. Le soleil se lève et se couche, les bateaux arrivent et repartent, les passants des quais, même sans regarder, sont attentifs. L'espace est fonction des navires.

9 h 45, exposition Picasso (1917-1924) au Palazzo Grassi. Presque personne.

Picasso *foudroyant*. Le rideau de scène de *Parade* avec son cheval ailé. Autoportraits et portraits de Stravinski. Deux tableaux cubistes magnifiques : *Arlequin et la Femme au collier* et *L'Italienne* (1917). Dans ce dernier, au fond, en haut, à gauche, Saint-Pierre de Rome. L'un bleu-blanc-noir, l'autre rouge-vert-noir. Et le blanc, *décalant* le tout chaque fois.

Un dessin érotique, inouï de fraîcheur, fait à Pompéi en 1917 (et donné « à Barbara, à Cannes, le 18-12-1958 », écriture de Picasso). On aimerait en savoir plus.

Le sublime *Paulo et Arlequin* de 1924, losangé, jaune-bleu-noir. L'art extrême du fauteuil *non peint* sur le bas et laissant apparaître, derrière son pied gauche, une troisième jambe de l'enfant. Bien entendu, le fils de l'artiste c'est encore et toujours l'artiste. Portrait de l'artiste en fils de lui-même. Force de la figure et du regard. Nous, Arlequins, nous avançons masqués depuis l'enfance sur le théâtre du monde, mais nous *savons* ce que vous ne savez pas (la profondeur courageuse des masques). Vous êtes tous des arlequins et des saltimbanques, sauf nous.

Picasso homme de théâtre. La Comédie plastique. Voir ses « carnets classiques », comme on les appelle. Formidable dessinateur.

Le voici donc en Italie. Il est prêt. Il rafle la mise. Pas de différence avec les plus grands Italiens. Il habite complètement le Palazzo Grassi, il y est à l'aise. On sort, et Venise lui convient, palais, marbres, églises.

Picasso destructeur ? Non : fondateur et refondateur. Voilà la *solidité du fond* (grec). Architecture implacable. *Enjambée* magistrale. Apollon.

Les peintres « peignent » ; lui, il *fait être*.

Petit dessin de la villa Médicis, presque rien, un rectangle, mais quel bloc. Puissance de la ligne.

La Famille, 1923. Méditation enlevée sur la trinité biologique : l'homme couché endormi (à la Poussin), la femme et l'enfant. Aucun peintre n'a eu cette connaissance personnelle et directe qu'homme, femme et enfant, ça fait ensemble trois dimensions distinctes. Le petit Picasso savait ça. C'est une confidence.

Et la Maternité de 1921 ! (Elle est à New York.) Embrassement « géant » femme-enfant, le bébé donnant à sa mère une bouchée (sucre, hostie ?). C'est lui qui la nourrit et elle va avaler les yeux fermés cette offrande. Compassion à l'envers. Qui a osé faire la Vierge (pas du tout vierge) comme ça ? Le Père peint, le Fils nourrit la Mère. Toute l'imagerie « maternelle » coincée remise sur ses pieds.

Un de mes textes sur Picasso s'appelle : « De la virilité considérée comme un des Beaux-Arts ». Le titre est venu tout seul.

Mais tout est beau. *Les Deux Frères*. L'extraordinaire *Flûte de Pan* (reprise des baigneurs de Cézanne). Les *Deux Femmes courant sur la plage* (1922), un des plus audacieux. Le *Nu assis devant un miroir* (l'image renvoyée par le miroir n'est évidemment *pas* à sa place). L'*Arlequin* de 1923 sur fond d'orage. L'*Arlequin au miroir*, aussi de 1923, mauve, blanc, bleu et noir.

Grande présence de Cézanne, donc, mais comme affirmation d'une victoire. Il le fallait. J'ai pensé à *Parade* quand j'ai pris pour titre *Paradis*. Et à la phrase de Rimbaud (« des drôles très solides ») à la fin du texte du même nom : « J'ai seul la clé de cette parade sauvage. »

Picasso, Joyce, Stravinski.

Après-midi « sous les plombs » dans le palais des Doges, pour parler de Casanova (avec Alain Jaubert, pour Arte). Jaubert voulait me faire monter sur les toits, mais le service de sécurité s'y est opposé. Bon, on va tourner dans la dernière cellule où Casanova était détenu et d'où il s'est enfui (par le plafond), le 1ᵉʳ novembre 1757. Grâce à *Dieu*, tient-il à préciser, et ce n'est pas une boutade.

Averse rapide, puis soir idéal. Ciel bleu-rose, hirondelles hautes. La seule perturbation, au café, est celle de vieilles Américaines parlant très fort, avec un mépris complet de leur environnement. Le *yankee* bestialement traînant est une douleur pour l'oreille. Donald Duck.

Mardi 9 juin

Très beau temps.
Tiens, voici l'*Aretousa*, des Minoan Lines.

Critère absolu des réactions à la peinture. La plupart des gens n'y voient rien, ils ont le souvenir flou d'une image, ils passent devant, pas dedans. Ignorance ou mauvais goût du clergé intellectuel : je pourrais en donner vingt exemples. D'ailleurs, un amateur qui *sent* se trompe moins que dix philosophes.

Question secondaire ? Essentielle au contraire. Que voyez-vous, *là* ? Construction, rapports. Tout le monde est obligé d'avouer ce qu'il, ou elle, a dans la tête (en général, des clichés). D'où la prise en main des subjectivités, facile, par le Spectacle. Le pouvoir de la marchandise, après celui de la religion, s'est avisé de ce levier, et en joue. À *plat* et à *plein*. Hypnose ou terreur (films fantastiques avec images « virtuelles », apparitions programmées de monstres, etc.). Et puis la pause publicitaire ou le sport : ouf !

D. excellent *œil* (dessinatrice, aussi). Elle voit toujours avant moi quelque chose que je n'ai pas vu. Le rapport des mains et des pieds chez Picasso, par exemple. Elle insiste, elle a raison : c'est comme ça que les tableaux tournent.

Soleil doux, les géraniums éclatent un peu partout, une femme coupe délicatement avec des ciseaux les tiges pourries. Elle danse.

Mercredi 10 juin

Très beau bleu.

Les rêves. Négatifs : problèmes de communication. Positifs : érotiques, bien sûr, ou (même substance, mais plus rare) le vol un peu au-dessus du sol. *Planer.*

Le *Mundial* : brusque irradiation de tous les canaux d'information (télévision, radio, presse). Ballon de milliards. Les footballeurs vont beaucoup courir pour les affaires. Veau d'or, ceux qui vont transpirer te saluent.

J'étais, vers 13, 14 ans, un ailier droit rapide et habile. Il m'en est resté quelque chose dans les jambes. Grand plaisir à *déborder*. J'admire les joueurs.

Dans l'après-midi, des tableaux plein la tête (effet de Picasso). Deux mouettes instantanées, de biais, dans la fenêtre, par exemple. Le mot *strie*.

Mort du dictateur nigérian Abacha. Les présidents libérien, togolais, guinéen expriment leur profonde affliction pour la mort de ce « grand Africain ». Seul, Wole Soyinka, prix Nobel de littérature, se rappelant que ce boucher salarié a fait pendre un écrivain, déclare sobrement : « Il était temps qu'il parte. »

Jeudi 11 juin

Pluie.

Avenir du Viagra : « Une Irakienne polyandre fait actuellement l'objet d'une poursuite judiciaire à Bagdad pour s'être mariée huit fois sans jamais divorcer, ni jamais repousser un seul de ses époux. »

Match Italie-Chili, à Bordeaux : 2 à 2. Les Italiens fatigués.

Les tableaux de Picasso sont aussi des *portes* monumentales. Ouvertes *et* fermées. Le contraire de la mise en écran du monde.

Le mot de Bakounine : « L'État le plus petit et le plus inoffensif est encore criminel dans ses rêves. »
Et ceci : « L'Ordre est un crime, la révolte est le bien. »

Réédition d'un extrait du livre d'Enzensberger, *Politique du crime* (1967), sous le titre *Les Rêveurs d'absolu* (Allia). Inutile de parler du « nihilisme russe » ou du nihilisme tout court (avec ses consé-quences policières) si on n'a pas lu ces pages.
Par exemple, *Mémoires d'un terroriste*, de Boris Savinkov. Sa virtuosité dans la clandestinité, alors qu'il est poursuivi par l'Okh-rana (ancêtre de la police communiste). Ses déplacements incessants à travers la Russie et l'Europe.
Rôle très important des femmes. Vera Sassoulitch, Vera Figuer. L'étonnante Dora Brillant, « qui ne vivait que pour une seule chose : sa croyance en la Terreur » (« Donnez-moi une bombe, il faut que je meure »).
Asev, personnage extraordinaire, resté très mystérieux. « Ce qu'il possédait de plus que les autres, c'était cette faculté de changer avec la rapidité de l'éclair et à chaque seconde son système de couver-ture, et de ne pas avoir la moindre pensée sans songer aussitôt à la contrepartie. »
Hannah Arendt a bien vu ce point : « La tradition de la révolution russe de 1917 est, pour une part substantielle, un succédané de la police secrète russe. »
Asev imaginait des méthodes d'une grande élégance : « Les conjurés se rencontraient dans un bal masqué, un établissement de bains ou au théâtre. Certains de leurs procédés témoignent même d'un humour noir : c'est ainsi qu'ils avaient l'habitude de déposer

leurs bombes dans une écurie qu'ils avaient louée non loin d'une grande banque. »

Inutile de dire que la propagande communiste les a couverts d'injures : « hystériques, calomniateurs, petits-bourgeois sans scrupules, rêveurs décadents », etc.

« Les rêveurs d'absolu » est une formule de Marx.

Conclusion d'Enzensberger : « Un rêveur de cette trempe, un inconnu au milieu de la foule, suffit pour plonger tous les puissants de ce monde dans la terreur. »

Vendredi 12 juin

11 heures : passage d'un élégant bateau grec bleu et blanc : *Stella Oceanis*.

À 11 h 30 : le *Seabourn Spirit*, d'Oslo.

On apprend que Kadhafi a échappé à un attentat (10 morts, 7 blessés), grâce à l'une de ses gardes du corps, une « sœur », une « amazone » qui s'est sacrifiée pour le protéger. Se faire *garder*, jour et nuit, par des filles en armes est quand même une idée de génie. L'attentat, bien entendu, est attribué aux « islamistes », sur lesquels nous lirons peut-être, un jour, le livre ahurissant qui s'impose (je pense aussi à la très étrange affaire Rushdie).

Le soir, la France bat l'Afrique du Sud à Marseille, 3 à 0. Le bondissant Thierry Henry.

Nuit veloutée, roman.

Samedi 13 juin

7 heures : escorté par le remorqueur *Neptune*, voici le *Star of Venice*, de Panamá.

Et ensuite, l'énorme *Grand Princess*, de Monrovia.

Et puis l'*Iskanderun*, d'Istanbul.

Sans cesse Panamá, le Liberia… (*La Fête à Venise* est vraiment un très bon livre).

Ligne de risque, nouvelle revue qui semble sortie tout armée des *Chants de Maldoror*. Au nom de la *scission*, les auteurs attaquent la « littérature ombilicale » (ce que j'ai appelé, en somme, dans *Portrait du joueur*, le règne de l'ŒUF).

17 h 50 : le *Ionian Island*, de Patras (Péloponnèse).

D. me dit qu'elle éprouve, en lisant *Histoire de ma vie*, de Casanova, le même plaisir qu'en lisant *Don Quichotte*. C'est très vrai.

Ne pas oublier le surnom fondamental d'Apollon : *Loxias*, *l'Oblique*.

Dimanche 14 juin

À quand un *Livre noir de l'Humanité*, en 100 volumes ? Récapitulation générale : les crimes de la superstition, des religions, des idéologies, de la raison elle-même et de la technique, le tout sur fond d'or réel ou simulé.

Les ferries-navettes, avec leur cargaison de voitures : *San Marco*, *San Niccoló*.

C'est aujourd'hui la Fête-Dieu. Elle intervient après Pâques, l'Ascension, la Pentecôte et la Trinité (cette dernière appelée, désormais, ironie laïque involontaire, « fête des mères »). Il faut la résurrection, l'Ascension et la Pentecôte pour que la Trinité soit bien structurée. Au cas où on en douterait, revoici Dieu lui-même, unique en trois personnes semblables mais distinctes. Voilà ce qui s'appelle, avec les opérations décisives que sont l'Annonciation, l'Assomption et Noël, *tenir une année*. Le calendrier catholique passe par cette répétition circulaire roulante. *Moveable feast*. Calendrier physique. Percée dans ce que Heidegger nomme « le saisonnement du Temps ».

La messe d'aujourd'hui, comme chaque fois, insistera donc sur le corps et le sang du Christ, en rappelant la bénédiction (« pain et vin ») de Melchisédech à Abraham.
Corps/Sang : Pain/Vin.

Annonce d'un colloque sur Joyce à Rome. Souvenir de ma conférence sur lui à Saint-Louis-des-Français, présentée par le père de La Brosse.
On demandait à Joyce pourquoi, incrédule comme il l'était, il ne

passait pas du catholicisme au protestantisme. Sa réponse : « Je n'ai aucune raison de quitter une absurdité cohérente pour une absurdité incohérente. » Avis irlandais.

Éric Tabarly tombe de son bateau et disparaît en mer au large du pays de Galles. La mort des marins. *Oceano Nox*, de Hugo, grand poème. (Il faut qu'un jour j'écrive une apologie franchement insolite de Hugo.)

Nouvelles de *Viagrapolis* :
Aux États-Unis, la prostitution a tout de suite augmenté de 20 %. Des vieillards se précipitent dans les bordels, ils veulent exploser en vol. Dans le Nevada, il y avait déjà un million de clients mâles par an.

L'Église d'Angleterre, on le sait, touche d'importants bénéfices sur la pilule. C'est le doigt de Dieu. *Business is Business*. Plus fort que l'Opus Dei.

En Italie, on expérimente déjà le Viagra pour femmes (meilleure irrigation vaginale). Les résultats sont, paraît-il, très positifs. À l'hôpital de Pise (la tour ! redressée !), les femmes testées sont au nombre évangélique de douze. Mais deux viennent d'arrêter : l'une pour hypertension, l'autre pour cause de mari jaloux.

Effet entraînant sur les femmes postménopausées, donc perturbation du marché. Nouvelles perspectives pour les femmes dites « frigides ». Conséquences *civilisatrices*.

Agitation autour du *numérique*. Que va devenir le livre ? L'écrivain ? La librairie ? L'édition ? La critique littéraire ? Qu'est-devenu l'*Iliade* après l'invention de l'imprimerie ? Et la Bible ? Large avenir, plus large que jamais, pour les textes vraiment fondés et différentiels. Évidemment, pour les autres, c'est l'apocalypse.

Une rubrique à ouvrir dans *L'Infini* : « Pas lu ». Tous les trois mois, republication systématique d'anciens textes.

10 h 30 : entrée du *Daedalus*.

Le yen japonais continuant à chuter, le monde financier tout entier a maintenant les yeux fixés sur la Chine. Dévaluera ? Dévaluera pas ? *Please don't !* Le dollar, pour l'instant, profite de la situation, mais l'avenir dépend du jeu chinois sur sa monnaie intérieure et extérieure (Hong Kong). On peut inscrire dans ce jeu de go les « essais nucléaires » en Inde et au Pakistan. Il faudra revoir tout ça vers... 2040.

Les faillites au Japon ont augmenté de 37,5 % en un an. Et les Bourses de Paris, Amsterdam, Francfort, accusent le coup. Mais qu'importe ? L'été approche, le football règne, *panem ! circenses !* En France, le vieil elfe Roland Dumas a été décrété bouc émissaire. Qu'on trouve dans cette salade judiciaire, pêle-mêle, des frégates vendues à Taiwan et des sculptures de Giacometti n'est pas l'aspect le moins délirant du Spectacle.

Le livre de Detienne sur Apollon renouvelle complètement la question : « Dieu impur, et toujours jeune, il est parmi les Immortels celui qui marche le plus loin dans la nuit... »

Lundi 15 juin

Temps gris. Un hélicoptère tourne sans arrêt au-dessus de la Salute.

Il y a eu un temps où les Chinois, dans la rhétorique « maoïste » (que, personnellement, j'ai toujours trouvée d'une grande force humoristique), employaient sans arrêt l'expression « tigre de papier » pour désigner l'adversaire (tantôt les USA, tantôt l'URSS). Mais, aujourd'hui, le vrai tigre de la monnaie mondiale est chinois. Et il n'est pas fait de papier, mais de virements électroniques.

Relativité d'un journal tenu *exprès*. D'une part, beaucoup d'éléments privés (déterminants) manquent. On peut les faire sentir indirectement. D'autre part, il y a les livres en cours (roman, essai). Enfin, les prévisions ne peuvent être que tendancielles, à long terme (exemples : l'événement que sera la mort, inévitablement prochaine, de Jean-Paul II, le « jubilé » de l'an 2000, la poudrière du Proche-Orient, la crise asiatique, l'euro, la souveraineté sans partage de la technique, etc.). Il peut se faire aussi que l'imprévisible arrive : morts, catastrophes, etc. Tout cela crée pour le narrateur un suspense particulier (et c'est encore la littérature).

Kafka : « Dans le combat entre toi et le monde, seconde le monde. »

Soudain, au restaurant, hallucination auditive : les gens ne parlent plus, ils glapissent, aboient, râlent, grognent, gémissent, hurlent, et cela dans toutes les langues, américain, italien, anglais, espagnol, allemand, français. Babel animale. Seule deux Japonaises ont l'air humaines parce qu'elles se taisent. Cela dure dix minutes, avec souffrance aiguë des tympans (j'ai beaucoup été opéré des tympans dans mon enfance, otites à répétition, mastoïdite, cf. *Studio*). Je m'en tire en regardant violemment devant moi un bouquet d'œillets rouges.

Laisse-toi escroquer par ce qui t'*arrange*. Quelques limites quand même, mais pas trop. C'est un investissement de désinformation utile.

Il y a deux mois, à Paris, une femme, spécialiste des divertissements partouzards et sadomasochistes, vient me raconter les manies sexuelles de X. qui vient de mourir. X. me détestait, elle croit donc me faire plaisir. Erreur.

La haine est quand même une drôle de chose. Comme dit Céline, « ça entretient la lucidité, et ça ne fait pas grossir ». En réalité, quelle aliénation à l'autre : être obligé de le mesurer sans cesse pour le rabaisser, quel travail idiot.

Nietzsche : « L'esprit de vengeance : le ressentiment de la volonté contre le temps et son "il était". » Il est très révélateur que Heidegger soit parti de cette formule pour construire son *Qu'appelle-t-on penser ?* (ou : *Qu'est-ce qui nous appelle à penser ?*).

La haine, au fond, vise *surtout* la pensée.

Orage, pluie cinglante.

Platon n'admet pas Eschyle dans sa République. Et pour cause : il montre Apollon complice du pire des crimes : le matricide (Oreste).

Lautréamont, au début de *Poésies*, dit qu'il « n'accepte pas Eschyle ». Était-il en train de relire Platon ? C'est probable.

Je rêve toujours beaucoup (c'est fatal) des maisons détruites de mon enfance. Celle de Bordeaux, remplacée par un supermarché ; celle de Ré rasée par les Allemands parce qu'elle était dans la ligne de tir de leur artillerie. Ces porcs croyaient pouvoir *murer l'Atlantique*. Je te salue, vieil Océan.

À midi, la petite vedette blanche *Désyrée*.

L'existence sociale des hommes ne détermine pas leur pensée, mais leurs préjugés, leurs censures.

Après l'orage, le beau temps vient du nord.
Casanova.

Mardi 16 juin

Bleu chauffé. À 6 heures du matin, les nuages épars, pommelés, très haut, et les hirondelles planantes. Les mouettes crient déjà près des bateaux.

Je revois le bateau chinois, pavoisé de cent drapeaux rouges, entrant dans Venise au printemps 1969. Au haut-parleur, un marin du bord s'égosillait en mauvais italien pour appeler le prolétariat local à se révolter contre le capitalisme et les révisionnistes. L'effet était comique et grandiose, Potemkine en folie, suscitant, bien entendu, à terre, une réprobation rentrée (attaquer le Parti communiste italien ? blasphème !).

Je traînais plus tard sur les quais, j'ai vu descendre les marins chinois par petits groupes. Ils regardaient, fascinés, les *pigeons*. Je leur ai dit quelques mots (c'est l'époque où j'avais décidé d'apprendre le chinois pour lire vraiment, et peut-être retraduire, Lao-tseu). Rires.

Le « maoïsme », puis le « papisme », étaient deux façons de combattre l'église stalino-fasciste (elle existe, je l'ai rencontrée). Principe stratégique : tout ce que l'adversaire attaque, on le défend ; tout ce qu'il défend, on l'attaque. Qu'est-ce que les Russes ont le plus détesté avant de sombrer ? Mao, le pape. *Idem* pour leurs alliés plus ou moins apparents en Europe et en France. Surtout en France. C'est une vieille histoire. (Mais peut-être pas si vieille, après tout ?)

Football : les Allemands s'amusent de l'équipe des États-Unis (2 à 0). Möller, grand joueur précis.

Le style *français* de Casanova : vitesse du récit, netteté des détails, animation des dialogues (assauts d'esprit, jugements), périphrases, phrases. Son étonnante conscience de soi physiologique.

On va le punir sans arrêt, par la suite (19e et 20e siècles) d'avoir su à quel point il avait un corps.

Brésil-Maroc (3 à 0). Les Brésiliens, souples, soyeux, animaux, directs. Grande équipe. Ronaldo, bien sûr, mais aussi, à l'aile droite, Cafu.

Violent orage de nuit. La beauté des orages, ici. Ciel explosé, déchiré d'éclairs sur la lagune, tonnerre d'enfer, soulèvement électrique, convulsion, transe.

Mercredi 17 juin

Beau temps, *comme si rien ne s'était passé* (c'est un des mystères de la ville). L'orage déchaîné a duré cinq heures, mais tout sèche vite le matin, impassibilité et circulation continue. Image de la vie, en somme.

Vérité *géométrique* du mot de Casanova à Mme de Pompadour, qui lui demande un soir, à l'Opéra, à Paris, s'il vient vraiment de « là-bas » : « Venise n'est pas là-bas, madame, mais là-haut. » Elle se souviendra de ce mot d'esprit des années plus tard, lorsqu'il se sera évadé de la prison des Plombs, par le « haut », en effet, puisqu'il est passé par les toits.

Qu'est-ce que Casanova fabrique, à la fin de sa vie, avec le problème mathématique de la duplication du cube ? Ça l'occupe beaucoup. Il écrit là-dessus, il y tient.

De nouveau, devant les Picasso, sensation du temps *découvrant* l'espace. Sphère et cube. Pas de rupture entre les tableaux et le dehors. Un geste de peinture qui est en même temps architecture et sculpture.

Ma rubrique préférée, dans *Le Monde*, est discrète. Elle s'appelle « En vue » et est signée Christian Colombani. Elle s'inspire visiblement des « nouvelles en trois lignes » de Félix Fénéon, découpage, raccourci, sous-entendu, montage.

Exemple : « Une jeune Norvégienne voulait imiter l'héroïne du *Titanic* en enjambant le bastingage à la proue d'un paquebot : elle a glissé dans la nuit. Les flots l'ont engloutie. »

Ou encore : « La société finlandaise Nokia vient de retirer ses affiches qui, en Allemagne, vantaient une gamme colorée de téléphones portables illustrée par les mots "*Jedem das Seine*" (à chacun ce qui lui revient) : l'agence publicitaire Gramm de Düsseldorf s'était inspirée du fronton du camp de Buchenwald où ils sont encore inscrits. »

Ou encore : « Après le tremblement de terre dans le nord-est de l'Afghanistan, les Talibans distribueront des vivres aux victimes, qui, pourtant, "ne subissent de grandes souffrances que pour avoir désobéi à Dieu, le Tout-Puissant". »

Voilà, sans commentaire. Vous riez, mais vous ne riez pas vraiment.

Jeudi 18 juin

Très beau temps.

Retour à Paris. Le *motoscafo* bondit sur l'eau vers l'aéroport. Toujours le même coup au cœur en dépassant les *Canottieri Querini*. Quinze jours ici, pour moi, c'est quatre fois plus de temps, donc deux mois.

En arrivant, embouteillages, pollution. Je me tire le Yi King : *Kien*, l'Obstacle. C'est ça.

Devise de Casanova : *Sequere Deum*, « Suivre le Dieu ». Il s'éclipse, il se tait, il reviendra.

Vendredi 19 juin

Le Point publie une lettre de De Gaulle, envoyée depuis Londres à Albert Cohen (alors conseiller politique du Congrès juif mondial). La date : 22 août 1940. Deux autres documents, de juillet et octobre 1941. Tout cela (rappel des principes de la République, rupture totale avec Vichy) est *fort clair*. Je réentends cependant la voix haletante de Marguerite Duras à la télévision disant que « de Gaulle n'avait jamais eu un mot en faveur des Juifs ». C'est une rumeur répandue, dans le style « Pétain-de Gaulle, même combat ». Il n'est pas difficile de savoir *qui* a intérêt à cette falsification de l'Histoire, et *pourquoi*.

Relire le beau texte, de 1942, d'Albert Cohen sur Churchill, soulignant que ce dernier a été le premier à avoir osé *insulter* Hitler. J'en ai fait, il y a quelques années, une lecture publique au centre Rachi, à Paris.

Il y a lieu de se défier de tout individu qui se croit obligé, en passant, d'attaquer André Breton. Trois raisons :

C'est lui, et personne d'autre, qui aura le mieux combattu, dès le début, l'imposture stalinienne (de même, bien entendu, que le fascisme et le nazisme). Pas de réconciliation possible, là-dessus, avec Aragon (même posthume). Les textes de Breton, rassemblés après la guerre dans *La Clé des champs*, sont ici particulièrement importants (contre la peinture soviétique, contre Camus à propos de Lautréamont, contre le *Baudelaire* de Sartre, etc.).

C'est la question capitale de la poésie (et de son abaissement). Breton, avec une ténacité admirable, a laissé *ouverte* la question Lautréamont/Rimbaud, plus actuelle que jamais (et cela dans un tout autre sens que le terrorisme nihiliste de Blanchot).

Enfin, mais c'est l'essentiel, l'incorruptibilité de Breton : « Je cherche l'or du temps. » Le sel, l'or.

Les critiques à l'égard de Breton (elles sont possibles) ne sont recevables qu'en fonction de ce fond. Sinon (que ce soit au nom de Freud, d'Artaud, de Bataille), il s'agit d'un symptôme de détournement plus ou moins « telquelien », absurdité manifeste.

De ce point de vue, il faut lire, ou relire, *Mes cahiers rouges au temps de la Commune*, de Maxime Vuillaume (Babel, Actes Sud, avec une préface de Gérard Guégan). C'est la chronique de Paris *sanglant* :

« Place du Panthéon… Je recule d'horreur. Dans l'encoignure, qui se découvre devant moi, une demi-douzaine de cadavres… L'un, replié sur lui-même, montre sa tête affreusement ouverte, sanglante et vidée. »

« Rue Saint-Jacques, adossé à la devanture de l'établissement de liquoriste connu sous le nom de "l'Académie", le cadavre d'un vieux à barbe blanche, encore revêtu de sa vareuse de fédéré. »

Au Luxembourg : « Depuis l'entrée des troupes, on fusillait sans relâche. On fusillait derrière ces bosquets, dont le vert feuillage était criblé de gouttes de sang. Là, c'était un simple peloton. Quatre par quatre. Contre un mur, contre un banc. Et les soldats s'en allaient, rechargeant tranquillement leur fusil, passant la paume de la main sur le canon poussiéreux, laissant là les morts. »

« On fusillait aussi autour du grand bassin, près du lion de pierre qui surmonte les escaliers menant à la grande allée de l'Observatoire, le long de la balustrade de gauche. »

« On ne fusillait pas qu'au Luxembourg. On fusillait au coin des rues, dans les allées des maisons, contre les portes. Partout où l'on trouvait un mur pour y pousser les victimes... Au bas du Pont-Neuf, on fusilla pendant plus de huit jours. L'après-midi, les honnêtes gens allaient voir tuer les prisonniers, comme ils étaient allés attendre leur arrivée à Versailles. Des couples élégants se rendaient à cette boucherie comme à un spectacle... On tuait à la Monnaie, à l'Observatoire, à l'École de droit, à l'École polytechnique, au Collège de France, sur les condamnations prononcées par un prévôt installé dans la salle à gauche de l'entrée principale. On fusillait dans le marché Maubert... »

Dimanche 21 juin

Comique involontaire de ce titre du *Journal du dimanche* : « Les spermatozoïdes sont-ils en voie d'extinction ? L'inquiétude grandit dans les milieux scientifiques ».

Un Delacroix, *Choc de cavaliers arabes*, a été vendu aux enchères, à Drouot, pour 51,1 millions de francs.

Football à Lyon : USA-Iran. Voilà un match historique, diplomatique, métaphysique.

Le sport *réconcilie*. Les ennemis s'offrent des fleurs. Finalement, match très moyen, l'Iran gagne deux buts à un contre le grand Satan plutôt maladroit, un joueur iranien lève les bras au ciel, on voit Allah sortir de sa bouche, tandis qu'un Américain fait le signe de croix. La foule fait la *ola*.

Comme les hooligans anglais seront privés de bière, à Toulouse, après avoir cassé à Marseille, tout va bien.

Lundi 22 juin

Contre les apocalyptiques de la pseudo-profondeur, animés par ce que Hegel appelle « la vanité subjective ». Il y a eu le nihiliste passif, le nihiliste actif, le nihiliste extatique, on en est au nihiliste épileptique (en général très bien vu à l'extrême droite). Le rôle a été merveilleusement tenu par Cioran (il y faut un style bref, corseté, moulé sur celui des moralistes français du 17e siècle, surtout pour raconter qu'on pourrait se suicider tous les jours d'une minute à l'autre). La vanité subjective (« tout est foutu », « tout est vain », etc.) n'est d'ailleurs rien d'autre que celle de la société, elle-même devenue subjectivité absolue.

Hegel : « Regarder le négatif droit dans les yeux en s'attardant chez lui, ce séjour est la force magique qui convertit le négatif en être. »

Ils ne peuvent plus regarder droit dans les yeux. Regard confisqué.

Impossible, donc, de lire Lautréamont et Rimbaud sans tenir compte de la Commune (ce qui ne veut pas dire y ramener ce qu'ils ont écrit).

Vuillaume : « En bas, la place est pleine de combattants. Il y en a sur les marches du Panthéon, derrière les colonnes du portique. Partout. Il y en a même au-dessous du dôme sur la plate-forme circulaire qu'entoure la colonnade. Ce sont ceux-là qui, luttant jusqu'à la dernière minute, n'ayant plus le temps de descendre et de fuir, furent fusillés à la place même où ils furent faits prisonniers. Longtemps, derrière cette colonnade, on put voir, m'a assuré un témoin sûr, de larges flaques de sang… »

Voilà l'acte de fondation de la Troisième République. Rimbaud n'avait rien à lui dire. Il est parti. Les cérémonies du Panthéon n'ont pas d'autre sens. Allez-y voir vous-mêmes, si vous ne voulez pas me croire.

Déjeuner avec Claude Lanzmann. Je l'interroge sur sa sensation d'*immémorial* (toujours contre la mémoire transformée en *devoir*, contre les commémorations, etc.). Question centrale.

Mardi 23 juin

Foot. Les Roumains avaient battu les Anglais, ce sont maintenant les Norvégiens qui battent les Brésiliens. Des hooligans allemands, eux, ont frappé à mort un gendarme (il est dans le coma).

Le SMIC augmenté de 2 % : pas assez pour les syndicats, trop pour le patronat.

Ce mot infect de *patronat* (je me souviens de la remarque de Breton à propos du *Braque le patron*, de Paulhan : « Vous vous rendez compte de comment s'expriment ces gens ? » J'étais chez lui, un après-midi, rue Fontaine).

Mais on peut faire mieux à l'avenir. Par exemple le CNMF : Conseil national du matronat français. Qui sait ?

Jeudi 25 juin

Breton, *Flagrant Délit*, 1949 (à propos de la publication d'un faux Rimbaud, intitulé *La Chasse spirituelle*) : « La machine à décerveler est assez bien "dressée" de nos jours pour obéir indistinctement à la commande réactionnaire et à la commande stalinienne. »

Dire que Bourdieu a pu écrire ceci : « Mitterrand pourrait avoir été à la politique, et plus précisément au socialisme, ce que Sollers a été à la littérature. » Bouffée délirante, accompagnée de l'accusation de « prostitution ».
Discours stalinien typique (et comique).

Semprun aurait autrefois « dénoncé » Duras et Mascolo aux instances supérieures du parti stalinien français. Il s'en défend. Que d'histoires. Tempête dans un verre d'eau sale.

Vendredi 26 juin

Supposons un auteur étranger célèbre, dont le livre, plutôt plat, écrit directement en français, est le plus souvent sévèrement critiqué en France. Il est, au contraire, paraît-il, plébiscité dans les autres pays. L'auteur exige donc des publicités répétitives, de la critique étrangère traduite, histoire de faire la leçon aux Français. Peut-on appeler cette promotion, plutôt pathétique, une manifestation de *préférence internationale* ? Sans doute, mais il fallait alors laisser les critiques dans leur langue originale au lieu de montrer qu'elles n'avaient de sens qu'en français.

Assassinat, en Algérie, du chanteur kabyle Matoub Lounès. Trois raisons de le tuer :

1) C'était un artiste.

2) Il était partisan de la laïcité.

3) Il s'exprimait dans une langue (le berbère) en cours d'élimination.

Ces motifs de meurtre sont probablement généralisables.

Samedi 27 juin

Clinton en Chine. Comme le Pénisgate paraît loin. Les affaires sont les affaires. Voici donc le président des États-Unis sous le portrait de Mao. Le Congrès et les dissidents chinois jouent leur rôle. Clinton aussi, avec une déclaration rituelle sur les droits de l'homme, mais la monnaie, désormais, se met en scène elle-même.

Le soir, *Mundial* : le Brésil bat le Chili, 4 à 1.

Dimanche 28 juin

L'équipe de France très embarrassée par celle du Paraguay. Victoire à l'arraché dans les dernières minutes des prolongations (1 à 0). Ennui.

En revanche, très forte équipe du Danemark battant le Nigeria (4 à 1). Match plaisant et rapide.

L'étrange affaire Nahed Ojjeh, qui accuse maintenant Roland Dumas d'avoir touché des commissions sur des ventes d'armes à la Syrie (Assad vient le mois prochain à Paris). Elle est la fille du ministre syrien de la Défense. Elle s'est, paraît-il, présentée spontanément devant les juges. Les journaux la décrivent comme une « femme fatale » (elle est jolie et plutôt sympathique) « ayant eu une liaison avec le directeur d'un grand quotidien français ». Ex-amie de Dumas, qui lui aurait volé des mosaïques. Drôle de littérature. Mystères de Paris (mystères de Polichinelle, en l'occurrence). De Paris seulement ? Mais non, de Taiwan, de Damas, de Téhéran, de Washington, de Pékin, de Jérusalem, de Beyrouth, du Caire, de partout et de nulle part, d'ici ou d'ailleurs. Affaires étrangères, Conseil constitutionnel, présidence, animation culturelle – et, en prime, quelques sculptures de Giacometti. Décidément, mes romans sont à lire.

Lundi 29 juin

Reportage sur la vie des stars. Tout est marchandise dans leur vie privée : liaisons, mariages, divorces, grossesses, accouchements, enfants, animaux, maisons, corps, vêtements, vacances. Même la mort est commercialisable (Lady Di).

Louise, le premier bébé éprouvette, a 20 ans.

De 500 000 à 600 000 corps humains sont issus de la fécondation *in vitro* depuis 1978. Ce qui serait beau, un jour, c'est une « journée mondiale des *in vitro* ». Au Champ-de-Mars, par exemple.

Le chiffre d'affaires annuel de cette opération aux États-Unis est de 25 milliards de francs.

(Parallèlement, les réseaux pédophiles sur Internet utilisent de plus en plus, c'est à peine croyable, des *bébés* pour des vidéos pornos.)

Une fécondation, en France, coûte actuellement 15 000 francs.

ICSI : injection intracytoplasmique de spermatozoïdes (ça marche).

L'exhibition quotidienne, ces jours-ci, de 22 mâles au football pourrait être *aussi* envisagée comme une sorte de comice agricole (ce que tendrait à prouver le brusque engouement des femmes pour ce genre d'exhibition).

Une nouvelle à écrire là-dessus, à la Flaubert, froide.

Mardi 30 juin

L'Angleterre battue par l'Argentine.

Nietzsche, *Illusion des esprits supérieurs* : « Les esprits supérieurs ont de la peine à se délivrer d'une illusion : ils se figurent qu'ils éveillent la jalousie des médiocres et qu'ils sont considérés comme des exceptions. Mais en réalité on les considère comme quelque chose de superflu, dont on ne serait pas privé si cela n'existait pas. »

Voltaire : « C'est abréger et s'épargner mille discussions, que de penser de certaines gens qu'ils sont incapables de parler juste, et de condamner ce qu'ils disent, ce qu'ils ont dit et ce qu'ils diront. »

Juillet

Mercredi 1er juillet

J'ai vu ce matin, dans des circonstances particulières, le portrait que Manet a fait de Berthe Morisot en 1872. Il a alors 40 ans, elle 31. C'est un tableau bouleversant de vivacité, de curiosité, d'amour. Une *victoire* de la Commune de Paris, en noir positif. Berthe est la belle-sœur de Manet, mais surtout sa belle sœur. Dans le bouquet de violettes du corsage s'affirme la victoire sur la mort (Morisot). Le sourire de la mort. Manet avait été très déprimé, l'année précédente, par les massacres de la Semaine sanglante.

Dans *violette*, il y a viol, voile, voilette, violet (« le rayon violet de ses yeux », l'« Oméga » de Rimbaud), bien que les yeux, ou plutôt le regard aigu, de Berthe Morisot soient de couleur noisette. Il y a aussi viole, l'instrument de musique. Dans un petit tableau magistral, Manet peint, côte à côte, un billet écrit, un bouquet de violettes et un éventail. Bleu, blanc, rouge. On lit *Mlle Berthe*, et sa signature. On peut difficilement faire plus explicite comme déclaration de délicatesse érotique violente.

Rimbaud : « l'élégance, la science, la violence ».

Quand le style français atteint cette pointe du concert (Watteau, Fragonard, Manet), c'est exécuté avec presque rien.

Voilà ce que Bataille appelle l'indifférence *active* de Manet. Un détachement vibrant.

Magie de ces deux vers de Rimbaud :

> *Mais l'araignée de la haie*
> *Ne mange que des violettes.*

Ce Manet est un des plus beaux portraits du monde. Il illumine ma journée.

Stéphane Zagdanski, dans un article sur Kafka, cite un passage d'une lettre de 1921 à Max Brod : « Étrange comme les femmes ont peu de pénétration, elles remarquent uniquement si elles plaisent, puis si on a pitié d'elles, enfin si on cherche auprès d'elles de la compassion ; c'est tout et, en général, ma foi, c'est assez. »

Le SDECE, en 1969, reçoit le rapport suivant : « D'excellente source, le service a été informé que les élèves extrémistes de Normale supérieure utilisent actuellement une machine à ronéotyper qu'ils ont achetée grâce à des fonds fournis par la République populaire de Chine. »
Je ne devais pas être loin. Mon dieu.

Jeudi 2 juillet

Un critique, rendant compte d'un livre très confus sur Nietzsche, ne manque pas d'injecter, dans son discours, le morceau de propagande classique contre Heidegger. Heidegger, dans sa manière de considérer Nietzsche comme le « dernier métaphysicien », aurait paraît-il, commis une « balourdise grossière ».

On peut se contenter, désormais, dans tous les articles à propos de philosophie, de lire en diagonale pour trouver le signal rituel. Il suffit de regarder si le nom de Heidegger est imprimé : dans ce cas, il sera automatiquement suivi d'une proposition négative.

Je repense au portrait de Berthe Morisot par Manet. À la lettre, il sort du mur, il traverse tous les murs et tous les sommeils. C'est la fraîcheur de l'éveil, la *curiosité* même.

Plus on parle d'« affaires » et de « transparence » (les juges), et plus on peut en conclure que les affaires redoublent dans une opacité nouvelle, d'un autre côté. La mafia russe s'est mise en place après la *glasnost*. Théorème du *Guépard* : il faut que tout change pour que tout reste pareil. Il serait intéressant d'avoir une vraie conversation avec Roland Dumas, par exemple. Mais qu'est-ce que le mot *vrai* vient faire ici ? On se perdrait dès le troisième tournant dans le labyrinthe.

Debord aimait Watteau, les autoportraits de Rembrandt (on retrouve ce goût dans ses films, quand il montre des photographies accusant le travail du temps sur son visage), la musique baroque.

Vendredi 3 juillet

Préparatifs de la manifestation « orangiste » en Irlande du Nord : dix églises catholiques incendiées.

Hier, par hasard, dans la nuit, à la télévision : rediffusion du dernier concert de Marlène Dietrich à Londres, en 1973. Elle chante *Lola* et *La Vie en rose* (elle est habillée en rose). Diction, ponctuation, maîtrise complète. Simulation, ironie, profondeur.

Quart de finale France-Italie. La France qualifiée dans les tirs au but (4 à 3). Dans les cafés, on hurle. Le soir, le Brésil bat le Danemark 3 à 2. L'excellent Danois Michael Laudrup.

On devrait dire à ceux qui parlent de « fin de l'Histoire » : parlez pour vous.

X. : je lui corrige ses fautes (nombreuses). Jamais merci. Comme si ça lui était dû. Y. : il m'imite en exagérant mes défauts. Forme de censure comme une autre.

Samedi 4 juillet

Surprise au ballon : la Croatie bat l'Allemagne (3 à 0).

Deux sujets où on *entend* immédiatement l'indifférence des interlocuteurs : le 18e siècle, la Chine. Grande ignorance, et qui vient de loin. Comme ce sont les deux seuls sujets qui m'intéressent vraiment, j'ai pris l'habitude de parler d'autre chose, ou bien de me faire passer pour « libertin », ou « ex-maoïste ». C'est plus simple. Superficiel, coupable, voilà deux masques parfaits pour notre époque. Si vous ne les prenez pas vous-même, on vous les tend.

Dimanche 5 juillet

Voyage vers l'île de Ré. TGV Atlantique.

L'oiseau perché sur un fil dans le souterrain de la gare Montparnasse. Je l'entends chanter dans le bruit. Je lève la tête. Impossible de l'identifier de loin. Je décide que c'est pour moi un signe de protection. Ainsi d'Athéna apparaissant, dans l'*Odyssée*, sous forme d'hirondelle à Ulysse. Il lève la tête : « Il reconnaît le dieu. »

La campagne : étangs, marais, ponts, rivières, *rideaux d'arbres*, châteaux, églises, hangars abandonnés, meules de foin, vaches.

On comprend les impressionnistes : laisser tomber la Société, trop de bêtise. On va la nier à coups de peupliers, de champs de blé, de coquelicots, d'ombres, de ciels. Grande révolution, fureur des clergés à croûtes.

Manet et son *noir* : il reste au cœur de la négation. Du coup, des fleurs comme personne. « La richesse abyssale de l'être s'abrite dans le néant essentiel » (Heidegger). Cette phrase ne peut se comprendre que comme expérience vécue. On ressent violemment de quoi elle parle, ou bien on pense que c'est une formule creuse parmi d'autres (Heidegger écrit cela à Sartre en 1945).

Entre Poitiers et Niort : Lusignan (vite).

On entre dans le Sud-Ouest : élargissement du paysage, plaine à perte de vue, couleurs plus vives et plus foncées (formées), maisons souvent vides. Après Niort, la lumière bascule, plus claire et plus douce, les champs de tournesols surgissent, et, tout à coup, avant La Rochelle, après le dernier virage, l'océan est là.

Taxi, arrivée au Martray, bleu et silence. Trois mouettes au-dessus de moi. Léger vent d'ouest.

Clairière et présence.

Lundi 6 juillet

Beau temps bleu-blanc-vert, léger vent nord-ouest, forçant dans l'après-midi.

Premier bain de l'année dans l'eau calme. Personne sur la plage. Renouveau du souffle.

Les journaux, brusquement irréels. En Irlande, les orangistes, en chapeau melon, bloquant un quartier catholique ; la décision algérienne d'interdire toute autre langue que l'arabe ; les déclarations d'Olivieiro Toscani (le photographe de Benetton), d'un cynisme

126

désarmant au service de la marchandise : « La photo fait plus peur que la vérité. C'est le seul art qui soit censurable. » On peut retourner cette phrase, et la rendre exacte : « La vérité fait plus peur que n'importe quelle représentation. C'est pourquoi la photo a été chargée de prendre sa place. »

La lavande et les lavaters, explosifs. Le mauve et le rose. Le jeune figuier a tenu face à l'océan pendant l'hiver. Je l'embrasse. Marée haute l'après-midi. Ce soir, le vent s'est calmé, c'est le grand soir jaune. Grèce à midi, Chine vers la nuit.

L'inauguration du pont a eu lieu il y a dix ans. Avant, c'était la traversée en bac, les files d'attente. Mais, contrairement à ce que l'on pouvait penser, l'ouverture à la circulation *isole* davantage l'île, la renvoie au large.

Casanova : je reprends mon livre sur lui. On vient justement de publier un inédit de 1793 : *Raisonnement d'un spectateur sur le bouleversement de la monarchie française par la révolution de 1789*. Le mépris de Casanova pour le duc d'Orléans.
En même temps : le roman. Une passion en marge : la Chine.

La nuit tombe, les feuillages noircissent, tout est gris-bleu, les lumières de la côte clignotent, le phare se met à tourner, le secrétaire craque un peu, la main glisse sur le papier, le feu parle.

Casanova : « Ceux qui riront de tout ce qui sortira de ma plume seront les Jacobins, dont je ne me soucie ni d'être lu ni de leur faire voir le vrai en cas qu'ils me lisent. » Sa *Lettre à Robespierre* (120 pages) est perdue.

Mardi 7 juillet

Gris plus froid, vent d'ouest.

Jardiniers : gazon tondu, dégagement des fleurs. L'odeur du sel et de l'herbe. Il faut tout réapprendre par petites quantités furtives : l'odorat, la vue, l'ouïe, le toucher, le goût. La vie sociale, en ville, n'est qu'un contrat d'inhibitions réciproques.

Dégagement du ciel vers 13 heures. J'écoute Martha Argerich jouant le Premier Concerto de Liszt, avec l'orchestre symphonique de Londres, direction Claudio Abbado. La date de l'enregistrement : 1968. Elle est éblouissante d'autorité et de finesse. Cette femme est un mystère.

Le soir, première demi-finale de la Coupe du Monde : le Brésil bat les Pays-Bas (tirs au but).

Mercredi 8 juillet

Beau temps bleu froid, vent sud-ouest, puis ouest modéré.

La veuve de Robert Antelme écrit dans *Le Monde* que ce dernier avait l'habitude de traiter Semprun de « mouchard ». Les vieilles histoires de collaboration et de stalinisme : l'envers, l'endroit, puis de nouveau l'envers à l'envers, jamais à l'endroit. Toujours Vichy et Moscou, jamais Londres. Plus d'un demi-siècle après, on n'en finit pas.

Demi-finale : la France bat difficilement la Croatie (2 à 1). Le héros du jour est Lilian Thuram. Le gâtisme télévisuel est admirablement mis en valeur par la Coupe du Monde (événement très positif, donc).

Le grand silence d'été : jamais assez de temps, jamais assez de silence. J'ai écrit tout l'après-midi, le paysage a changé, il monte, il se retourne. *Encore.*

Les mouettes, la digue, le pin parasol, le soleil jaune. *Encore, encore.*

Jeudi 9 juillet

Gris doux, léger vent nord-ouest.

X. me parle de *Femmes* (publié il y a quinze ans), de tel et tel passage. Je vais voir, mais oui, pas une ligne à changer, tout est clairement décrit et annoncé, à la diable.

À propos de Blanchot : le ton hyper-dévot qu'il provoque.
Le comte de Paris a 90 ans. Maurice Blanchot aussi.
Première rencontre avec lui : coup de foudre d'antipathie réciproque.
Le clergé.

Des Forêts (sur Blanchot) : « le don incommensurable qu'il nous a fait, celui de son œuvre tout entière et, non moins généreusement, celui de sa présence amicale, une présence toujours si proche en son retrait et qui a le sens d'une veille ».

On croirait lire un hommage au maréchal Pétain.

Le coup de l'« effacement », du « retrait », des « grands silencieux ».

Claudel : « Les faux dieux se cachent. »

Derrida (sur Blanchot) : « le mourir impossible, l'imminence du mourir impossible, la mort impossible nécessaire », etc.

La mort, la mort, toujours recommencée…

Puritanisme.

Blanchot : de l'antisémitisme au philo-pseudo-judaïsme. C'est la déclinaison d'un même refoulement. On retrouve ce trait chez Duras : extrême culpabilité à cause des débuts collabos, et ensuite philo-judaïsme exacerbé, et de pacotille. Tout cela sonne *faux*. Rien à voir avec la merveille biblique. En réalité, on peut soupçonner ici l'intention, après avoir dévalisé Heidegger (mal, à contresens), de le désigner, ou de le laisser désigner, à jet continu, comme bouc émissaire d'une compromission avec le nazisme. Opération très réussie, si l'on en juge par la vigilance des « relais » sur ce point précis (où fonctionnent sans cesse l'ignorance et le fanatisme).

Le soir : *Don Giovanni*, à Aix (radio).

L'humour *énorme* du catalogue, pendant que la nuit tombe : la « grande majestueuse », « sa passion prédominante est la jeune débutante », « *vous* savez ce qu'il fait »… Il faut imaginer ici Casanova écrivant le texte en octobre 1787 à Prague, avec Da Ponte et Mozart. La scène a *réellement* eu lieu (j'ai remarqué que personne ne m'écoute quand je le précise).

Mozart, évidemment, dans tous les rôles à la fois, génie dramatique. *VIVA LA LIBERTÀ !*

On voit mal Blanchot et Lévinas écoutant *Don Giovanni*. Alors que Bataille, oui.

Correspondance de Georges Bataille (Gallimard) : pourquoi ce volume comporte-t-il des lettres de Blanchot à Bataille, et pas le contraire ? C'est plus qu'étrange.

La *neutralisation* de Bataille par Blanchot (et le blanchotisme). Décidément, après Heidegger, cela fait beaucoup.

En avril 1942, Bataille, atteint de tuberculose pulmonaire, doit quitter son emploi à la Bibliothèque nationale. En février, il était de passage en Auvergne, et il écrivait à André Masson, parti pour les États-Unis (la lettre est postée à… Vichy) : « L'Europe évidemment est plus voisine du Tibet que du Connecticut. La vie y est sans doute plus étrange qu'on ne l'aperçoit du dehors ; on y est replongé dans le fond des temps. Jamais le monde réel ne m'a semblé davantage un rêve : l'air qu'on respire est un air de rêve, un air d'angoisse. Et, chose curieuse, je lâcherais tous les cieux clairs pour la brume où toute chose est ici ensevelie. […] J'ai trop vu de choses et j'en ai trop éprouvé pour m'occuper de ce qui ne trouble pas entièrement les données ordinaires. Je ne connais plus – ou ne suis plus – qu'une force illimitée de négation qui divinise tout ce que je n'ai pas vidé de sens. Et divinisé, cela veut dire aussi "vide de sens". Difficile d'envisager à quel point je me sens devenu silencieux, au point de me figurer que toute parole se briserait si elle me touchait (ou elle se décomposerait, ou deviendrait si comique que la phrase finirait en éclat de rire). Tout le reste : je marche de travers, aussi gaiement que jamais, et, si je glisse, je tiens une corde de silence. »

Le 16 juillet 1958, à Mascolo : « Dans un monde où l'armée dispose des moyens de tout réduire, il est temps de mettre en œuvre un *enseignement* de l'irréductible. Le reste est anachronique. »

Sur Nietzsche : « Rien n'est plus séduisant, plus ensoleillé, plus clair que la pensée de Nietzsche. Elle s'exprime en développements brefs et précis, parfois en tirades lyriques, en dithyrambes inspirés. Le style qu'une influence française consciente dégage de la pesanteur germanique est peut-être le plus parfait de l'histoire de la langue allemande… »

Bataille écrit ce dernier texte en 1944, pour le centenaire de la naissance de Nietzsche. Il est essentiel pour comprendre la falsification éhontée de l'œuvre de celui-ci par le national-socialisme (falsification relayée par les « anti-nietzschéens » d'aujourd'hui). Le livre le plus profond sur Nietzsche, et contre le biologisme hitlérien, est, d'autre part, le *Sur Nietzsche* de Heidegger, que personne n'a lu ou ne veut lire. Tout le problème est là : à qui ou à quoi profite cet obscurantisme ?

Vendredi 10 juillet

Gris frais. Pluie fine.

L'embellie économique et le football plébiscitent la cohabitation française. Chirac, 63 % de satisfaits ; Jospin 70 %. C'est l'« union nationale », ou presque.

Enquête sur le génocide au Rwanda. Responsabilité de la France (et de l'Élysée de Mitterrand à l'époque) dans les livraisons d'armes. Indifférence générale.

Adoption par l'Assemblée nationale de la loi Aubry contre l'exclusion.

Imprévisibilité des Français. Il y a un an, c'était la dissolution et la dépression (justesse du livre de J. K., *Contre la dépression nationale*). Maintenant, le balancier va dans l'autre sens, « ressaisissement », euphorie. Pour combien de temps ? Il peut simplement s'agir de ce qui accompagne toute dépression : la phase maniaque (c'était particulièrement frappant chez Althusser).

Je reçois les épreuves du livre de Mathieu Lindon, *Le Procès de Jean-Marie Le Pen* (POL).

Vaporisation pluvieuse, horizon bouché, intensité des verts. À 14 heures, le ciel se dégage, douceur, vent d'ouest, beau temps.

Périodiquement, une rafale de délires humains : on les trouve condensés dans la rubrique de Christian Colombani. Il faut pour cela un œil panoramique, l'art de la ponction et de la ponctuation, le sens du montage. Vue cubiste de l'actualité. Ainsi, le 10 juillet :
« Le colonel Kadhafi, célébrant, mardi 7 juillet, l'anniversaire de la naissance de Mahomet, a proposé de "déménager Israël en Alaska". »
« Les agences de presse et les journaux indiens, familiers des catastrophes, n'ont pas consacré une ligne au gigantesque raz-de-marée qui, le 9 juin, à Shirwa, non loin du port de Kandla, a noyé 10 000 misérables récoltant du sel marin sur la rive. »
« Des miliciens talibans, armés de cravaches de caoutchouc et de lanières de cuir, frappent, dans les rues de Kaboul, les analphabètes qui, sous la menace, ne parviennent pas à lire un seul verset du Coran. »

« Un peu moins d'un million d'élèves américains ont apporté une arme à l'école au cours de la dernière année. L'année précédente, ils étaient plus d'un million. »

« Vendredi 3 juillet, Suzanna Wellenbrink, starlette allemande du petit écran, a annoncé son intention d'accoucher en direct devant les caméras de télévision. »

Et ainsi de suite.

Titre du *Monde* : « Les explorateurs de l'univers se rapprochent du big-bang ».

Photo : la galaxie spirale M 31, surnommée nébuleuse d'Andromède, située à 2,9 millions d'années-lumière, « abrite environ » (j'aime beaucoup cet *environ*) « 400 milliards d'étoiles ». Elle appartient à ce que les astronomes appellent « le groupe local », un ensemble de galaxies dont fait partie la nôtre, la Voie lactée.

Je fais partie de la Voie lactée, c'est entendu, mais je serais bien en peine d'en avoir une représentation exacte (pas plus que de la vitesse de la lumière, ou de celle de la comète Hale-Bopp, que je voyais la nuit, ici, immobile dans le ciel comme une boule floue, alors qu'elle fonçait à 200 000 kilomètres à l'heure, soit 44 kilomètres par seconde).

« Environ 300 000 ans après le big-bang [environ !], les irrégularités dans la distribution de la matière étaient extrêmement petites, comme des rides de quelques centimètres sur un océan d'un kilomètre de profondeur. »

Comment *voir* cela ?

« Un univers de poupées russes emboîtées, très hiérarchisé, s'organisant progressivement en structures de plus en plus vastes et diversifiées, qui ressemblent aujourd'hui à une gigantesque éponge : de grands vides entourés de feuillets où se concentrent les galaxies. »

Je *sais* qu'il en est ainsi, et pourtant je vis comme si je ne le savais pas et n'avais pas à le savoir. De même, je sais que la Terre tourne très vite, et je ne le sens pas. Il n'empêche que la conscience de cette non-représentation doit être exprimée dans le style employé. Celui de Picasso, par exemple, dans sa constante obsession de voir de partout à la fois.

Heidegger : « L'homme est le lieu-tenant du Néant. »

Lautréamont : « Je ne tends qu'à connaître la contradiction de mon esprit avec le néant. »

Euphorie nationale : 75 % des Français pensent que la France battra le Brésil en finale de la Coupe du Monde.

Samedi 11 juillet

Temps blanc.

Le livre de Mathieu Lindon, *Le Procès de Jean-Marie Le Pen* : juste, amusant, subtil, terrible. Démonstration impeccable qu'il y a « conspiration publique » pour entretenir le phénomène Le Pen (lequel est en train de se faire lentement remplacer par Mégret). Au fond, c'est le vrai chien de garde ; le Spectacle le fait aboyer pour que tout le monde file doux.

Nouvelle déclaration d'Olivieiro Toscani, le photographe de Benetton : « La publicité est une charogne qui vous sourit. »

Et il vous sourit.

Il a fondé, dit-il, une « entreprise antiraciste moderne ». Ses sujets sont connus : le sida, les guerres, la pollution, la mafia, bref ce à quoi on est censé *penser sans cesse* (à moins d'être anormal). Il faut ajouter la maladie, la vieillesse, la décrépitude, les étrangers, la médecine, la consommation, le sang, la mort.

Toscani a identifié quatre grands thèmes communs à l'humanité tout entière : « le sexe, la religion, la race, la vie et la mort ». La vie et la mort, notons-le, sont un seul *thème*, au même titre que la race (couleur). C'est ce qu'il appelle « la Famille de l'Homme ». Il n'est ni de gauche ni de droite, dit-il, mais « radical-libertaire », comme un « analphabète moderne ».

Ces déclarations choquent le clergé progressiste, qui est très content d'être choqué. Le programme prévoit en effet que des nihilistes passifs soient très critiques à propos des nihilistes actifs.

Toscani a au moins le mérite de dire ce qui, désormais, compte : la laideur crue, cynique, directe (laquelle provoque la jalousie des enjoliveurs). Il s'agit, par exemple, de savoir « quel soutien-gorge portent les religieuses » (passionnant), et quels sont « les meilleurs dieux sur le marché ».

Voilà un discours *normal* de l'époque de l'achèvement de la Métaphysique (du *Gestell*, c'est-à-dire de la mise en disponibilité de tout). C'est comme ça.

Une beauté qui ne serait pas à la mesure, et comme le *négatif*, de cette laideur avouée n'en serait pas une.

Toscani photographie 1 000 personnes à Livourne et fait afficher le résultat dans la ville. La rue est, pour lui, « le plus grand musée du monde. »

Les photographes d'art sont, à ses yeux, des « frustrés » qui font un complexe par rapport à la « vieille peinture » (ce qui est souvent vrai).

« La photo n'a de sens que si elle est liée à l'industrie. Warhol l'a bien compris, et Mozart est plus commercial que Madonna. »

Tel est donc, aujourd'hui, un militant du Rien. Il est positif qu'il se montre à découvert. Miroir.

Comme le dit un de ses partisans : « Il pourrait imprimer ses images sur des poubelles comme dans la chapelle Sixtine. »

Les voiliers, devant moi, dans la baie, arborent tous, aujourd'hui, un drapeau bleu blanc rouge (finale France-Brésil demain).

Le soir, match pour la troisième place. La Croatie l'emporte sur les Pays-Bas (2 à 1). Grand joueur : Suker.

Dimanche 12 juillet

Matin gris, le jardin respire.

Ronaldo, 21 ans, vedette de l'équipe du Brésil, gagne 165 000 francs par jour (hors primes). Il arrondit (si on peut dire) ses fins de mois grâce à des contrats publicitaires avec Nike, Pirelli, Infogram : plusieurs dizaines de millions de francs. En tout : 205 millions de francs par an.

Zinedine Zidane, 25 ans, arrive loin derrière, mais est le premier des Français. Salaire mensuel à la Juventus de Turin : 600 000 francs, et un contrat personnel avec Adidas. En tout : 21 millions de francs par an.

Ce soir, donc, match entre 205 MF et 21 MF (entre autres), sous forme d'hommes courant après un ballon pour la plus grande joie des spectateurs des nations.

134

J'expliquais l'autre jour à X. que je n'ai jamais été partisan du « tout ou rien ». La ligne générale a toujours été 70 % de radical, et 30 % de compromis. Si les compromis évoluent vers 40 % (fatigue, pressions), coup de barre. Ainsi ai-je fait, je crois, dans ma vie privée et publique. Il s'ensuit un inconvénient : je suis jugé sur 30 %.

Dans le pourcentage de compromis, il faut inscrire les nombreuses études sur le terrain (aventures sexuelles comprises). Médias, coulisses, politique, conversations, études de caractères, voyages, articles, conférences, etc.

Il s'agit de se *prêter* à l'usure, comme à une expérience. On va, comme disaient les peintres, sur le « motif ».

La République française refondée par le sport : intégration ethnique, union nationale. En un an, transformation du jeu : *corner* politique.

Atmosphère de fête à Paris, jamais vue, paraît-il, depuis la Libération. Déguisements, maquillages, coiffures sophistiquées, perruques, chapeaux fantaisie, carnaval à Rio-sur-Seine, samba, fraternisation, etc. Les filles, là-dedans, brusquement très actives (elles attrapent le phallus au vol).

Pendant ce temps-là, écoutons Charles Millon (c'est trop beau) : « Je suis resté fidèle à une certaine idée du personnalisme. Je suis un fils d'Uriage. »

Le *Journal du dimanche* publie les témoignages *manuscrits* de toute la classe politique (Front national exclu, bien sûr) soutenant l'équipe de France. Messages scolaires appliqués, bâclés, qui vont de Robert Hue à Philippe de Villiers : « Allez les Bleus ! Continuez à nous faire rêver ! Nous sommes tous derrière vous ! » (en effet). C'est le *bleu horizon* retrouvé.

Parallèlement, la Russie, en pleine crise financière, s'apprête à enterrer solennellement (il était temps) la famille du tsar (mais les ossements sont-ils authentiques ?), la famine s'aggrave au Soudan (au point qu'un témoin peut parler de « manipulation cynique sur les affamés pour obtenir l'aide internationale), et la violence persiste en Irlande du Nord, où trois enfants viennent d'être brûlés vifs dans un incendie criminel.

France-Brésil, enfin, 3 à 0. Divine surprise, explosion de joie, un million et demi de personnes sur les Champs-Élysées. L'expression « jamais vu depuis la Libération » devient le cliché officiel. Réapparition du mot *liesse*.

Lundi 13 juillet

Gris d'huître. Silence.

Cette fois, 600 000 personnes sur les Champs-Élysées pour acclamer les joueurs de l'équipe de France. « Zizou ! Zizou ! » (Zinedine Zidane). Triomphe d'Aimé Jacquet. Autopublicité intensive de TF1. Le soir, tout le monde est au Lido. Un peu de libido, mais pas trop (on montre les « épouses » des champions, qui ont mis leurs plus jolies robes).

Des *millions*, des *milliards* de téléspectateurs. Et puis, le FMI : 135 *milliards* de francs pour la Russie. La répétition incessante des mots « millions » et « milliards » est la grande scie de l'époque : l'argent, la foule.

Beau soir bleu. Feu d'artifice au-dessus de l'eau.

Reçu le livre de Michel Houellebecq, *Les Particules élémentaires*.

Roman naturaliste du manque d'Histoire et de la misère sexuelle. Influence de Huxley (*Le Meilleur des mondes*). Vision apocalyptique d'une servitude génétique généralisée dans le « suicide occidental », etc. Beaucoup de types de 40 ans ont l'air traumatisés par les histoires d'enfant, la fécondation *in vitro*, le clonage. On dirait que leur féminisation est en cours et qu'ils n'en éprouvent aucun plaisir (c'est le moins que l'on puisse dire).

Naturalisme, réalisme, populisme, sur fond de spéculation métaphysique hâtive. Souffrance, impuissance, délaissement, psychose, suicide, désespoir, *désir d'en finir*. Fascination positiviste pour la science qui pourrait nous délivrer du cauchemar humain.

Dans les bouquins d'aujourd'hui, j'apparais de temps en temps nommément, sous une forme caricaturale. *Femmes* (1983) fait problème ? Normal.

Beaucoup de cimetières sous la lune. Mai 68 vu comme pseudolibération ayant conduit à la confusion *New Age* (thèse réactionnaire classique). Personnages féminins systématiquement victimes. Ressentiment et rabaissement de l'Histoire.

L'auteur parle à un moment d'une « remarque » de Parménide. Une « remarque » ? Ah bon.

Quelques beaux passages de douleur et de mélancolie paysagiste. Dans l'ensemble, impression lourde, envers gris de la pseudo-fête en cours (qui n'est probablement qu'un épisode maniaque). Dépression, manie ; dépression, manie – et on recommence.

Mardi 14 juillet

6 h 30. Très beau temps. Léger vent d'ouest.

La « fête » continue à Paris. Dans *Le Figaro*, on tombe sur ce titre cocorico d'un article de Jean-François Deniau : « Merci, monsieur le maréchal ! » On sursaute. Mais non, il s'agissait du maréchal Joffre identifié à Aimé Jacquet.

Après le football, l'armée. Chirac, pendant le défilé militaire, garde souvent les yeux fermés, en état de transe mystique (il se voit déjà en 2009).

Je résume : « *Écoutez*, il y a la France qui gagne, et ceux qui ne sont pas contents n'ont qu'à s'inscrire au parti de la France qui perd. Les électeurs trancheront. »

Et ça recommence : garden-party à l'Élysée, Jacquet, Zidane, 4 000 jeunes tricolores et multicolores enthousiastes. Chirac expédie son entretien présidentiel (« il fait beau, les problèmes sont en voie de résolution, vive la France humaniste, d'ailleurs c'est moi »). Après quoi, il prend un bain de foule *jeune*, sous les caméras. Ah, nom de Dieu, ça fait du bien. Ensuite, photo de famille sur le perron, avec les joueurs et leurs familles (n'oublions pas de rappeler aux jeunes l'importance de la famille). Il y a aussi le travail sérieux. Et puis la patrie, bien sûr.

Jean-Marie Colombani, dans un éditorial du *Monde*, nous annonce, lui, qu'après « les années Tapie », nous entrons dans « les années Jacquet ». Ce dernier représente le cocktail idéal : 1) l'instituteur laïque, lent, rigoureux, méthodique ; 2) le curé de province,

« fier de sa foi dans le travail de groupe » ; 3) l'ouvrier « dur au labeur, érigeant la cohésion en valeur première ».

Les exclus insolites de ce programme de redressement national stigmatisant l'« esbrouffe » sont « nos vedettes lacaniennes (*sic*), type Cantona ».

Sacré Lacan ! Quelle présence imaginaire ! Quel but à l'envers !

Avec l'instituteur laïque, le curé provincial et l'ouvrier « dur au labeur », nul doute que la France de nos arrière-grands-pères ne décolle vers le 21e siècle. D'ailleurs, *Esprit* l'a toujours dit. On repart d'*avant 1914*, l'auteur au programme est Péguy.

Overdose. Vivement demain.

En fin d'après-midi, lumière rasante, vent d'ouest soutenu, cap au large.

Le soir, encore des feux d'artifice sur la côte. Je lève la tête, je les vois exploser au loin, j'écris.

Mercredi 15 juillet

Toujours beau temps frais, vent d'ouest.

À peine étions-nous revenus, grâce au football, au *mens sana in corpore sano republicano tricoloro multicoloro*, qu'un scandale éclate dans le Tour de France (dopage).

Cela dit, et indépendamment des récupérations intéressées et bavardes, les matchs du *Mundial* eux-mêmes étaient le plus souvent très beaux. Les corps en mouvement ont leur silence irrécupérable.

Enfants égorgés en Algérie. Tensions en Irlande.

Jeudi 16 juillet

Gris doux, brume, vent sud-ouest.

Arrivée d'Assad à Paris. « Le lion de Damas », comme l'appellent, sans rire, les médias (il est vrai qu'*assad* veut dire *lion* en arabe). Il prétend ne pas savoir où se trouve le criminel nazi Alois Brunner, l'adjoint d'Eichmann, qu'on dit pourtant en Syrie.

Saddam Hussein, Assad : voilà des employés planétaires modèles.

L'affaire du dopage empoisonne le Tour de France. Tout va vite, la fête est finie, on passe des muscles à la chimie, la corruption refait surface, le temps qu'elle replonge. En plus, l'actualité n'attend pas, la Russie enterre ses crânes (nous manquons, en France, des crânes de Louis XVI et de Marie-Antoinette). C'est l'occasion de refaire le procès des méchants bolcheviks qui, aujourd'hui, sont devenus si gentils. Les méchants, on le sait, sont tantôt les uns, tantôt les autres. Ce qu'il faut, ce sont des *procès*.

Encore un massacre en Algérie : la nouvelle passe presque inaperçue, on a pris honteusement l'habitude.

Vendredi 17 juillet

Gris calme.

Pasqua, soudain, prenant tout le monde à contre-pied, propose de régulariser tous les sans-papiers : « Assez d'hypocrisie, vive la tradition républicaine française. » Stupeur.

Tête des politiques. Ils ont l'air de penser : « Il a bu, ou quoi ? »

Les corps, les jambes, l'enthousiasme physique, pourquoi pas, mais où est la tête ? La ferveur sportive, sans doute, mais la pensée ? On ne va pas demander à Aimé Jacquet, je suppose, de faire des émissions de philosophie (encore que tout soit possible). Le football a gagné parce que, comme la télévision, il n'est pas *du tout* du 19e siècle. Mais, dans les esprits et les discours, le 19e siècle règne. On n'en sort pas.

Comme pour effacer l'euphorie de la Coupe du Monde, il n'est question maintenant que de sang contaminé et de dopage. Les ministres Hervé, Dufoix et Fabius passeront finalement en jugement pour « homicide involontaire », et non plus pour « complicité d'empoisonnement ». Pauvre Laurent Fabius, une carrière si bien commencée (son « lui c'est lui, moi c'est moi » à propos de Mitterrand). Aux athlètes, succèdent des images de poches en plastique, de tubes, de flacons, d'ampoules. La musculature fait place aux cellules, aux transfusions, aux contaminations, aux virus. Jamais la contradiction de la représentation sociale n'a été aussi forte (corps d'un côté, laboratoire de l'autre).

La terrible souffrance des hémophiles.

Soir bleu sombre.
La société aboie, l'écrivain passe.

Samedi 18 juillet

6 h 30. Gris blanc, pas un souffle de vent (événement très rare). L'air et l'eau parfaitement en miroir. Effet chinois. Du coup, les odeurs ressortent, océan, herbe, sel.

Première apparition des canards sur le lac intérieur. Silence du fond des oreilles. Vol sans bruit des mouettes.

Le vert *hésite* dans la brume.

Création, à Rome, d'un tribunal international indépendant contre les crimes de guerre et les crimes contre l'humanité (les États-Unis sont contre).

Casanova. Épigraphe pour mon livre : « Rien ne pourra faire que je ne me sois amusé. »

Il insiste sur le fait que « son esprit et sa matière sont une seule substance ». On ne saurait mieux se poser en exception de la Métaphysique tout entière.

Soir de beau temps éclatant. Les nuages dans le ciel sont de grands coups de pinceau en forme d'ailes et de plumes d'ange. Très légère brise d'ouest. Lumière d'or. *Les dieux sont là.*

Dîner de fête : rougets au beurre d'anchois, purée d'épinards, pauillac.

Dimanche 19 juillet

Très beau temps, pas de vent, effet miroir.
Sillages des avions vers le nord.

Raz-de-marée en Papouasie, 600 morts, et sans doute beaucoup plus (tremblement de terre, vagues de dix mètres de haut). Affrontements au Kosovo. Nelson Mandela se remarie, à 80 ans, avec la veuve de Samora Machel, en présence de l'évêque Desmond Tutu. Des marins bretons repêchent le corps d'Éric Tabarly au large de l'Irlande (la famille décide qu'il sera incinéré). Toujours le « scandale » du dopage dans le Tour cycliste. Sondage : 50 % des Français approuvent la déclaration de Pasqua sur « la France forte et généreuse ».

Titre dopé du *Journal du dimanche* : « Quoi de neuf ? Bleu-blanc-rouge ! »

Décidément.

J'écoute le *Magnificat* de Bach, surtout pour réentendre le cinglant *Deposuit potentes* et le *Gloria* final : « *Patri, Filio, Spiritui Sancto* ». Une fois les trois personnes construites par acclamation, Bach *pousse* devant lui les siècles des siècles. Il stocke le temps, il le dévale, il l'avale, il le brûle, il le maintient.

Casanova : je raconte mon voyage à Prague, en octobre 97, vers Duchkov, en Bohême, là où il a écrit *Histoire de ma vie* (douze à treize heures de rédaction par jour), et où il est enterré, dans une petite église perdue dans les bois, sous le nom de Jakob Casanova (on est en Tchécoslovaquie, c'est-à-dire en Allemagne). Sur la plaque tombale, on lit *Venedig, 1725*, sa date de naissance. *Venedig*, Venise.

Titre de roman possible : *Le Spolié*. Spolier : du latin *spoliare*, dépouiller, déposséder par ruse ou par violence.

Soir vert-noir. À la radio, depuis Aix-en-Provence, l'*Orfeo* de Monteverdi, sous la direction de René Jacobs. Fable en musique, Mantoue, 1607. Virgile, Ovide.

En peinture, plus tard : *Eurydice piquée par un serpent*, de Poussin. Bord de rivière, crime à l'étouffée végétale dans le paysage.

Lundi 20 juillet

6 heures. Tonnerre. Quelques gouttes de pluie. Rien. Ciel rose.

Les mouettes criaient, hier, de façon plus rauque, elles annonçaient l'orage. Elles ont des conciliabules, comme ça, avant la nuit.

Casanova : étonnant, quand même, qu'il ait été enterré deux fois en allemand (son corps et son manuscrit). Presque personne ne veut savoir que ce Vénitien est un des plus grands écrivains de langue française. *Histoire de ma vie* a été publié d'abord en allemand, avant d'être traduit et « révisé » en français. Le texte original n'a été publié qu'en 1960, et n'est en réalité trouvable que depuis 1993 (collection « Bouquins »). Deux siècles pour lire *vraiment* Casanova au moment où plus personne ne sait lire ? Peut-être. Mais c'est aussi la possibilité d'une grande révélation historique.

Racisme : le raciste est mal dans sa peau, c'est pourquoi il en veut à la peau de l'autre (quand il ne veut pas, tout simplement, lui faire la peau). Le racisme n'est pas un problème par rapport à l'*autre* (comme on s'acharne à le répéter), mais par rapport à soi-même. Je ne suis pas sûr de mon nom, de mes papiers ? J'en veux aux sans-nom et aux sans-papiers. Je ne suis pas sûr de ma langue, de ma religion ? J'en veux aux autres langues, aux autres religions. Je ne suis pas très au courant de ma propre sexualité ? J'en veux aux autres sexualités.

Le racisme est donc constant, universel et inévitable, comme le doute sur soi. Du doute sur soi à la haine de soi, il n'y a qu'un pas (que les circonstances peuvent faire franchir : ainsi des Fançais depuis 1940). On peut être d'accord avec les antiracistes, jusqu'au moment où il devient évident qu'ils ont *besoin* des racistes pour se définir (c'est la pente obligée de tout ce qui est *anti*). Un antiraciste cognerait volontiers un raciste *comme soi-même*, et il y a des victimes qui aimeraient (ne fût-ce qu'en rêve) être bourreaux de bourreaux.

Le racisme, bien entendu, est surtout sexuel. Il est fondé sur le refus de la féminité *chez les deux sexes* (Freud). Il est facile de constater ce refus chez les hommes ; il est pourtant tout aussi violent, quoique moins observé, chez les femmes. Si les femmes aimaient vraiment les femmes, malgré leurs déclarations de surface, ça se saurait.

Ces réflexions en marge du livre de Mathieu Lindon, *Le Procès de Jean-Marie Le Pen*, à qui on reprochera sans doute les *questions* qu'il pose. En pensant aussi aux crises d'hystérie de Marguerite Duras (et à son étrange philo-judaïsme exacerbé).

Chrétiens de droite : arrogance et mépris (bourgeois). Chrétiens de gauche : ressentiment et pleurnicheries (petits-bourgeois). Le tout, *social*, jusqu'à la moelle. On cherche des individus, on récolte des clichés de classe.

À Paris, une grande inscription couvre toujours la façade de l'Assemblée nationale : *Allez la France !*

Dans *Libération*, Edgar Morin, à propos de la Coupe du Monde de football, parle d'« extase » et se plaint, par avance, des intellectuels abstraits qui pourraient critiquer cet état mystique.

Rêve : Jeanne d'Arc, avant-centre de l'équipe de France, et un peu gênée, tout de même, par son armure, marque un but de la tête. Elle ressemble à Zidane. Abusé par son étendard, Le Pen l'embrasse. Chirac applaudit. L'Assemblée nationale, recevant Jeanne d'Arc, l'ovationne longuement, debout. Elle monte à la tribune, salue froidement Fabius, se met à déclamer du Péguy et demande l'interdiction immédiate des œuvres de Voltaire, de Sade et de Georges Bataille.

20 heures : orage rapide, puis calme, soir gris.

Mardi 21 juillet

Ciel gris-bleu, vent d'ouest. Puis bleu.

Les ritournelles, qui visent sans cesse à rabattre un individu sur l'ensemble. À gauche : origine de classe, Œdipe, castration. À droite : religion, race, nation. Et ça recommence : quelle est votre sexualité ? Votre position sociale ?

Idée clé de Casanova, très subversive : si je suis malheureux, c'est de ma faute. La liberté comme métaphysique.

On parle souvent d'homophobie, mais jamais d'hétérophobie. C'est étrange.

Chez le plus grand nombre, le fait de ne rien faire, de remettre à plus tard, d'empêcher que quoi que ce soit se fasse, devient presque une passion, la seule. On peut dire que ce sont des *militants de l'inertie* (les plus dangereux, en somme).

Casanova et le prince de Ligne : toute l'histoire de la fin du 18e siècle en filigrane (Ligne est mort en vedette au congrès de Vienne, en 1814). Contradiction très révélatrice entre les lettres passionnées de Ligne à Casanova, et ses portraits dans ses œuvres publiques. Jalousie évidente, que Casanova déclenche d'ailleurs automatiquement.

Beau soir rose.

Mercredi 22 juillet

Beau temps.

Claudel, sur le sort réservé aux poètes depuis cent ans : « On ne les tue pas, mais on fait ce qu'on peut pour les empêcher de vivre… On les rebute comme des articles ratés. Le silence et le bruit autour d'eux contribuent également à ce qu'ils ne soient ni vus ni entendus, et à ce double égard ils n'ont rien à envier aux morts. Ils n'existent pas, ils ne *comptent* pas. »

Toujours Claudel, *Journal*, novembre 1940 (il faut souligner la date) : « Article monstrueux du cardinal Baudrillart dans *La Croix*, nous invitant à collaborer avec "la grande et puissante Allemagne" et faisant miroiter à nos yeux les profits économiques que nous sommes appelés à en retirer… Fernand Laurent, dans *Le Jour*, déclare que le devoir des catholiques est de se serrer autour de Laval et de Hitler. Les catholiques de l'espèce "bien-pensante" sont décidément écœurants de bêtise et de lâcheté. »

Encore ceci, en septembre 1942 : « Horribles persécutions contre les juifs. Tous les juifs étrangers réfugiés en France depuis 1933 livrés à l'Allemagne, parmi lesquels des chrétiens, d'anciens soldats, des décorés de la Croix de guerre. Les mères séparées de leurs enfants. Les plus petits mis à l'Assistance publique, les plus grands dans les maisons de correction. Les hommes et les femmes séparés expédiés en Allemagne comme du bétail dans des wagons plombés. Quantité de suicides. Protestation courageuse de l'admirable archevêque de Toulouse, Mgr Saliège, à demi paralysé, de l'évêque de Montauban, et enfin ! du cardinal Gerlier. Les juifs de Lyon ont délégué leur autorité paternelle à l'abbé Chayet. On l'arrête. Le cardinal fait un procès au préfet Angeli, particulièrement ignoble. Il fait lire une protestation au prône dans toutes les églises. La guerre du Christ est déclarée contre les gens de Vichy. »

Claudel à Guillemin : « Vichy, c'est la grande revanche des ratés. »

André Breton, un soir de 1954, va jusqu'à *souhaiter* la mort de Claudel (qui meurt le lendemain). C'est sans doute trop. Rimbaud n'en a jamais demandé autant.

Il y a plus de choses, chez Rimbaud, que n'en ont rêvé Claudel, Breton et quelques autres. Mais au moins ils en ont rêvé. Le moment est venu (comme avec Hölderlin) de prendre la bonne distance (cf. *Studio*).

Heidegger écrit en raccourci : Être : Rien : Même.
Trouver le récit de cette équation.

Le soir : mauvais film américain sur les années Mao en Chine, toujours les mêmes documents, mal montés, avec le discours d'usage. Avec le temps, on se rend de mieux en mieux compte que le but principal de la convulsion chinoise (avec ses débordements d'horreurs) était d'essayer d'éradiquer le virus russe. Terrible maladie. Terrible remède.

Le moment de la visite de Nixon à Pékin en 1972. L'élégance de Chou En-lai devant ce couple de petits-bourgeois (Nixon et sa femme). Le vieux Mao, comme une feuille de plus en plus flottante (je revois des images de lui, à la Shakespeare, jamais revues ailleurs, dans un cinéma de Pékin, en mai 1974).

Jeudi 23 juillet

Beau temps. Ciel pommelé s'effaçant peu à peu dans le bleu.
Cantates 103, 104 et 105 de Bach, en hommage au jardin sur l'eau.
Un moment de découragement ? De doute ? Contre-poison immédiat : Bach.

Casanova : l'histoire plus qu'étrange de son hémorragie constante dans l'enfance (il n'arrête pas de saigner du nez). Il n'a aucun souvenir de son existence avant l'âge de 8 ans et demi. Sa grand-mère maternelle l'aime, l'emmène chez une sorcière. La scène de désenvoûtement, l'apparition nocturne d'une fée… *Histoire de ma vie* mériterait de s'appeler *Les Mille et Une Nuits d'Occident*.

Dans le film américain d'hier : le médecin de Mao. Allusion rapide aux soirées d'orgie de Mao avec des filles, dans le plus pur style taoïste. En dire davantage à la télévision américaine ? Voyons.

Photo grotesque d'Eltsine profondément incliné devant le cercueil de Nicolas II (débris authentiques ou non, peu importe : il *fallait* cette photo). Il a l'air d'un moujik qui se repent faussement d'avoir assassiné son maître et de lui avoir volé son château. On dirait qu'il attend le knout sur ses grosses fesses. Imaginer Dostoïevski devant ce cliché (il devrait être signé FMI).

Soirée grise. Vent sud-ouest.

Casanova : j'avais oublié qu'à Venise, à l'époque, le président de la guerre s'appelait le Sage à l'écriture.

Fusion aéronautique et militaire Aérospatiale-Matra. L'Europe contre Bœing ? Interrogés, sérieux, les responsables parlent d'un « progrès pour l'emploi ».

Vendredi 24 juillet

Ciel gris, vent nord-est.

X. me demande ce que j'entends par « clergé intellectuel ». Je lui réponds par des portraits, selon mon expérience (on en trouve un peu partout dans mes livres, notamment dans *Femmes*). En réalité, j'ai passé mon temps, en société, à rencontrer des curés (philosophes, écrivains, poètes, critiques) qui n'avaient aucunement conscience de l'être. L'idée même leur aurait fait horreur, ils étaient les doubles sincères de cette horreur.

Chez l'un, le ton mielleux et l'insinuation doucereuse ; chez l'autre, l'ascétisme bourru ; chez le troisième, un air de mission ; chez d'autres encore, la manie d'appartenance à un parti ou à une école. Il y avait donc de tout : le haut clergé, le moyen, le bas ; avec, cependant, une constante vérifiable : un gros embarras sexuel, plus ou moins dénié ou dissimulé. L'un se voyait cardinal ou superrabbin, un autre hérétique fondamental, un autre serrait sa haire avec sa discipline, un autre était notoirement moine homosexuel débauché, un autre encore chanoine épicurien, etc. Tout cela en costume civil républicain, bien sûr. Il y avait les jésuites, les dominicains, les franciscains, les bénédictins, les petits frères des pauvres, les mystiques mortifères, adeptes de la disparition pure et simple – et, tout autour, des religieuses dévouées, discrètes ou carrément cinglées, des voyantes et des pythonisses, et aussi de petits abbés, des mignons sans avenir, et enfin la foule des abusés volontaires pour les messes hypnotiques (les séminaires).

Le psychanalyste jouait le théologien savant, le philosophe l'évêque tout-terrain, le sociologue le prêtre-ouvrier amer. Le poète,

146

parfois, servait de prédicateur confus et boudeur, le romancier de vulgarisateur des névroses, le critique de dénonciateur du libertin ou de l'athée immoral. Il y avait même de faux vicieux chargés d'infiltrer l'adversaire. Et, en plus, la procession des savants bavards, avec leurs sermons rentrés.

L'extension du mot *empreinte* : on en est aux empreintes génétiques, mieux que les digitales. Disparition de la *main*.

Voltaire, *Mémoires* : « J'étais las de la vie oisive et turbulente de Paris, de la foule des petits maîtres ; des mauvais livres imprimés avec approbation et privilège du Roi ; des cabales des gens de lettres, des bassesses et du brigandage des misérables qui déshonoraient la littérature. Je trouvai en 1733 une jeune dame qui pensait à peu près comme moi... »

Le rythme et la scansion immédiatement reconnaissables de Voltaire. Les deux points-virgules dans la première phrase.

Autre exemple parfait, Casanova, dans *Précis de ma vie* : « Ma mère me mit au monde à Venise, le 2 avril, jour de Pâques de l'an 1725. Elle eut la veille une grosse envie d'écrevisses. Je les aime beaucoup. »

Ou encore l'attaque étourdissante de Vivant Denon, dans *Point de lendemain* (cf. *Le Cavalier du Louvre*).

Ou encore les débuts de Proust ou de Céline.

« Mais enfin, Mao, c'était bien quelqu'un comme Staline et Hitler ?
— Non.
— Vous défendez ce tyran, ce grand criminel ?
— Non.
— Mais enfin... »
Etc., etc.

J'avais oublié le grand tremblement de terre de 1976, en Chine, précédant la mort du dernier empereur. Changement de dynastie, adieu du Ciel.

Et le procès de Chiang-Ching. La haine universelle contre elle. Son aplomb en se faisant expulser du tribunal.

Le yen toujours en chute. « La plus grande crise économique du Japon depuis cinquante ans. »

Soir plus calme.

Casanova : « Celui de faire rire sans rire était, dans ce temps-là, mon grand secret » (à 19 ans). Son séjour à Corfou. L'histoire folle avec Mme F… Il devient joueur de violon. Nuits de délinquance à Venise.

Samedi 25 juillet

7 heures. Bleu frais, vent nord-est devenant léger vers 11 heures.

Casanova intensif : l'affaire du castrat Bellino. Science du récit. « Vous n'aurez pas la réponse avant moi. »
Le tout très orchestré (pas visible au premier coup d'œil) : montées, pauses, digressions, temps lents, brusques accélérations, tourbillons, pauses. Grand art. Comme dans la vie.

Dimanche 26 juillet

Calme éclatant.

Une infirmière de 28 ans qui a aidé à mourir 30 personnes atteintes de maladies incurables est inculpée d'homicide volontaire. Elle tente de se suicider après sa mise en examen. De nouveau, donc, la question fondamentale de l'euthanasie. Courageuse déclaration de Kouchner.
On ne dit plus « agonie », mais « phase terminale ».
Contre l'acharnement thérapeutique, contre la souffrance inutile, d'accord, ô combien.

Combats au Kosovo, offensive serbe.

Élections au Cambodge.

L'expression de plus en plus employée pour présenter les avancées de la génétique : « la maîtrise du vivant ».
Kouchner a quand même eu cette phrase étrange pour défendre l'euthanasie : « Il ne faudrait pourtant pas créer des ghettos de la mort. » Ni des escadrons, je suppose.
La douleur, seul problème vraiment sérieux. La phrase fulgurante de Kafka, souffrant, à son médecin : « Si vous ne me tuez pas, vous êtes un assassin. »

Le Temple solaire était, paraît-il, en relation avec les Rose-Croix. Le fait de dire « transiter » au lieu de « mourir » vient de cette nébuleuse.

Nouveau titre pour Céline : *Transit à crédit*.

Algérie, Tlemcen, nouveau massacre : 20 morts.

Article pour *Le Monde* sur le Yi King. Mon signe préféré : *touei*, le Joyeux, le Stimulant, le Lac.

Ceux ou celles qui vous appellent au téléphone, non pas pour vous parler, mais pour « avoir appelé ». La passion humaine par excellence : *ne pas savoir*.

Lundi 27 juillet

Léger vent sud-ouest. Puis vent d'ouest fort, et bleu.

L'infirmière accusée d'euthanasie est remise en liberté.

L'odeur lointaine du dîner. Rougets grillés. Poisson tous les soirs, pauillac.

Le soir, radio, Aix-en-Provence : *Le Château de Barbe-Bleue*, de Bartók. Direction souple et précise de Boulez. L'opéra date de 1918 (Bartók a 37 ans, c'est l'année de la mort de Debussy).
Bartók est mort en 1945. Encore Wagner, et déjà tout autre chose dans le sens « japonais » (Nô, Bunraku). Scénographie et danses de Pina Bausch. Mais, dans l'opéra (ou ailleurs), seule la musique m'intéresse. Aucun besoin du « visuel ».

Casanova : sa « cabale ». Entraînement de la mémoire. Il en fait un organe presque indépendant.

Mardi 28 juillet

Gris et pluie fine toute la journée. Vent sud-ouest assez fort.
Il fait presque froid, drôle d'été.
Radio par hasard : *Nocturnes* de Debussy, direction Pierre Monteux.

149

Longue conversation avec J. K. au sujet de Hannah Arendt (sur qui elle travaille). Son histoire d'amour avec Heidegger.

Casanova, Yi King.

Hexagramme 59, la Dissolution : « Il faut disperser les nuages, faire fondre la glace, chasser les illusions et les craintes, dissiper les malentendus, éliminer les soupçons. Le brouillard doit se lever pour que le soleil brille. »

Touei : « C'est l'esprit de l'eau qui s'accumule et s'étend. Ce sont, montant des lacs, des étangs et des marais, ces vapeurs qui stimulent, fertilisent, enrichissent. C'est le plus amical et le plus plaisant des esprits… Le Joyeux permet de trouver les mots justes, ceux qui inspirent, donnent confiance et envie d'agir. »

On voit, dans l'idéogramme *touei*, quelqu'un qui parle.

Li, ce qui s'attache, le Feu : « Une lumière dorée brille comme de l'or, couleur du centre de la terre. C'est la source du succès et de l'harmonie. En ce centre, vous êtes relié au *tao*. »

T'ai, la Paix. Idéogramme : une personne dans l'eau, reliée au courant du *tao*.

Chaque jour le même, chaque jour différent. Le château des rêves.

Mercredi 29 juillet

Gris argenté, vent d'ouest.

On reparle de l'affaire Lewinsky-Clinton et du Pénisgate. Explosera, explosera pas ? La Maison-Blanche en état de siège. Le danger, pour Clinton, serait qu'il soit prouvé qu'il a tenté d'étouffer l'affaire.

Il est quand même vertigineux d'écrire sur Casanova en étant le contemporain de telles conneries. La fin du 20e siècle est cocasse.

Quelques photos, de nouveau, de la désormais célèbre Monica. C'est vraiment ce qu'on appelle un boudin. Un gros boudin. Le plan télévisé où elle s'engouffre dans une voiture avec un ridicule bibi sur la tête (style plum-pudding).

De toute façon, et quoi qu'il arrive, elle pèse maintenant ses millions de dollars. Elle peut gagner sur les deux tableaux. Un : un récit de ses relations sexuelles avec le président (best-seller mondial).

Deux : maintenir qu'elle n'a pas été subornée comme témoin (chantage). Elle peut aussi avoir un accident, ce qui serait arrivé depuis longtemps à une autre époque (Marilyn Monroe). « Les Américains en ont assez », disent les sondages. Nous aussi, mais le problème n'est pas là.

L'ex-ministre de l'Intérieur socialiste espagnol est condamné à dix ans de prison pour l'assassinat de Basques par le terrorisme d'État (au moins 25 morts).

Explosion du Tour de France cycliste. Le peloton met pied à terre pendant la course, la police perquisitionne partout pour trouver les produits dopants, un reporter ne manque pas de parler de situation « surréaliste », tout en précisant que de « très gros intérêts financiers sont en jeu » (lesquels ? Détaillez).

Sport et chimie : trait d'époque. Comme « phase terminale » ou « maîtrise du vivant ».

Jeudi 30 juillet

Pluie, vent d'ouest, chute de température. Novembre.

Interview de Judith Malina, *Living Theater* (dans *Le Monde*) : « Nous vivons aujourd'hui dans un espace intellectuel où beaucoup pensent que la révolution est derrière nous. Ce n'est pas vrai. La révolution est devant. Je dis toujours que c'est plus amusant de faire du théâtre révolutionnaire à un moment révolutionnaire, comme ce fut le cas en 1968. Mais peut-être que c'est plus important de faire du théâtre révolutionnaire dans un moment prérévolutionnaire comme celui que nous vivons maintenant. Brecht a écrit que la différence entre le vieux théâtre et le théâtre politique, c'est que dans le vieux théâtre on voit que la souffrance humaine est tragique parce qu'elle est inévitable, alors que le théâtre politique moderne est tragique parce qu'il montre que la souffrance humaine est évitable. C'est le sujet même de l'art, de tous les arts et de la pensée. »

Sans doute, mais la question que Judith Malina ne pose pas (ni Brecht) est : comment le plaisir est-il *accessible* ? C'est peut-être la grande question d'aujourd'hui (et elle est révolutionnaire).

Numéro spécial porno des *Inrockuptibles*.

Puritanisme de la pornographie, démonstration de servitude volontaire (La Boétie n'a pas pensé au sadomasochisme comme explication du désir d'asservissement). Impression de grande naïveté, surtout. Le mot de Nabokov, si juste : « Il était candide, comme tous les pervers. »

Laideur militante de l'ensemble. Ça me rappelle le passage où Céline assiste, dans une cave enfumée, à une réunion de peintres « révolutionnaires » ou « prolétariens » qui n'ont qu'une tête de Turc à abattre dans leur programme, un certain *Fragounard* (Fragonard, bien sûr).

Le vrai vice est discret, ennemi de toute représentation (photo, cinéma, etc.), *et pour cause*. Sinon : corruption, vengeance anti-sexuelle, insistance de vieux enfants poussifs.

Il faut Sade (le crime irreprésentable mais *écrit*) ou l'allusion. Pas de moyenne. Estampes, gravures, dessins, peintures – mais aucun *cliché* (ou, très rarement, une photo, un plan). L'instant, le choc, le basculement, pas de pose. L'erreur sur ce sujet dit tout.

Les Inrockuptibles, drôle de journal : un coup Bourdieu, un coup rock, un coup crade. La rubrique littéraire en rajoute chaque fois dans l'apologie de la négation autodestructrice. Ça finit par être aussi prévisible qu'un volume de publicité ou un bulletin paroissial (*La Quinzaine littéraire*, par exemple).

Accalmie du temps vers midi, fraîche éclaircie, soir d'été, presque.

Vendredi 31 juillet

6 h 30 : enfin lever de soleil *en couleurs*. Brise nord-ouest. Marée montante. Le jardin respire.

Sensation : Monica Lewinsky aurait remis au procureur Starr sa robe bleue tachée du sperme du président des États-Unis d'Amérique. Une étoile de plus au drapeau. Elle l'avait conservée pieusement. Une expertise à l'ADN est donc possible.

Euphorie nationale : la France est le pays qui consomme le plus d'antidépresseurs.

Exposition Francesca Woodman à Arles. Magnifique photo aux anguilles reproduite dans *Libération* : le journal est *troué*, puissance possible de l'image.

Beau temps et vent d'ouest. Trois mouettes au-dessus de moi sur la pelouse.

Casanova : son évasion des Plombs de Venise. Un verrou transformé en pieu. Il a les mains en sang.

Aujourd'hui est déjà une « journée noire » sur les routes et dans les gares. Accidents et morts de l'année. L'expression qui revient : « chapelle ardente ».

Le chômage a-t-il vraiment diminué ? Sur la longue durée, ou pas ? La croissance le cache-t-elle ? Concerne-t-il, maintenant, moins les femmes que les hommes ? Les 400 000 emplois nouveaux sont-ils stables ?

Le Viagra sera disponible en France à l'automne. Remboursé ou pas par la Sécurité sociale ? On en parle.

Pendant ce temps, la pilule française Tigra est lancée sur le marché pour l'été. Cocktail d'aphrodisiaques mineurs. À essayer en vacances.

Attentats redoublés en Algérie dans le « triangle de la mort », à l'est d'Alger, pendant la mission d'information de l'ONU. Aucun doute, disent les correspondants, les islamistes veulent affirmer leur présence. Vraiment ? Vous êtes sûrs ?

Kosovo : 100 000 personnes jetées sur les routes par le conflit. Nouveau désastre humanitaire en perspective. Indifférence quasi générale.

En réalité, une seule chose désormais est à craindre pour l'écrivain : le complot d'inhibition qui se développe automatiquement autour de lui, freinage du temps en tout genre (société, sexualité, faux amis, argent, drogues, alcool). Tout est bon pour lui faire croire à une version « normale » des choses, à une atténuation de l'urgence. S'il résiste, il est traité de pervers ou de paranoïaque : attention.

Heidegger : « Un secret n'est secret que si n'apparaît même pas le fait que, là, existe un secret. »

Août

Samedi 1ᵉʳ août

Beau temps et brise nord-est. Risées sur l'eau.
La météo n'a pas enregistré un mois de juillet avec aussi peu de soleil depuis cinquante ans.
J'écoute Tom Koopman jouer, au clavecin, du Forqueray.

Clinton doit passer un test d'ADN pour la tache supposée de son sperme sur la robe de Monica. Une robe de cocktail bleu marine, donc, qu'elle a confiée *à sa mère*. Les commentaires de CBS ou de CNN ne peuvent pas prononcer le mot *sperme*. Ce qui donne des métaphores du genre « le fluide corporel » ou « l'ADN » du président.
La Technique trouve là un moyen inespéré de faire sentir sa puissance. Petit homme en charge de la puissance, regarde ta misère cellulaire. Et vous, nations du monde entier, regardez ce que Dieu, le vrai, celui du génétique intégral, en pense.
S'il échappe à l'accusation de subornation de témoin, le petit éjaculateur oblique de la Maison-Blanche, convaincu d'avoir menti en affirmant n'avoir jamais eu de relations sexuelles avec Mlle Lewinsky, n'aura plus qu'une seule chose à faire : tout confesser à la télévision en disant qu'il n'a pas dit la vérité pour ne pas faire de la peine à sa femme et à sa fille. Grand moment d'émotion en perspective. Ça devrait marcher.
L'humiliation spectaculaire du mâle fait d'ailleurs partie du programme métaphysique. On a les christs qu'on peut.
Ces gens sont quand même très fous, non ? J. K. : « Aberrants, mais pas fous. »

155

Leslie Stahl, journaliste à CBS News : « Mes collègues m'ont dit qu'ils disposaient d'un système leur permettant de suivre les réactions de l'audience minute par minute. Quand ils traitent d'une information concernant un dirigeant étranger, le public zappe et ne reviendra que si le sujet suivant l'intéresse davantage. L'un des plus mauvais Audimat du magazine d'actualité *48 Heures* a été celui de la chute du mur de Berlin. »

William Pfaff, du *New York Herald Tribune* : « La prise en main de la nation par l'industrie du divertissement a transformé la presse et l'information télévisée, qui sont devenues des agents du nouveau pouvoir. Désormais, à quelques exceptions près, journaux, magazines et télévisions sont surtout à l'affût de ragots sur les stars, une catégorie qui inclut à la fois les champions sportifs et certains hommes politiques. La coulisse des spectacles et les querelles des athlètes avec leurs entraîneurs sont à présent traitées comme des nouvelles importantes. »

Conclusion : quand Clinton, ruiné par ses avocats, quittera la Maison-Blanche, il deviendra, paraît-il, président de Dreamworks, le studio de cinéma de Steven Spielberg.

Destin comparable à celui de Gorbatchev réduit à rechercher des piges de journaux ou de conférences.

Ce qu'il fallait démontrer.

Dans *Le Nouvel Observateur*, très bonne chronique de Bernard Frank sur (ou plutôt subtilement contre) Bernanos. Au passage, à propos de Drumont (l'auteur de *La France juive*, que Bernanos admirait) : « Drumont était un con. » Bien d'accord. *La France juive* est un livre idiot, ennuyeux, d'une médiocrité accablante (comme, plus tard, *Le Péril juif* de Jouhandeau). Rien à voir avec l'épouvantable chef-d'œuvre que reste *Bagatelles pour un massacre*, de Céline.

Mort de Bardèche, 90 ans, beau-frère de Brasillach, fasciste et antisémite jusqu'au bout. Il détestait Céline (« il n'a pas nos valeurs »). Le plus étrange est qu'il ait pu s'intéresser à Proust, dont il a examiné minutieusement les manuscrits.

Jamais pu lire avec intérêt Brasillach. Scènes d'amour appliquées et ridicules dans ses romans (*Comme le temps passe*).

Même allergie de ma part à Rebatet (*Les Deux Étendards*, telle-ment apprécié par l'étrange George Steiner) : écriture raide, sco-laire. Mauvaise poésie de toute cette nébuleuse (Maurras). Mau-vaise poésie, aussi, de Péguy.

Drieu ? Un peu mieux, mais mou, sauf *Récit secret*. Au moins, là, il y a l'expérience directe du suicide.

L'énorme comique de Céline, introuvable chez tous ces moroses. Claudel, sur Bernanos : « un raté, c'est tout ce que j'ai à en dire ». Bernanos, lui, traitait Claudel de « vieil imposteur ».

Vent nord-ouest.

Attentat en Irlande du Nord. Affrontements Inde-Pakistan au Cachemire. Libération, en France, de l'assassin iranien de Chapour Bakhtiar (ça doit faire partie du dossier Rushdie). Hubert Védrine se rend ces jours-ci à Téhéran. Raison d'État, *business* de routine.

Casanova : ses acrobaties, pendant son évasion, sur le toit du palais ducal. Ses pleurs de joie et son rire fou, une fois en gondole vers Mestre, sur la Giudecca.

Dimanche 2 août

6 h 30. Gris, brise nord-est, puis soleil à 7 h 30. Très beau temps. Radio : une messe de Marc-Antoine Charpentier (Les Arts floris-sants, William Christie).

Les sans-papiers occupent la nonciature du Vatican à Paris. Ils demandent le soutien du pape.

De plus en plus de femmes assistent à des spectacles de strip-tease masculin. Elles viennent là enterrer leur vie de jeune fille ou fêter leur départ à la retraite. Un film a propagé cet engouement, *The Full Monty*. Il faut noter que les spectatrices (les spectateurs sont exclus) trépignent, hurlent, mais que le désir « semble souvent teinté de dérision ». Un strip-teaseur de 32 ans, Andy, couvert d'hé-matomes, se plaint dans un tabloïd : « Les pires spectatrices sont les mères de famille. Quand elles ont trop bu, elles perdent tout contrôle à la vue d'un cache-sexe. Elles me mordent les fesses, me griffent le postérieur pour attirer mon attention et tenter de me séduire. Il n'est plus possible de continuer à travailler dans ces conditions. »

Bref orage en fin d'après-midi, avec vent nord-ouest. Obscurité, puis lumière et, de nouveau, léger vent nord-est.

Casanova : ça roule.

Lundi 3 août

6 h 15. Grand beau temps. Vent sud-ouest.

Les mouettes et les canards se partagent la surface de l'eau. Plus loin, en contrebas, sur la digue, les hérons cendrés et les aigrettes. Tas de sel plus brillants dans le soleil, au bord des marais. À l'horizon, brillant aussi, les coques des voiliers à l'ancre.

Jean-Paul II demande, à travers sa nonciature de Paris, le réexamen par le gouvernement français de la situation des sans-papiers qui occupent l'ambassade du Saint-Siège. Tête des fonctionnaires républicains. Nervosité policière.

Casanova : la séance de masturbation, dans un mouchoir, devant une jeune débutante curieuse de 17 ans, à peine sortie du couvent. Ça se passe au coin du feu, pendant que sa tante joue aux cartes. Il serait arrêté aujourd'hui et le mouchoir saisi pour test.

Chateaubriand, *La Vie de Rancé* : « Le silence de Rancé est effrayant, il jette un doute dans les meilleurs esprits. Un silence si long, si profond, si entier, est devant vous comme une barrière insurmontable. Quoi ? Un homme n'a pas pu se démentir un seul instant ! Quoi ! Le silence absolu pourrait passer pour une vérité ! Cet empire d'un esprit sur lui-même fait peur. Rancé ne dira rien. Il emporte toute sa vie dans son tombeau. Il faut trembler devant un tel homme. »

Le règlement de comptes avec Retz : « C'est l'idole des mauvais sujets. De l'esprit comme homme, du talent comme écrivain (et c'était là sa vraie supériorité), l'ont fait prendre pour un personnage de génie. Encore faut-il remarquer qu'en qualité d'écrivain il était court comme dans tout le reste : au bout des trois quarts du premier volume de ses *Mémoires*, il expire en entrant dans la raison et devient ennuyeux… Il finit ses jours en silence, vieux réveille-matin détraqué. Réduit à lui-même et privé des événements, il se montra inoffensif : non qu'il subît une de ces métamorphoses avant-coureuses du dernier départ, mais parce qu'il avait la faculté de changer de forme comme certains scarabées venimeux. Privé de sens moral, cette privation était sa force. »

Chateaubriand, toujours, sur Mme de Sévigné : « Légère d'esprit, inimitable de talent, positive de conduite, calculée dans ses affaires, elle ne perdait de vue aucun intérêt… »

Le français à ce niveau-là : ce qui se conçoit clairement s'énonce avec rythme. Le rassemblement logique. Je pense, donc j'écris ce qui est. Toute autre mémoire est approximative, confuse.

Casanova, écrivain français : sa vie lui apparaît soudain, de 1789 jusqu'à sa mort, en 1798, sous un autre soleil. La petite Manon Balletti, elle aussi, lui écrit en français pendant la nuit. Quarante lettres d'amour, fraîches, spontanées, sublimes.

Debord est le seul moderne révolutionnaire à avoir reparlé de Retz. Mais aussi de Saint-Simon et de Chateaubriand, dans le bon contexte : celui de la désolation générale, et de la volonté d'affranchissement et de liberté *malgré tout*. Rien de plus juste, de moins académique.

Soir suspendu, bleu sombre.

Mardi 4 août

6 heures. Gris immobile. Sortie en puissance des arbres. Le pin parasol, l'acacia, le jeune figuier.

En rêve, cette nuit, j'étais en Chine, comme si j'y vivais depuis très longtemps. Je sortais, je voyais la terre jaune (la veille : images des inondations catastrophiques, le gouvernement obligé de faire sauter des digues et de sacrifier les campagnes pour sauver les villes. Déjà 1 500 morts, 3 millions de réfugiés).

Dès 9 heures, bruine, puis petite pluie insistante toute la journée.

D. m'envoie une reproduction d'un portrait de Manet : *Le Modèle du « Bar aux Folies-bergères »*, qui se trouve au musée de Dijon. Elle en fait la description suivante : « Chef-d'œuvre à observer à la loupe : le tulle impalpable de la voilette serrant la frange ; le dessin nacré de l'oreille et sa petite boucle ; le bouquet du col en réplique ; le bleu de la joue et du cou ; le rose de la joue et du bout du nez ; la légère enflure de la lèvre supérieure ; l'entrebâillement blanc-bleu du corsage sur la gorge ; l'avant-sourire de l'œil fuyant-rêveur ; l'aile du chapeau ; la bouche ronde et longue des cheveux. Elle est peut-être légèrement enrhumée, elle est triste, elle est gaie, elle se sait regardée, elle se résigne, elle en a marre. »

La position de Casanova sur la Révolution française : elle était nécessaire, elle révèle, dans la Terreur, son retournement en férocité.

Soir de grande paix rouge sombre, légère brise sud-ouest.

Mercredi 5 août

6 h 30. Beau temps, vent nord-est.

Le FBI « met en examen » Clinton au sujet du financement de sa dernière campagne électorale. Des fonds seraient venus d'Asie, et plus particulièrement de Chine. La preuve serait un comble (année du Tigre). Pénisgate et Chinagate : n'en demandons pas trop.

14 h 30. Une des rares fois où il est possible de se baigner dans l'océan. Très beau jour de printemps, en somme. Sur le lac intérieur, les sept canards vont et viennent, exhibant leur tranquillité.

Casanova : ses malheurs en Allemagne.

Jeudi 6 août

Beau temps, vent nord-est.

Plus forte baisse depuis le début de l'année à Wall Street (- 3,4 %). Crise asiatique, incrédulité à l'égard des mesures prises au Japon. Bourses européennes en net recul. Signes de ralentissement économique aux États-Unis.

Les journaux titrent : « La peur du krach » (ritournelle).

Témoignage, aujourd'hui, de Monica Lewinsky, devant le Grand Jury, à Washington.

Après la robe tachée de « fluide corporel », on parle maintenant d'une photo du président dédicacée à sa stagiaire « de façon très personnelle ». Le texte ?

Chine (*Le Monde*) : « Le système de contrôle hydraulique qui est mis à l'épreuve ces jours-ci dans les inondations du fleuve Yang-tseu est un ensemble extraordinairement complexe de canaux de dérivation, de bassins de retenue, et de digues et diguettes de toutes tailles, qui a été mis au point au fil des siècles (2 000 ans). Il dépend avant tout d'un entretien régulier et minutieux réalisé à l'aide des plus simples outils, par des millions de paires de bras. »

Un tour chez les mouches (*idem*) : « Au départ, tout est simple. Dans la petite boîte transparente sont mis en présence un mâle et une femelle, âgés de quatre à cinq jours. » Les drosophiles vivent trois ou quatre semaines, mais elles sont sexuellement actives dès les premiers jours de leur vie d'adulte. Sauf anomalie, le mâle prend alors le contrôle des opérations. Selon un rythme immuable, il se met à courir après sa partenaire en faisant vibrer ses ailes, la rattrape, touche sa cuticule avec ses pattes, vibre encore, lèche ses organes génitaux en étendant sa trompe, courbe son abdomen et, enfin, s'accouple avec elle. Peu regardant sur l'objet de son désir, il répétera ce comportement avec n'importe quelle femelle, et avec une célérité certaine, même l'après-midi.

« Les mâles ne choisissent pas leurs partenaires, alors que les femelles, elles, discriminent énormément les mâles. S'ils présentent le moindre handicap, ils n'ont aucune chance, assure le généticien. Est-ce à dire que ce sont les mâles, dans cette affaire, qui se font mener par le bout du nez ? Pour l'essentiel, oui. Si les phéromones que présentent les femelles sur leur cuticule stimulent fortement la parade amoureuse de leur partenaire, la réciproque est, en effet, loin d'être acquise. Les phéromones des mâles n'ont que peu de pouvoir de séduction sur leurs belles, leur principale fonction étant d'inhiber les ardeurs homosexuelles de leurs alter ego. »

Les observations portent ensuite sur les résultats de la féminisation des mâles, étude, n'en doutons pas, qui aura, dans la société humaine, un grand avenir.

Tout cela me rappelle une journée passionnante à Gif-sur-Yvette, dans les laboratoires, avec Jean-Didier Vincent (clonage des drosophiles). Pour un roman.

Vendredi 7 août

6 heures. Toujours beau temps, vent nord-est. L'île, comme un bateau immobile, qui file. Homère, l'*Odyssée*.

Attentats contre les ambassades américaines au Kenya et en Tanzanie (celle d'Ouganda est évacuée). 81 morts. Effet violent de ces images montées en contrepoint de la silhouette de plus en plus épaisse de Monica Lewinsky. Son avocate noire parle d'un ton rogue. On ne plaisante pas. On est prié de prendre au sérieux cette mascarade. Quand l'argent donne réellement ses ordres, il a cette voix.

Troubles au Congo. L'Afrique comme sous-continent des expériences militaires et terroristes. La main-d'œuvre des morts est meilleur marché.

Actualité d'Alfred Jarry.

Dans *Libération*, Daniel Accursi, « professeur de philosophie et chercheur en pataphysique » : « Pour Ubu, deux principes gouvernent le Monde, la Machine à décerveler et la Pompe à phynance. Ce couple fonctionne sur le mode des vases communicants. Plus on pompe la phynance, plus le décervelage s'accentue. L'aspiration phynancière a pour finalité le décervelage absolu. Ubu prophétise la mondialisation de la phynance qui elle-même déclenche l'apocalypse encéphalique. La phynance se substituant à la pensée, Ubu annonce un monde où la pensée a déserté, à jamais perdue, brûlant comme un vieux pneu dans un terrain vague. Un monde célébrant le règne impérial du Rentier. Le triomphe des marchés, la mondialisation assumant le glas de la pensée. »

Les marchés phynanciers, donc.

Pour ne pas être faux, les discours apocalyptiques doivent être pataphysiques.

Et pourtant, ça pense.

Chaleur montante. Pour la première fois, sommeil fenêtre ouverte sur la Grande Ourse. La lumière tournante du phare éclaire le mur au-dessus de ma tête. Avec l'air de nuit changeant, je dors autrement (pas les mêmes rêves). Plus rapidement au travail le matin.

Samedi 8 août

6 heures. Matin rouge. Pas de vent. Lumière déjà chauffée à blanc. Lac-miroir.

Monica Lewinsky, interrogée, a déclaré qu'elle avait eu, avec Clinton, « des relations sexuelles d'un certain type ». Elle donne, paraît-il, des détails précis. Le président n'a pas l'air, pour l'instant, particulièrement affecté : il sourit, lève le pouce, fait jouer sa fanfare. *Il est dans un film, après tout.*

Casanova : son pèlerinage à Avignon, en hommage à Pétrarque, sur les traces de Laure de Sade. Rencontre possible avec Sade.

14 heures. Très légère brise du sud. Chaleur (32°).

Les attentats contre les ambassades US au Kenya et en Tanzanie sont revendiqués par une organisation jusque-là inconnue (coup classique) : l'« Armée islamique pour la libération des lieux saints musulmans ». Dieu reconnaîtra les siens. 120 morts, 4 000 blessés.
Des soldats israéliens, spécialistes du terrorisme, sont sur place. En Afghanistan, les Talibans progressent partout.

240 millions de Chinois sont affectés par les inondations du Yang-tseu, soit un cinquième de la population du pays.

États-Unis, Israël, Islam : l'Afrique, maintenant, comme terrain de confrontation directe. La Chine hors jeu, mais sans doute, malgré ses difficultés, déjà beaucoup plus loin dans le jeu.

Casanova : ses difficultés en Allemagne. Vérole très dure, pertes au jeu. Il s'explique devant un bourgmestre sur le fait d'avoir deux noms, Casanova et Seingalt. Dialogue étourdissant sur la paternité et le langage.

Soir rouge, noir plus profond.

Dimanche 9 août

Grande chaleur.

Les attentats anti-US effacent la tache de sperme sur la robe de Monica Lewinsky. Va-t-elle subsister ? Suspense.

Casanova : sa métaphysique, ses dialogues en rêve avec Dieu. « Dieu est incompréhensible. » S'il se comprenait, il ne serait pas infini.
L'histoire Charpillon à Londres. Raisons pour lesquelles, Casa, au fond, *désirait* cet échec : progrès dans la connaissance. Au pire de la dépression, décision de suicide pour ne pas devenir fou. Comment il s'en sort (crise épileptique).

Soir de fête à la maison : huîtres, truite au gingembre, fraises et framboises. Margaux. Les vieux enregistrements de Johnny Dodds et de Louis Armstrong.

Lundi 10 août

Beau temps et chaleur. Léger vent d'ouest.

Le coupable des attentats contre les ambassades US en Afrique est désigné par les médias du monde entier. C'est Oussama ben Laden, un milliardaire originaire du Yémen, en délicatesse avec l'Arabie saoudite, et aujourd'hui réfugié en Afghanistan chez les Talibans. Il serait le coordinateur fanatique et barbu (bien sûr) des nouveaux mouvements terroristes islamiques. Sa photo est sur tous les écrans, visage christique en turban. Il appelle à la guerre sainte contre les Juifs et les Croisés (les Américains). Poids de sa fortune : 300 millions de dollars.
Un mauvais esprit dirait que ce barbu tombe à pic.
Le Spectacle, d'ailleurs, pourrait l'inventer même s'il n'existait pas.

Nombreuses images de décombres et de sauveteurs (américains, israéliens, français) à Nairobi. Utilisation des chiens (odeur) et des appareils sonores.

Casanova à Berlin (Frédéric de Prusse) et à Saint-Pétersbourg (Catherine de Russie). Digression sur le calendrier grégorien. Il tente sans doute de vendre ses projets de loterie. Échec.

Grands incendies criminels en Grèce. Dévastation et désolation. Un agent immobilier français est arrêté comme pyromane. La plupart des incendies ont pour cause la spéculation immobilière (ainsi à Lisbonne, il n'y a pas si longtemps).

Pollution maximale dans les grandes villes. Elle devrait augmenter très vite dans les dix ans à venir. Auto-asphyxie et indifférence. Les yeux piquent, la respiration se raréfie, le poisson humain s'empoisonne à coups de moteurs.

Mardi 11 août

6 heures. Matin de brume avant soleil et chaleur. Le gris, le léger vent d'ouest, les canards devant la véranda au bord de l'eau. Peinture chinoise.

X., à qui j'avais cité, dans une lettre, la formule de Heidegger « l'inépuisable au-delà de tout effort », me répond qu'elle est exactement l'opposé de « l'insoutenable légèreté de l'être », « fausse bonne formule, affectation de profondeur sans profondeur, autosatisfaction, clin d'œil malhonnête ».

Pollution : « Des travaux cherchant à établir des liens précis de causalité entre pollution de l'air et atteintes à la santé sont de plus en plus fréquemment publiés par les revues scientifiques internationales. Récemment, deux études britanniques ont conclu à une possible augmentation des décès d'enfants par cancers et par leucémies dans les zones fortement polluées par les dérivés du pétrole et, d'autre part, au rôle aggravant des polluants dans la survenue des infarctus du myocarde » (*Le Monde*).

Le plus grand rassemblement de musique techno, *Boréalis*, a rassemblé 25 000 personnes au parc Grammont à Montpellier. La vedette a été le DJ (disc-jockey) Jeff Mills, de Detroit. (DJ comme Dow Jones.)

« Le maxi *Psycho 30* est basé sur l'idée qu'il existe dans la mode comme dans la vie des cycles de trente ans. Dans le morceau, huit boucles étaient censées évoquer cela. Sur le rond central du disque était dessiné un arbre, symbole du temps. Quand on coupe un arbre, on y découvre des nervures qui ressemblent aux sillons d'un disque... Le minimalisme et la répétition permettent de conditionner les gens. C'est le principe du chien de Pavlov. À force d'écouter la même boucle encore et encore, les danseurs finissent par l'anticiper et par se sentir parfaitement à l'aise. Je limite ma musique à ces répétitions très simples. Un son sans vie, minimal, prend soudain un sens. Ces constructions sont assemblées avec beaucoup de soin. Ma personnalité est le fil conducteur de mes morceaux. La base d'un titre est si minimale qu'il suffit de lancer une note pour exprimer une émotion forte. »

Les Rolling Stones donnent ce soir un concert à Moscou. En 1967, ils étaient interdits en URSS. Aujourd'hui, même là-bas, ils ont l'air démodés par rapport à la techno ou au rock plus dur russe. Ça ne fait rien, on ira les voir comme des pièces de musée.

Chute des Bourses européennes. L'Asie vous dit bonjour, bonnes vacances. Les Talibans progressent partout en Afghanistan.

Préparation, au téléphone, avec Marcelin Pleynet du n° 63 de *L'Infini*, automne 1998.

Mercredi 12 août

Ciel blanc-bleu, brise nord-est. Puis, dans l'après-midi, apparition de nuages, vent nord-ouest. Puis dégagement et, le soir, temps normal.

Les tampons de la Poste, à côté du timbre : *Sida Info Service*. Voilà le message Télécom social principal.

Fusion géante de British Petroleum (BP) et Amoco (américain). 650 milliards de francs en valeur boursière (et probablement 6 000 suppressions d'emplois).

Soudain un faucon sur la digue d'herbe devant moi : il pique, il chasse. Je passe quand même des heures à regarder les oiseaux en levant la tête de la page que je suis en train d'écrire. Pas de plus grand bonheur pensable. De temps en temps, à la jumelle, la vie des hérons.

Nouveau bilan des attentats au Kenya et en Tanzanie : 257 morts.

La chaleur va détruire 10 à 20 % du raisin à Bordeaux, mais le vin sera probablement meilleur. Je m'étonne chaque fois d'être aussi sensible à toutes les nouvelles (même les plus minuscules) qui viennent de Bordeaux. Toujours beaucoup de rêves sur la ville, la région, les vignes, le fleuve, les bois, les plages. Le jardin, sans fin, quand j'escaladais les grilles en rentrant tard dans la nuit (pas de bruit, pieds nus, gagner l'étage et ma chambre).

À Dux, en Bohême, Casanova écrit treize heures par jour, lesquelles, dit-il, « lui passent comme treize minutes ». C'est ça, ou mourir de chagrin, d'ennui, ou devenir fou. Chagrin : l'entourage allemand et tchèque, insupportable de grossièreté. Folie : il déteste la mort parce qu'elle détruit la raison. Il a recopié *quatorze fois* le manuscrit de son gros roman fantastique, l'*Icosaméron*.

Arte, émission sur la Chine. Images de Tiananmen en 1989. Deux documents révolutionnaires : l'archive de mai 68, et ces vues de Pékin (beaucoup de points communs).

Jeudi 13 août

Beau temps, brise nord-est.

D. m'envoie la reproduction d'un tableau de Picasso de 1923, *Femme devant son miroir*, avec le commentaire suivant : « Méchanceté du tableau, composition admirablement décalée, trapèze brisé de la glace, visage d'alcoolique mauve de la femme aux yeux aveugles, une main gantée et l'autre nue, gros cul marron-noir, elle tourne le dos à l'espace du dehors, plus aucun espoir pour la triste mégère prisonnière de la magnificence des couleurs *qu'elle ne voit pas*, il ne lui reste rien, elle a tout perdu. »

C'est vrai que beaucoup de tableaux de Picasso ressemblent à des jugements (ou même à des exécutions). Toujours quantité de récits et d'hypothèses à faire devant ses toiles. Peinture qui pense, et cruellement. Ici, par exemple, les éclats de verre comme des poignards, la grille du balcon formée de harpons... La harpie apprivoisée, violette, asphyxiée, ne se voyant plus dans le miroir (ou voyant sa vie brisée dans le miroir), etc. Chaque tableau est ainsi une sorte de victoire sur la mort.

13 heures. Bleu, vent d'ouest, 24°. *Parfait.*

Reportage de Sophie Shihab (*Le Monde*) sur l'ex-hôtel *Lux* de Moscou, rebaptisé *Central*. « Les pensionnaires du *Lux* se calfeutraient dans leurs chambres, n'en sortant que pour une descente furtive aux cuisines, évitant de se croiser, ne dormant plus la nuit car à l'affût du pas des "guépistes" dans les couloirs, venus embarquer leurs proies, et comptant au matin les nouveaux scellés sur les portes... Fin 1938, un étrange silence y règne quand débarquent les réfugiés de la "peste brune" en Europe, Espagnols, Tchèques ou Français. Le Komintern est dissous formellement en 1943, mais les survivants du *Lux*, installés dans une maison voisine, ou renvoyés dans leurs pays, serviront encore la "patrie des prolétaires". »

La presse internationale commence à s'inquiéter pour les États-Unis. Allons, voyons, cette affaire Monica mène au suicide ! Alors que les Turcs sont sous nos murs !

Réception de dix cercueils américains au Maryland : Clinton pleure. Très bon plan TV.

Indemnisation, enfin, des victimes de la Shoah par les banques suisses. Festival d'hypocrisie. Plans de lingots et de déportés. Obscénité (inconsciente, bien sûr).

Soir rose et bleu, calme.

Casanova à Londres : son histoire de fou avec la Charpillon. « Ce qui va à la suite d'un long mépris de soi-même est un désespoir qui mène au suicide. » Profondes réflexions sur l'hystérie intéressée de la coquette et de son clan matriarcal. La manipulatrice manipulée et le libertin-pigeon. Grande séquence.

Vendredi 14 août

5 h 50. Nuit pure. Toutes les étoiles comme la confirmation de la méditation qui dure depuis 5 heures du matin. Sensation indicible de sphère incrustée, le temps lui-même non concerné par le temps.

« Ce qu'on ne peut pas dire, il faut le taire » (Wittgenstein). Non, il faut l'indiquer, le montrer.

Radio : le programme musical *Hector* sur France Musique jusqu'à

7 heures. Aujourd'hui, ça va : Bach, Haendel, Frescobaldi. Je peux écrire tranquille.

6 h 20 : grand lever de soleil, horizon rouge sang. Toutes les lumières de la côte sont encore allumées, clignotantes. La marée monte, là-bas, dans le noir. Presque pas de vent.

Ensuite, le *beau jour*, pas trop chaud, brise nord-est.

Toujours les inondations catastrophiques en Chine, mais c'est la Bourse de Moscou qui se noie (- 10 %).

Il est étonnant que Monica Lewinsky, « la femme la plus traquée du moment », n'ait pas encore fait entendre sa *voix*. « Un paradoxe, relève *Paris-Match*, quand on pense que tout le pays est suspendu à ses lèvres » (c'est le moins que l'on puisse dire). En six mois, donc, elle a réussi à ne pas prononcer un mot en public, alors qu'on lui tendait micros et magnétophones sous le nez. Enfin, elle parle : mais seuls les membres de la commission spéciale l'ont entendue. Moralité : le film, côté femme, doit être muet.

On dit que Monica, pour passer le temps, fait du tricot et dévore la presse ou des romans à l'eau de rose. Mais, surtout, évidemment, elle regarde à haute dose la télévision.

On s'achemine maintenant, pour caractériser ses rapports avec Clinton, vers l'expression « rapports buccaux-génitaux » : le président pourrait soutenir qu'il n'a pas menti en disant que le « buccal-génital » n'a rien de *sexuel*. L'absence de voix est quand même le symptôme le plus intéressant.

Cela me rappelle la confidence de Simone de Beauvoir à sa biographe américaine : elle n'était pas « lesbienne » puisqu'elle s'était contentée, avec les femmes, de baisers sur la bouche ou d'attouchements des seins, mais « jamais plus bas ».

C'est comme si je disais que je pratique des rapports buccaux-génitaux avec des hommes, mais que je ne les embrasse jamais sur la bouche : *donc*, je ne serais pas homosexuel.

Tout cela, bien entendu, est délirant. Mais il n'est pas mauvais que le délire se montre.

Cette image furtive et bouleversante d'un enfant chinois accroché à un arbre dans la fureur du fleuve, et sauvé, *in extremis*, par des soldats en bateau. Ce que sera désormais ce moment dans sa vie.

Assouplissement de la législation sur les sans-papiers. Enfin.

Congo. Kinshasa presque aux mains des « rebelles » (lesquels, au fait ?). Kabila, sombre dictateur digne de Mobutu. Le type qui veut le remplacer est filmé en train de hurler. Ça promet.

On ne sait pas le centième des choses qui se passent actuellement au Kosovo, pendant le nettoyage organisé par les Serbes. La communauté internationale, comme d'habitude, « prépare une intervention ».

Madelin se rapproche du Front national. De Robien fait l'étonné et découpe aux ciseaux devant les caméras sa carte de Démocratie libérale. Misère du Spectacle.

Sondage : les Français ont, paraît-il, le moral au beau fixe (55 %). On leur demande quelles sont parmi les valeurs et les qualités celles qui « contribuent le plus à les rendre heureux dans leurs rapports avec les autres ». Réponses : la *tolérance* (38 %) et, en dernier, la *séduction* (0 %).

M. André Comte-Sponville, philosophe actuel, explique dans *Le Point* « pourquoi il n'est pas nietzschéen ». « C'est essentiellement pour trois raisons », dit-il : « l'irrationalisme de Nietzsche, son immoralisme, son esthétisme ».
Nietzsche avait une grosse moustache ridicule, M. Comte-Sponville a une petite moustache correcte. C'est comme ça.

J'allais oublier une perle. Dans un entretien au *Figaro*, intitulé « Un conservateur iconoclaste », Maurice Druon, secrétaire perpétuel de l'Académie française, raconte cette histoire de *famille* : « Un de mes arrière-grands-pères manqua d'être assassiné par Rimbaud, qui lui avait versé de l'acide sulfurique dans son bock de bière à *La Closerie des Lilas*, le jour où ce gamin vicieux et caractériel planta son couteau dans la main de Verlaine. »
« Gamin vicieux et caractériel », à propos de Rimbaud, de la part du secrétaire perpétuel de l'Académie, c'est trop beau. Redites-le en gros plan. Encore. Et encore. Merci. Redites-le une fois de plus, en insistant bien sur *gamin*, puis sur *vicieux*, puis sur *caractériel*. Très bien. Encore une fois, s'il vous plaît, pour l'immortalité de la chose.
Marcelin Pleynet se souvient que Robbe-Grillet, autrefois, traitait

Rimbaud de « jeune pédéraste prétentieux ». Ces messieurs sont très explicites.

Casanova et le comte de Saint-Germain à Tournai. L'histoire de « l'esprit universel », sous forme de liqueur blanche immédiatement évaporée, conservée dans des fioles.

Samedi 15 août

Beau temps idéal, ombres découpées, stables.

On voyait le 15 août, hier, sur les écrans de la météo, annoncé sous le nom d'*Assomption*. Qui sait encore de quoi il s'agit ? Si quelqu'un racontait de nouveau cette histoire, il passerait pour malade. La superstition dévote était accablante, mais l'ignorance et le manque d'imagination ne le sont pas moins.

Beaucoup d'Espagnoles s'appellent encore *Asunción*.

Le tableau du Titien aux Frari, à Venise. Toute la ville s'envole avec lui. Le même pinceau a fait la Vénus que l'on sait, main droite posée à l'endroit qu'il faut pour s'envoyer en l'air de l'intérieur. J'ai vu un jour deux jeunes moines franciscains, abîmés dans la contemplation de la *Vénus à la fourrure*, du même Titien. Je leur ai demandé si cette contemplation n'était pas, de leur part, un *péché*. Ils ont ri. J'avais, je m'en souviens, *La Peinture italienne*, de Stendhal, dans ma poche. C'était au palais des Doges, à Venise. Là-haut, sous les Plombs, le fantôme de Casanova soupirait dans l'ombre.

Asunción est aussi la capitale du Paraguay, sur le fleuve du même nom. 513 000 habitants.

« *Vergine madre, figlia del tuo figlio* » : début du chant 33 du *Paradis* de Dante. « Vierge mère, fille de ton fils. » Je demande parfois autour de moi comment une mère peut devenir la fille de son fils. L'embarras est aussitôt général. « *Termine fisso d'eterno consiglio* », « terme fixe d'un éternel dessein » (ou « conseil », au sens de conversation sacrée).

« Je vois bien, dit une lectrice, comment je peux être la fille d'un père ou la mère d'un fils, mais la fille d'un fils, non, là, ça m'échappe. » Le lecteur : « Être le père de ma mère quand je suis son fils ? Ah non, vous me donnez le vertige. »

La formule est justement étudiée pour : terme fixe d'un éternel problème (c'est tous les jours, dans les siècles des siècles).

Seul Baudelaire, dans *Bénédiction* (qui ouvre *Les Fleurs du mal*), a relevé le défi en renversant les propositions. Baudelaire avait des raisons d'écrire à sa propre mère en parlant du « côté puéril » de la maternité. Ce qu'il décrit, c'est la haine maternelle pour le fils poète, la malédiction que la mère prononce sur lui (il parle aussi de « desseins éternels », mais ce sont, en enfer, « les bûchers consacrés aux crimes maternels »).

22 h 30. Feu d'artifice en face de moi, sur l'autre bord de l'île. Les mouettes réveillées, affolées, crient un long moment dans les marais noirs.

Attentat en Irlande du Nord, le plus meurtrier depuis vingt-neuf ans, 28 morts, 108 blessés. Revendiqué par « l'IRA véritable ». Oui ?

Numéro spécial du *Monde* intitulé « Poésies vivantes d'aujourd'hui ». Je lis :

> Bonne te soit l'écoute ! Le silence
> Est un seuil où, par voie de ce rameau
> Qui casse imperceptiblement sous ta main qui cherche
> À dégager un nom sous une pierre,
> Nos noms absents désenchevêtrent tes alarmes,
> Et pour toi qui t'éloignes, pensivement,
> Ici devient là-bas sans cesser d'être.

Je me demande de qui peut être ce charabia mélancolique et sourd. Voici : du « grand poète » Yves Bonnefoy, nobélisable.

Misère de la poésie, livre à écrire. Mais, au fond, je n'écris rien d'autre.

Dimanche 16 août

Beau temps plus frais, presque froid. Vent nord-est.

À 6 h 30, grand concert des mouettes saluant l'autre versant de l'été. La lumière, à partir de maintenant, sera plus faible.

L'affaire Lewinsky-Clinton n'est pas une pantalonnade locale, mais une véritable épreuve planétaire. Il s'agit de décider si, oui ou non, le sexe est un problème d'État, et, parallèlement, ce que signifie dire la « vérité » dans ce domaine. On peut rire de la distinction entre « contacts bucco-génitaux » et « relations sexuelles », mais c'est très sérieux (bien que grotesque), comme l'était l'Inquisition elle-même (laquelle nous fait rire aujourd'hui mais sûrement pas les contemporains).

Le couple Clinton doit déjà à ses avocats 6 millions de dollars. Ils reçoivent des dons, largement en provenance d'Hollywood (logique). La chanteuse Barbara Streisand, l'acteur Tom Hawks, le cinéaste Steven Spielberg et d'autres « personnalités du spectacle » ont apporté des contributions de 10 000 dollars (ce n'est pas beaucoup).

Le procureur Kenneth Starr est intéressant. Il vient du Texas, milieu modeste. C'est le fils d'un pasteur de l'Église du Christ, pénétré de sa mission, et, comme le président, un amateur de jogging. Il interrompt parfois sa course pour chanter des hymnes. Il lit la Bible tous les matins, ne boit pas, ne fume pas et, dit-on, n'a jamais prononcé un juron.

Petit roman immédiat : le procureur Starr reçoit Monica Lewinsky en tête à tête. Il lui promet l'impunité pour son témoignage. Puis :
« Et maintenant, salope, fais-moi ce que tu as fait à Bill.
– Mais enfin, monsieur le procureur !
– Pas de discussion. Fais-moi exactement la même chose que tu as faite à ce porc !
– Mais, Kenneth, c'est affreux ! *Je ne vous aime pas !*
– À genoux, putain ! Voilà un coussin ! Et avale bien tout, hein ? N'en laisse pas sur ta robe ! »

Film publicitaire israélien pour un produit détachant : *Lavinsky*. Ah, ah.

Tony Blair sort d'une messe catholique dans une ville du Gers où il passe ses vacances. Visiblement choqué par l'attentat en Irlande, servant, en fait, les intérêts des fascistes protestants. Je suppose qu'il n'est pas allé à la messe par hasard ? En convoquant les télévisions ?

Demain, la déclaration de Clinton sur l'affaire bucco-génitale. Pourvu qu'on s'amuse.

Lundi 17 août

6 heures : lune en croissant arabe. Ensuite, temps radieux (j'aime ce mot), brise nord-est.

Clinton doit donc s'exprimer aujourd'hui. Aux dernières nouvelles, il reconnaîtrait avoir eu, avec sa stagiaire de la Maison-Blanche, des « relations sexuelles non appropriées ».

L'ironie de mon emploi du temps aura été que j'écoute ces idioties en écrivant sur Casanova. Hasard ? Mais non.

Bill Bradford est un criminel américain condamné à mort pour avoir étranglé deux jeunes filles. Cela fait neuf ans qu'il attend dans l'un des couloirs de la mort les plus peuplés des États-Unis. Il est volontaire pour son exécution : « Je suis volontaire pour mourir. Cela n'a aucun sens d'attendre sa mort si longtemps. Quand je suis arrivé, il y avait 185 prisonniers dans le couloir. Aujourd'hui, nous sommes 509. Deux d'entre nous ont passé les 70 ans, une douzaine ont plus de 60 ans... »

Il a demandé qu'on disperse ses cendres dans le Pacifique. Il doit être exécuté demain par injection à la prison de Saint Quentin (Californie). Rien de plus monstrueux que ces assassinats à froid (révélant toute une vision du monde).

D., à propos du *Saltimbanque aux bras croisés* de Picasso, 1923 (il est à Tokyo) : « C'est le défi de l'innocence qui sait tout. »

Après-midi : fort vent sud-ouest, nuages.

X. : quand est-ce qu'elle est vraie ? Jamais. Même pas avec elle-même. Elle ne peut pas se le permettre, tout s'effondrerait.

Mardi 18 août

6 heures. Beau temps. L'odeur vaste et heureuse de l'océan, des marais, de l'eau, du varech, de la vase, du sable. L'air *iodé* (les huîtres).

Eh bien, voilà, ce n'est pas drôle : Clinton a « avoué » avoir eu des « relations inconvenantes » avec Monica. Il a parlé quatre minutes au public américain et cinq heures devant le Grand Jury.

Il était plus convaincant quand il mentait. Là, il est censé dire la vérité. Mais qu'est-ce que la vérité dans une affaire pareille ?

Réactions dans la rue. Les uns : « J'ai honte. » Les autres : « Ça suffit, c'est sa vie privée, tournons la page. » Les femmes commencent à se rendre compte du côté dangereux, pour elles, de cette comédie.

Clinton a parlé de sa femme, de sa fille, de son « échec personnel ». Et puis de Dieu. On l'avait un peu oublié, celui-là. À moins qu'un de ses noms secrets soit désormais ADN.

Les Américains, peuple religieux (n'est-ce pas ?), aiment les confessions publiques, les actes de contrition, l'aspiration à la rédemption. Obscénité totale. Clinton, d'ailleurs, aurait pu pleurer : ça manque. Impression de débilité *provinciale*. La mondialisation est une province aggravée.

Mort de Julien Green, 97 ans. Dernières images filmées : il est sur un canapé, il boit du champagne, il dit : « Le champagne rend heureux. » Et puis : « Depuis l'enfance, je ne me suis posé qu'une seule question : pourquoi suis-je moi ? »

Évidemment, le commentaire qui suit reprend le cliché « entre la chair et la foi ».

Distinction de Green. Vieux sudiste.

Les journaux : panique financière à Moscou, rouble dévalué, paiement de la dette suspendue, etc. On se demande comment les Russes font pour survivre.

Images des inondations en Chine : extrême dignité des paysans « sacrifiés » dans les zones où le gouvernement a fait sauter les digues. Leurs villages ont disparu sous l'eau. Ils ont tout perdu. Beauté des femmes, des enfants. Grande émotion à les voir, comme toujours.

Washington ridicule, Moscou effondré, les Chinois debout dans la tourmente : année du Tigre.

Scandale aux Pays-Bas : des casques bleus néerlandais auraient collaboré avec les Serbes lors des massacres de « purification ethnique » contre les musulmans à Srebrenica. Les Hollandais si bons, si « droits de l'homme »…

175

Mercredi 19 août

Beau temps, brise nord-est, puis, avec la marée, léger vent sud-ouest.

Le Canard enchaîné traite Clinton de « Casanova de bureau », et Laurent Joffrin, dans *Libération*, fait état de son « irrépressible instinct de Casanova fébrile ».

Casanova, aujourd'hui, serait *soigné* pour addiction sexuelle. Enfermé à la clinique des Plombs, soumis à un régime chimique strict, on l'amènerait à demander lui-même sa castration. Parviendrait-il à s'évader ? On l'espère.

Michel Houellebecq, dans *Les Inrockuptibles* : « Tout ennemi de la liberté individuelle peut devenir un allié objectif. Je n'ai qu'un ennemi : le libertaire, le libéral. »

Au moins, c'est dit. Mais alors pourquoi continuer à dire *je* ? Son discours passe d'ailleurs, pêle-mêle, par l'apologie de Staline, d'Auguste Comte, du matriarcat, et de l'extinction du désir. Les journalistes qui l'interrogent pensent qu'il est particulièrement représentatif de son temps (c'est à craindre). Il faut d'ailleurs un certain courage pour s'affirmer aussi visiblement comme homme du ressentiment, adepte de la disparition volontaire, partisan d'un sacrifice intégral à l'espèce. J'oubliais : la « nouvelle génération » se veut « anti-nietzschéenne » et propose de réinventer l'ordre moral contre la dérive de ses parents « soixante-huitards », etc.

Ce qui est frappant, maintenant, dans la littérature des types ou des filles de 30-40 ans, c'est le retour au réalisme social (populisme et naturalisme), mélange de provincialisme américain et français (tantôt « dur », tantôt villageois), le tout sur fond de dépression intense. On dirait qu'ils ont subi un choc, comme des organismes inadaptés soumis à une pression trop forte (celle de la liberté, par exemple).

En réalité, dans ses déclarations, Houellebecq révèle ce que tout le monde a plus ou moins dans la tête. On va donc le lui reprocher. Sade s'attendait à être attaqué en premier lieu par les libertins démasqués. Il se pourrait que Houellebecq le soit par les fanatiques de la servitude.

Jeudi 20 août

Beau temps, léger vent nord-ouest.

Biographie de Marguerite Duras, par Laure Adler. Les révélations tournent autour de ses rapports avec un Français travaillant pendant l'Occupation pour la Gestapo. Elle aurait eu une liaison avec lui, son témoignage le fera fusiller à la Libération. Plus ahurissant, le fait que Mascolo ait eu, lui, une liaison avec la femme du gestapiste (dont il a eu un enfant). Délation, trahisons, torture, mensonge, indiscrétion, ombre de Mitterrand dans le film : impression nauséabonde.

Les livres de Duras vieillissent mal, comme ses films. Trop de toc incantatoire, gourouterie, hypnose, Hare Krishna. On dirait du faux chinois.

Clinton fait bombarder en Afghanistan et au Soudan : je suis un président viril, semble-t-il dire à la télévision américaine. Mais le procureur Starr confirme qu'il a demandé un test de son ADN (à comparer avec la tache de sperme sur la robe de Monica Lewinsky). On ne rêve pas, c'est le spectacle du jour (avec de nouveaux massacres en Algérie, comme d'habitude).

Vendredi 21 août

Tout est gris, vent sud-ouest, c'est l'automne.
Pluie fine toute la journée.

Article sur Mallarmé. Dans sa lettre autobiographique à Verlaine de 1885 (il a 43 ans), il écrit qu'il « serait lapidé par les vivants s'ils le soupçonnaient de savoir qu'ils n'ont pas lieu ». Mallarmé : « Penser est écrire sans accessoires » (mais ne pas penser aussi : c'est pourquoi les têtes humaines sont incessamment bourrées de mauvaise littérature).

> *Le sens trop précis rature*
> *Ta vague littérature.*

Terminé *Casanova l'admirable.*

Samedi 22 août.

Gris et pluie, vent sud-ouest. Soir argenté. Je rentre demain à Paris.

La mafia russe envoie ses agents en Italie pour acheter des marchandises revendues le double ou le triple à Moscou (de la lingerie féminine, par exemple). Le ministre des Affaires étrangères Védrine est à Téhéran pour explorer le marché (d'où condamnation « prudente » des raids américains). L'Angola intervient au Congo pour défendre le pouvoir en place (à quel prix ?). Les militants communistes français se demandent s'il faut vraiment avaler l'euro, Maastricht et Amsterdam, etc.

C'est guignol, tragique ou comique (Mallarmé : « tourbillon d'hilarité et d'horreur »). L'être humain devenu marionnette des échanges mondiaux. Le riche rit et calcule, le pauvre pleure et proteste, tout le monde est *mené*, la Terre tourne, les naissances continuent, les morts aussi, mais plus personne n'y croit (cf. *Studio*). Souveraineté de la Technique (ère génétique). Greffe du cœur en direct sur Internet : on n'arrête pas le progrès.

Ceux et celles qui, gentiment, inconsciemment (?), ne demandent qu'à vous empêcher de travailler. Ce n'est pas par méchanceté (encore que), mais pour que ne se creuse pas de différence. Si tout pouvait ronronner comme d'habitude (romans et essais *prévus*), ce serait tellement mieux. La vie est si courte, si ennuyeuse, pourquoi voulez-vous encore la compliquer ? « Vous êtes sûr que vous voulez vraiment écrire ce *Casanova* ? » – « C'est fait. » – « Ah bon » (sous entendu : « vous ne pouviez pas rester tranquille ? »).

L'idéologie contemporaine, en France, toutes classes confondues, est celle de la sécurité, du rétrécissement, de la protection des acquis sociaux ou des privilèges, de l'attente crispée, du fantôme de la *retraite*, de l'installation petite-bourgeoise du chez-soi, du bas de laine mental. Le jeune écrivain pense à sa carrière, la coquette à son intégration, la classe politique tout entière à ses fins de mois et à ses vacances. Qui *risque* quoi ? Personne. On en vient à se demander quelle énergie mystique peut animer les terroristes de notre temps. Oussama ben Laden, par exemple, dont on montre le visage de Christ islamique dans des souterrains afghans contrôlés par les Talibans.

Clinton en costume gris clair, avec la cravate jaune de Monica, et le barbu de l'ombre (financé il n'y a pas si longtemps par la CIA), c'est la toute nouvelle production du cinéma planétaire. Ce n'est qu'un début, on prépare sans doute, par petites doses progressives, des millions de morts.

À quel point, jaillie du plus profond de la langue et de son esprit, l'expression de Voltaire, « *Ecr. L'inf.* », est *juste*. Écrivons, écrasons. L'infâme ? C'est une industrie permanente ; mensonge, désinformation, malfaisance, malveillance, corruption, répression, régression, exploitation, débilitation, négation. « L'esprit qui toujours nie » doit donc être nié à son tour. La bigoterie d'hier, celle d'aujourd'hui (« L'éternel infâminin », par exemple). Les curés et leurs bonnes femmes, les pseudo-philosophes et les leurs. Le marché, la publicité, les stars, les produits de beauté, les présentatrices minaudantes de la météo, les *voix* de la marchandise. Traiter cela avec ironie, pas de revendication d'« authenticité » surtout. Aucun programme social : des indications de sortie du camp illusionniste, des conseils d'évasion concrets, c'est tout.

Dimanche 23 août

Gris blanc, douceur de l'air, le temps sera donc variable, puis très beau.

7 heures du matin, ici, marée haute, silence total, et, ce soir, à Paris.

Je rapporte mon *Casanova* dans mon sac.

Article pour *Le Monde* sur le livre de Mathieu Lindon, *Le Procès de Jean-Marie Le Pen*.

Décidément, c'est la rentrée sociale. Un seul point sombre pour moi : continuer à écrire comme si de rien n'était (quantité, qualité). La vie divisée, libre.

Védrine à Téhéran : les contrats en cours. Au fait : et le terrorisme ? Le terrorisme, on vient de vous le dire, n'est plus à Téhéran, mais à Khartoum ou chez les Talibans. Vous voulez dire dans les zones *pauvres* ? En somme.

Fermeture de l'été. Vers le train, en route.

Lundi 24 août

Paris : grisaille et pluie fine. L'autobus, les rues, les toits. J'ai vécu, pendant deux mois, à perte de vue. Cependant, j'étais à chaque instant *dans* le paysage. Ici (vie sociale), je serai presque constamment dehors.

Mardi 25 août

Blanc calme.

Laure Adler, dans *Le Monde*, à propos de Mitterrand et de Duras : « Ces deux monstres sacrés n'ont cessé de mentir et de se mentir. On aurait dit ces clowns géniaux de Fellini : à la fin de leur vie, ils ne savent plus que s'imiter eux-mêmes, dans la représentation pathétique de ce qu'ils étaient dans le mouvement de leur vie. Mitterrand et Duras face à face c'était ça, deux monstres felliniens, deux vieux clowns trop grimés qui se faisaient un numéro d'inflation historique et sentimentale, se donnaient des piqûres de mensonges acceptés. »

Dans son livre sur Duras, Laure Adler souligne le goût des deux « clowns » pour la marginalité et la délinquance. Étonnante vie « communautaire », où tout le monde est au courant de la vie privée de tout le monde, où l'on se dit « communiste » (authentique, bien sûr, pas celui du « parti »). Mais le plus étonnant est sans doute la passion ambivalente de Duras pour son dernier amour, un homosexuel. Les propos qu'elle tient sur l'homosexualité masculine ont l'air de sortir du Moyen Age : elle est complètement fascinée, révulsée, obsédée. Ça, et l'éthylisme. Et puis « l'écriture », sans cesse appelée au secours comme opération de rédemption magique. Toute une mystagogie.

Votre avis, docteur ? Frigidité exacerbée, ignorée d'elle-même (c'est très fréquent). Même l'essai de la trahison ou de la torture ne l'en a pas sortie. Les hommes ? Ils croient à n'importe quoi, la simulation leur suffit. D'où la fixation féminine ultime sur l'homosexuel : comment faire pour l'abuser puisqu'il ne pratique pas ? L'entraîner dans la mort ? Peut-être.

Alain Juppé en examen pour les affaires de financement occulte du RPR (les « emplois fictifs » à la Mairie de Paris). Bien entendu, Chirac n'est pas en cause, le président de la République est intouchable, et d'ailleurs il est parti en vacances, après avoir gagné tous les concours sportifs de ces derniers mois.

Mercredi 26 août

Déjeuner avec Jean-Claude Simoën : je lui remets mon *Casanova*. La jaquette du livre sera son œuvre (c'est lui qui a pris les photos à Duchkov).

La force de *Tel Quel* aura été de n'admettre aucune intervention dans la vie privée des uns ou des autres. Ce point est essentiel pour l'expérience de groupe. Tout *sur texte*. Vous avez quelque chose à dire ? Écrivez-le.

On reproche déjà à Mathieu Lindon de n'avoir pas écrit un livre plus « agressif », plus « militant » : ce qu'il fallait démontrer.

Teresa Cremisi me raconte que sa mère, avant de mourir, lui a dit : « Finalement, les faibles auront notre peau. »

Nietzsche, *Savoir souffrir en public* : « Il faut afficher son malheur et, de temps en temps, soupirer audiblement, se montrer visiblement inquiet ; car si on laissait voir aux autres combien on est tranquille et heureux dans son for intérieur en dépit de la douleur et de la privation, comme on les rendrait envieux et méchants ! – Mais il nous faut veiller à ne pas rendre nos semblables plus mauvais ; en outre, ils nous mettraient durement à contribution dans ce cas, et notre souffrance *publique* est aussi, quoi qu'il en soit, notre avantage *privé*. »

Jeudi 27 août

Gris-blanc.

Les grands sujets de la « rentrée littéraire » : Duras, Bourdieu, Houellebecq.

Les interviews de Houellebecq paraissent légèrement délirantes. Exprès ?

Laure Adler en dit décidément un peu plus sur Duras dans *Paris-Match* : « La seule chose qui l'intéressait, c'était l'amour. Même dans un lieu public, si on parlait d'une femme, elle n'hésitait pas à employer des expressions aussi crues que : "Celle-là, c'est une bonne baiseuse." Elle était littéralement habitée par l'importance de l'amour physique. C'était une séductrice. Elle adorait danser, draguer, attirer sur elle les regards. Toute femme était pour elle une ennemie en puissance, une rivale capable de capter l'attention des autres hommes. »

Voilà une excellente description du comportement frigide. Duras, d'autre part (et tout se tient), était obsédée par l'argent. Son éthylisme : cinq à six litres de vin rouge par jour. Sa question répétée : « Pourquoi suis-je si méchante ? » Oui, pourquoi, au fait, quand on s'intéresse tellement à l'*amour* ?

Méchanceté : échec à la jouissance.

On me demande, ici et là, de réagir à Bourdieu, mais il n'arrive pas à m'intéresser. Ennui profond (mauvais écrivain, voilà tout).

On notera que Duras, Bourdieu et Houellebecq viennent tous les trois d'une nébuleuse communiste ou crypto. Un ressentiment énorme les anime. Mystagogique et frigide chez Duras, sociologique maniaque chez Bourdieu, sexo-génétique (le plus intéressant) chez Houellebecq. Ils sont très symptomatiques et, bien entendu, plus « révélateurs » que des centaines d'écrivains (les pauvres) qui se pressent dans les vitrines. Il y en aura pour tous les goûts, pour tous les oublis rapides. « Comme les romans s'accroupissent aux étalages ! » (Lautréamont).

Pourquoi Helmut Newton a-t-il photographié Le Pen entouré de ses chiens ? Pour le mettre sur le même plan que Hitler ? Ou pour *ramener* une photo de Hitler ?

Implosion continue de la droite française. Après la mise en examen de Juppé, tout cela profite au Front national et à la nouvelle tendance qui consiste à remplacer Le Pen par Mégret pour restructurer (*via* Millon) l'ensemble conservateur.

Vendredi 28 août

Beau temps frais.

Les Clinton en « vacances » à Martha's Vineyard. « Ambiance funèbre », d'après les témoins (dont William Styron) : « Le drame, c'est que, maintenant que toute cette grossièreté est étalée sur la place publique, toute la retenue qu'on pouvait encore espérer s'est évaporée... Le rapport de Starr sera encore plus accablant, détaillé, brutal... Le pire est encore à venir. »

On parle maintenant de plus en plus d'une démission possible de Clinton. Quoi qu'il arrive, cette affaire loufoque sera une date très importante.

La faillite russe est aussi celle de tous les imaginaires communistes et anticommunistes. Beaucoup de monde au chômage intellectuel, donc.

Je lis les épreuves d'un petit livre-confession surécrit : *Un ami d'autrefois*, signé Jeanne Dautun. C'est le récit d'une liaison physique d'une femme avec Mitterrand, dans les années 66-67. On dirait du Françoise Giroud qui, par ce biais, trouverait le moyen de « faire Casanova » (elle voulait écrire sur Casanova et y a renoncé sur le conseil de ses proches).

Style : « Cette situation qui me revient comme un flash. Moi, nue, agenouillée par terre, les coudes en appui sur le bord du lit, le corps tendu en arrière, très ouverte, et lui que je sentais en moi sans voir son visage. »

Houlà ! Il est amusant de rapprocher cette image de Mitterrand, en action de pénétration sous-marine, des entretiens qu'il a eus, en 85-86, avec Marguerite Duras :

« M. D. : Vous venez de lancer le *Richelieu*. C'est fantastique. J'ai appris que ça mettait neuf ans à se faire un sous-marin.

F. M. : À peu près. Mais le *Richelieu*, c'est un porte-avions, ce n'est pas un sous-marin.

M. D. : Excusez-moi. »

Suivent des considérations sur les sous-marins au milieu des glaces, l'Afrique, le désert, l'Égypte, la province française, etc. Enfin :

« F. M. : Nous sommes huit frères et sœurs. Quatre sœurs et quatre frères, et nous nous voyons souvent.

M. D. : Ça fait des enfances merveilleuses. Je le dis souvent et je le pense de plus en plus : les familles, c'est génial. »

Voilà ce qui s'appelle *rester en famille* (« la communauté inavouable » de Blanchot).

Sartre, « l'idiot de la famille », en 1940 (*Carnets de la drôle de guerre*) : « Si je veux comprendre la part de liberté et de destin dans ce qu'on appelle "subir une influence", je peux réfléchir à l'influence que Heidegger a exercée sur moi. Cette influence m'a paru quelquefois, ces temps derniers, providentielle, puisqu'elle est venue m'enseigner l'authenticité et l'historicité, juste au moment où la guerre allait rendre ces notions indispensables. Si j'essaie de me figurer ce que j'aurais fait de ma pensée sans ces outils, je suis pris de peur rétrospective. »

Samedi 29 août

Gris doux.

Dix conseils de Hemingway aux jeunes écrivains :
1) Soyez amoureux.
2) Crevez-vous à écrire.
3) Regardez le monde.
4) Fréquentez les écrivains du « bâtiment ».
5) Ne perdez pas votre temps.
6) Écoutez la musique et regardez la peinture.
7) Lisez sans cesse.
8) Ne cherchez pas à vous expliquer.
9) Écoutez votre bon plaisir.
10) Taisez-vous.

Aux États-Unis, les explications psychiatriques du cas Clinton commencent. Sa « dépendance sexuelle » n'est pas sans raison. Son enfance perturbée, le comportement de son père, de sa mère, etc.
Rien ne manque à la comédie.

Eltsine, à Moscou, vieillard à la parole pâteuse, s'accroche au pouvoir (ou plutôt à son apparence) dans le désastre local. Qui lui en a donné l'ordre ? Le FMI ?

Autre personnage de bande dessinée en cours : le général Lebed, au physique de mafieux presque exagéré. Il attend son heure, avec, dans ses bagages, un fan inattendu : Alain Delon. Le mot de Goebbels : « Plus c'est gros, plus ça marche. »

Raymond Queneau, *Odile* : « Il n'existe pas qu'un seul monde, lui dis-je, celui que vous voyez ou que vous croyez voir ou que vous vous imaginez voir ou que vous voulez bien voir, ce monde que touchent les aveugles, qu'entendent les amputés et que reniflent les sourds, ce monde de choses et de forces, de solidités et d'illusions, ce monde de vie et de mort, de naissances et de destructions, ce monde où nous buvons, au milieu duquel nous avons coutume de nous endormir. Il en existe au moins un autre à ma connaissance : celui des nombres et des figures, des identités et des fonctions, des opérations et des groupes, des ensembles et des espaces. »

Les explications de Houellebecq : son père, sa mère, sa grand-mère lorsqu'il avait 5 ans, etc. Il dit : « Je suis comme Baudelaire, je hais la nature » (oui ?). Suivent, pêle-mêle, des propos sur l'eugénisme, le matriarcat, les problèmes d'une génération déboussolée, Kant, Huxley, etc. « L'individualité n'existe peut-être pas. » Confusion et mélancolie, tout à fait *d'époque*.

Le soir (radio), retransmission du *Don Giovanni* à Aix, direction Claudio Abbado. *Viva la libertà !*

Dimanche 30 août

Bleu-blanc doux. Puis très beau temps.

Dans les cafés et les restaurants, les gens rentrent de vacances, s'embrassent plus ou moins faussement, se congratulent, s'évaluent, se palpent (les femmes, surtout). Ils se racontent leurs voyages, voitures, hôtels, Italie. Personne n'écoute personne, il faut avoir l'air d'être très content. Facile d'observer que les femmes se sont ennuyées à mourir avec leurs maris (et réciproquement). Elles ont attendu, ils ont dormi. Les hommes sont moins pressés de retrouver leurs maîtresses que les femmes leurs amants. Tout devrait s'arranger dans les jours qui viennent.

49e Sonate pour piano de Haydn : la plus belle, peut-être. Oiseaux. Paradis. Cela me donne envie de réécouter Adam et Ève dans *La Création* (direction Karajan). Le moment du *Wunderbar*, merveilleux. *Gelassenheit*, sérénité.

La première de cet oratorio a eu lieu en 1808 à Vienne. Après l'introduction (« et la lumière fut »), le public applaudit, et le vieux Haydn, qu'on a transporté au premier rang, lève les bras vers le ciel pour signifier : « Cela vient d'en haut. »

On est très injuste avec Mauriac, et je le prouve :
« C'était l'époque où la fraîcheur de la nuit demeure toute la matinée... »
« Enfin la pluie sur les tuiles, sur les vitres brouillées, sur le champ désert, sur cent kilomètres de landes et de marais, sur les dernières dunes mouvantes, sur l'océan. »
« En ces jours les plus courts de l'année, la pluie épaisse unifie le temps, confond les heures ; un crépuscule rejoint l'autre dans le silence immuable. »
« Autant qu'il ait plu, le sable ne retient aucune flaque. Au cœur de l'hiver, il suffit d'une heure de soleil pour impunément fouler, en espadrilles, les chemins feutrés d'aiguilles, élastiques et secs. »
« Ce vent qui sent les marécages, les copeaux résineux, les feux d'herbes, la menthe, la brume. »
L'enfance, en tout cas pour moi. Le mot *espadrille*.

Lundi 31 août

Beau temps.

Hier soir, j'entendais Lionel Jospin, à la radio, clôturant l'université d'été du parti socialiste à La Rochelle. Le mot sacré, à répéter dans un discours politique, est, bien entendu, *changement*. Cela donne : « Le monde a changé, il nous a changés, mais nous n'avons pas renoncé à le changer. » Ou encore (à propos de la « gauche plurielle ») : « Chaque formation, en participant au changement, se change elle-même. »

Avec le temps, quel était le bon titre de revue : *Tel Quel* ou *Change* ?
L'Infini : au début, personne ne voulait d'un périodique s'appelant comme ça.
Même rejet pour *Femmes* : pressions multiples pour changer de titre, etc.

Dans l'autobus, une jeune femme de 30 ans, plutôt jolie, blonde, yeux bleus, lèvres serrées, lit *La Mort intime*, de Marie de Hennezel. Sur la couverture, on voit un soleil flou au-dessus d'un océan dans l'ombre. Et puis cette incitation à lire : « Ceux qui vont mourir nous apprennent à vivre. »

Ave ! Quae morituri te salutant ! Salut, lecteur ! Sache que la mort fait vendre !

Réveil des communistes en Russie. Ils sont en position de pouvoir faire du chantage à la Douma (Parlement).

Avant de dormir, Pascal :
« L'amour donne de l'esprit, et il se soutient par l'esprit. »
« La netteté d'esprit cause aussi la netteté de la passion ; c'est pourquoi un esprit grand et net aime avec ardeur, et il voit distinctement ce qu'il aime. »

Septembre

Mardi 1ᵉʳ septembre

Gris doux, pluie et soleil.

Claudel : « Septembre est le mois confidentiel. »

Clinton arrive dans une Russie chaotique pour rencontrer une absence de gouvernement et un Eltsine de plus en plus caricatural. Titre du *Figaro* : « L'aveugle et le paralytique ».
Sanction immédiate : Wall Street en chute de 6,36 %.
Sourire *chinois*. Le chat de Shanghai.

Il y aura 6 milliards d'habitants sur la planète en 1999. 8 milliards en 2025.
En 1960, il y en avait 3 milliards.
Seulement un milliard de personnes vivent dans un pays « développé ».

Mercredi 2 septembre

Orage violent. J'aime la pluie, le tonnerre, la foudre au-dessus des toits. Envie de *roman*, tout à coup, de partir de nouveau à l'aventure, donc de reprendre *Passion fixe* laissé de côté pour écrire *Casanova*. Envie de *phrases* de roman, du genre : « il regardait les arbres de la cour, les rosiers sauvages, le tapis du lierre profond », etc. Une heure d'écriture presque automatique. J'arrête quand je tombe de sommeil.

Verlaine, dans sa mise en scène des *Poètes maudits*, en 1884, décrit Rimbaud comme « un Casanova gosse » aux « narines hardies ». Mais un Casanova, tient-il à préciser, « bien plus expert ès aventures ».

Un « Casanova gosse » ? Drôle d'image.

Il est vrai que, pour Verlaine, Rimbaud est « un ange en exil », « la beauté du diable », etc. Il est question de son « menton accidenté », de sa « superbe tignasse », etc., etc. Mallarmé, lui, se souvient surtout de sa bouche « boudeuse » et de ses « mains de blanchisseuse », etc., etc.

Bref, ces messieurs sont très excités par le *physique* de Rimbaud. Comme ils ont décidé de ne pas lire sa *prose* (*Une saison en enfer*, *Illuminations*) et qu'il est parti, les laissant à leur petite malédiction locale, on peut juger de la légende, qui dure jusqu'à aujourd'hui.

Rimbaud dégoûté par les passions féminines qu'il engendrait chez les hommes ? Bien sûr. Donc, plus un mot, bonsoir.

« J'ai eu raison dans tous mes dédains puisque je m'évade !
« Je m'évade !
« Je m'explique » (*Une saison*).
Exergue pour le *Casanova*.

Casanova, Rimbaud : deux évasions *réussies*, contrairement à ce que veut faire croire la propagande courante (Casanova pantin sexuel, Rimbaud « opéré vivant de la poésie », etc.).

Jeudi 3 septembre

Gris frais.

L'Événement du jeudi publie mon entretien sur Duras. On verra.

De nouveau, un peu partout, de pleines pages sur Bourdieu. C'est désormais une star. Tant mieux : surévaluation veut dire dévaluation en cours.

À une réunion du *Monde*, hier, j'ai jeté un froid en disant que je trouvais Bourdieu un écrivain médiocre. C'est pourtant évident. Aucune sensibilité à l'art ou à la littérature. Mais j'ai eu tort de le dire, j'avais oublié que je n'étais pas là comme écrivain (d'ailleurs, dans le Spectacle, et c'est logique, je ne suis jamais là comme écrivain, ce serait une faute de goût de ma part).

190

S'arranger pour être toujours *sous-évalué* : question technique, chinoise.

Hier, au café : Houellebecq, Sorin, Noguez. Petit conseil avant le tribunal, puisque Houellebecq est attaqué par un camping des Charentes dont il a utilisé le nom et les pratiques dans son roman réaliste (le passage est très drôle). Plainte évidemment ridicule. Je rédige une brève intervention de soutien pour l'avocat de Houellebecq. Ce dernier (que je vois pour la première fois, contrairement à ce qu'on peut penser de mon apparition caricaturale dans son livre) : air doux, résistant, rentré, un peu fou.

Chevènement dans le coma après une opération (allergie au curare pendant l'anesthésie). Je nous revois en bateau, en Grèce, en 1978, vers Égine. Intervention de Jospin, visiblement affecté. Queyranne assure l'intérim au ministère de l'Intérieur. Je m'aperçois que j'ai de la sympathie pour Chevènement (type plutôt intègre).

Un avion Swissair de la ligne New York-Genève s'écrase au large des côtes canadiennes : 229 morts.

Soirée lumineuse.

Vendredi 4 septembre

Gris doux.

Dans le livre très plaisant de Laurence Cossé, *La Femme du Premier ministre*, cette lettre de Choiseul à Voltaire, du 20 décembre 1759 : « Je vais me consoler de l'ambition, de l'animosité, de la cruauté, de la fausseté des princes ; le cul de ma maîtresse me fait oublier tous ces objets et augmente mon mépris pour les grandes actions des personnages qui ont de pareils défauts. »
Laurence Cossé imagine le journal mélancolique de la femme de Choiseul. Il a des liaisons multiples, par exemple, à Vienne, la princesse de Kinsky : « La princesse de Kinsky eut des citronniers en hiver, des diamants et des fêtes en toute saison. J'en eus aussi. »
Gleichen, sur Choiseul : « Jamais je n'ai connu un homme qui ait su comme lui répandre dans son entourage la joie et le contentement. Quand il entrait dans un salon, il fouillait dans ses poches et

semblait en tirer une abondance intarissable de plaisanteries et de gaieté. »

Rencontre avec Marcel Detienne avant son départ pour les États-Unis. Il n'a pas été élu au Collège de France, à deux voix près, ce qui est proprement scandaleux. La Grèce, n'est-ce pas, c'est la convention incarnée par Jacqueline de Romilly, de l'Académie française.

Detienne a du génie. Je le regarde, tout frémissant, électrique, enthousiaste, follement érudit et libre. Parler avec lui en buvant du champagne, c'est immédiatement voir vivre les dieux grecs dans leur diversité irréductible, leurs masques, leurs métamorphoses. Danger et gaieté. On rit beaucoup ensemble. Pourquoi Apollon couvre-t-il le matricide d'Oreste ? Que trafiquent vraiment dans l'ombre Apollon et Dionysos ? etc. Tout cela comme s'il s'agissait de l'actualité même, de façon endiablée, urgente. Je ne connais personne qui fasse de la connaissance du passé une présence aussi forte, effervescente. Nous parlons donc des dieux dans ce bar de Paris, le jour tombe, *et ils sont là*.

Detienne me raconte qu'un des pontes du Collège lui a carrément fait passer un examen de grec. Stupeur. « Ah, dit le type, on m'avait dit que vous ne connaissiez pas le grec… »

Le style, c'est Dieu. Le Diable est farouchement opposé au style, c'est-à-dire à l'individuation ultime et intime, au *réel* (Duns Scot). Le mot définitif de Flaubert : « Je crois à la haine inconsciente du style. »

En somme : Logos, Éros, Éthos *contre* Mythos, Thanatos, Pathos. L'éthique contre la morale.

Detienne : « Heureusement, Eschyle n'a pas connu la cité platonicienne, il a pu parler d'Apollon aussi librement que Pindare, avec la lucidité du poète tragique rencontrant un dieu habité par le désir de transgression. »

Samedi 5 septembre

Travail. Je dors dans l'après-midi. Pluie violente.

Le roman moderne parle de personnages aimantés par des rapports aigus et profonds, lancés dans l'aventure de la survie autour du monde. Avions, téléphones de partout, paysages traversés et inter-changeables. Ils se croisent, vivent dans des intervalles improvisés, se perdent, se retrouvent. Leur expérience du temps est sans cesse brisée, morcelée. Ils ont, ou non, une certitude de fond (conflits). Ils savent respirer simultanément dans un monde profane et un monde sacré (poésie). Ils sont humains par fatalité, divins par intuition à éclipses. Ils se sentent contemporains de toutes les exceptions du passé. Ils n'ont pas d'avenir. Le néant les protège.

Marche, en fin d'après-midi, le long du Luxembourg. Extraordi-naire beauté du ciel et de la trouée des arbres. Au carrefour de la rue d'Assas et de la rue Auguste-Comte, le grand portrait gris de Mon-taigne, affiché par l'entreprise de rénovation du lycée, est resté là, en hauteur. Clin d'œil, sous le ciel rose et gris-bleu, à la concentra-tion des feuillages. Je bois une bière au *News Café*, au coin des rues d'Assas et Vavin. Quelques femmes bronzées me saluent en forme d'encouragement, sans plus. « Il faut savoir jouir loyalement de son être. » Je revois mon exemplaire des *Essais*, au lycée.

Encore une fois : le sexe, comme l'athéisme, doit rester aristocra-tique. Toute démagogie à ce sujet conduit à une misère redoublée, *l'expérience est faite*. Des écrivains comme Houellebecq ont donc raison de se plaindre. Très peu d'individus (hommes ou femmes) jouissent en le sachant. Quant à Dieu, s'il n'existe pas, ce n'est pas une raison pour en faire une histoire. Silence, méditation, action.

La bousculade de Paris : argent, souci, malveillances, mauvaise humeur générale. « Non, tu n'écriras pas ! » Jalousie et ressentiment partout. Affolements narcissiques.

Dimanche 6 septembre

Très beau temps (ça changera demain).

La maladie des très proches : angoisse.

Problème français : les résistants ont passé quatre ans à Londres, années à graver éternellement dans le marbre. Et moi, donc, dans le plus parfait incognito, presque quarante ans à Venise, tout en étant très apparemment à Paris.

193

Lundi 7 septembre

Suite de commentaires contradictoires sur l'état de santé de Chevènement, toujours dans le coma. On a : « stationnaire », « en cours d'amélioration », « sortie de la phase de choc », « pronostic réservé sur les séquelles, notamment neurologiques », etc.

Houellebecq, dans la revue *Perpendiculaire* : « Je hais le désir et le mouvement » ; « le racisme est un problème démographique en Afrique » (!) ; « pour Schopenhauer contre Nietzsche » ; « le bouddhisme comme solution finale », etc.

Quelqu'un qui dit presque exactement le contraire de ce que vous avez envie de dire, c'est rare (et précieux). C'était le cas de X., autrefois. Je ne manquais jamais de le consulter, afin, sans même réfléchir, de faire exactement le contraire de ce qu'il me disait. C'était d'une sécurité absolue, quasi génétique.

Les voix excitées, pseudo-positives, dans les répondeurs téléphoniques de la rentrée. Ce qu'elles disent en réalité : « Il faut y aller ! Nous sommes là ! La marchandise commande ! »

L'idéologie de l'époque (qui est censée ne plus en avoir) est notamment la suivante : les filles écrivent des livres épatants, elles sont toutes audacieuses, directes, dans le vent. Elles n'ont pas froid aux yeux, elles s'affirment. Les types, au contraire, sont déprimés, suicidaires, foutus, c'est-à-dire *authentiques*. L'ordre social est prononcé : les mâles n'ont qu'à rentrer à la maison, se tenir tranquilles, accepter sans discuter leur châtrage, collaborer à leur propre disparition. Conclusion : ce sont les femmes qui achètent.

Toujours la crise politique en Russie. Clinton lâché maintenant par les politiciens démocrates (l'important sénateur Joseph Lieberman, juif orthodoxe). Puissance du syndicat religieux.

Mardi 8 septembre

Beau temps, ciel griffé blanc et, vers midi, la pluie.

Je corrige les épreuves de *Vision à New York* pour sa réédition en Folio. Vingt ans : 1978-1998. Rien à ajouter.

Clinton : les nouvelles, à son sujet, sont de plus en plus pessimistes. Comme il fallait s'y attendre, la grande machine puritaine américaine a commencé son travail de sape. Le rapport du procureur Starr, avec les *détails* des relations sexuelles entre Clinton et Monica, risque d'être dévastateur (à moins d'un effet boomerang). Selon le *New York Times*, ce sera le document de loin le plus pornographique imprimé par les presses du gouvernement.

Je reçois les épreuves de *Casanova l'admirable*, 260 pages. Ça tient le coup *crescendo*, je crois.

Monica Lewinsky se masturbait, après le service religieux, avec un des cigares de Bill. Un havane ? Offert par Fidel Castro ? En souvenir de la baie des Cochons ?

Beauté de Paris en fin d'été. Je suis quai de la Tournelle. Le Louvre, ensuite, les Tuileries jaunes.

Portraits à faire : X., un fidèle de l'inimitié ; Y., profondément complice de ce qu'il prétend dénoncer, etc. Tour de vis (et de vice) à introduire dans La Bruyère.

Le calendrier avec des reproductions de Picasso dans la salle de bains : *Femme nue assise dans un fauteuil*, 1915-1916, aquarelle et mine de plomb. Petite contre-image traversant le mur : fraîcheur, drapeaux, projection basculée, la tête comme un rond de soleil, une bouteille en déséquilibre. Merveille.

Jean-François Kahn : « tout était faux au 20ᵉ siècle, balayons tout. » Idéologie très répandue ces temps-ci. Or le calendrier réel, *c'est Picasso*, rien à faire.

Mercredi 9 septembre

5 h 30. Correction des épreuves du *Casanova*.

Déjeuner avec Houellebecq. Type concave, faux doux, il sait ce qu'il dit. Lui aussi a tendance à penser par « générations », mais il a quand même l'air de douter du concept (génération/corruption). Curieux mélange de lucidité expérimentale et de connaissances dispersées. Il a conscience de cela, il faudra beaucoup lire (par exemple Melville, qu'il ne connaît pas). Point positif : ne fait pas semblant de savoir quand il ne sait pas.

Il a son livre dans son sac, le sort pour me souligner des passages ;

a un petit carnet de notes ; me montre la photo d'une fille de 13 ans, sa belle-fille je crois, qu'il trouve éblouissante. La « beauté » de la jeunesse a l'air de le fasciner et de l'accabler. Il s'étonne qu'il n'en soit pas de même pour moi.

Me dit qu'il a recommencé à boire. Mange une douzaine d'huîtres et demande un graves blanc. Propose de partager l'addition. Mais non, voyons.

En somme : sympathique, sérieux. On n'a parlé que de littérature. Bonne chance dans la durée de l'enfer social.

Clinton de plus en plus humilié, obligé de faire sans cesse des excuses. Un type qui s'excuse, aujourd'hui, prend le risque que ce soit deux fois plus la curée sur lui (raison pour laquelle il ne faut jamais faire d'autocritique).

Jeudi 10 septembre

Départ pour Venise par très beau temps. Le nouveau terminal F, à Roissy, très « troisième millénaire ». Tout est confortable, sauf le bar (il ne faut pas que les clients s'attardent). Déshumanisation fonctionnelle. Des voyageurs ? Où ça ?

L'avion attend une heure au sol. Puis les Alpes, très claires au-dessus des nuages. Grand champ neigeux à perte de vue. Les vagins gris des vieux glaciers, les bagues vertes des lacs.

Encore le Sexgate dans les journaux. Le coup de la masturbation au cigare avait lieu dans le bureau ovale après le service religieux baptiste dominical. Pendant ce temps-là, le jour de Pâques (!), Yasser Arafat attendait d'être reçu par le président des États-Unis. On voit le film.

Tout cela très positif, en somme : Clinton en martyr possible d'une cause juste (Proche-Orient). Comique ahurissant des scènes.

Arrivée à Venise à 14 h 30, beau temps chaud.
« *Ben tornato ?* »

Messe aux Gesuati. Voix angoissées des femmes récitant, à toute allure, le *Je vous salue Marie*. Le christianisme (le catholicisme) est la vraie religion parce qu'il intervient à pic dans la névrose reproductrice (fécondation miraculeuse). L'admirable et diabolique *Annonciation* de Lorenzo Lotto. Tout cela *s'entend*. Parfait.

Le dieu chrétien s'occupe directement de la matrice (naissance-mort).

Casanova plus frais que jamais, « ressuscité ».

Il faut entendre les prières en italien : appels du pathos grossesse.

La belle et grosse métisse sur les Zattere, avec son blouson bariolé mauve et jaune. Tous ses gestes sont musicaux, sensuels. Elle pousse, dans son landau, son fils de 6 mois. Elle vient de Saint-Domingue. Très surprise que, français, je lui parle en espagnol. Ses doigts, son nez, ses joues, son cou.

> *Sur ton cou large et rond, sur tes épaules grasses.*
> *Ta tête se pavane avec d'étranges grâces ;*
> *D'un air placide et triomphant*
> *Tu passes ton chemin, majestueuse enfant.*

Profonde *justesse* de Baudelaire (*Le Beau Navire*). Et aussi :

> *Quand tu vas balayant l'air de ta jupe large,*
> *Tu fais l'effet d'un beau vaisseau qui prend le large,*
> *Chargé de toile, et va roulant*
> *Suivant un rythme doux, et paresseux, et lent.*

(Splendeur des deux derniers vers.)

Concert Bach. Le programme reproduit un tableau de Braque, *Aria de Bach*. Où l'on voit que Braque, contrairement à Picasso, avait une oreille *pauvre*. Ça ne sonne pas.

Braque : « Les preuves fatiguent la vérité. » Comme si la vérité pouvait se fatiguer. Quelle idée.

Impasse de Beaufret tentant de ramener Heidegger à Valéry et à Braque. Limites « françaises ». Alors qu'il y a Cézanne, Rimbaud.

Vendredi 11 septembre

7 heures. Beau temps, bleu-blanc.

Le remorqueur *Pardus*, blanc et noir, petite baleine juste devant mes fenêtres. Le même qu'il y a trente-cinq ans. Pas une ride.

Repli des Bourses mondiales (si on peut dire). Le président coûte cher.

Arrestation de Licio Gelli, l'ineffable Vénérable de la Loge P2, à Cannes. Il était en fuite depuis des mois. Il habitait, sous une fausse identité, aux *Jardins de la Croisette.*

Gelli a 79 ans et s'est toujours défini comme « poète » (au point, encore récemment, de participer à des concours de poésie).

Cet homme sait tellement de choses qu'on peut s'étonner qu'il soit encore en vie. Le trou noir du Banco Ambrosiano passe par lui (Roberto Calvi, pendu sous un pont, à Londres).

Ceux qui ont de bonnes raisons de vouloir supprimer l'Histoire (ça fait du monde). Le Spectacle n'est d'ailleurs que cette volonté acharnée.

Sentir le dehors comme *réponse* : le chêne déployé, là-bas, de l'autre côté du canal.

Moscou : les accords intermafieux ont abouti pour l'instant. Et voici Primakov, ex-KGB, nommé Premier ministre. Le FMI téléphone à Eltsine pour le remercier. Il est ivre (début de roman possible).

Washington : plus le Sexgate gonfle, plus on est obligé de se demander ce qu'il cache. Le pénis du président dissimule une forêt de questions. À qui profite ce ramdam ? Qui est derrière ? Les républicains ? Seulement ?

Autre scandale à venir : l'Asiagate (financement du parti démocrate par la Chine et l'Indonésie).

Le cœur de notre galaxie, on le sait, comporte un trou noir avaleur d'étoiles. Ces dernières, dans sa proximité, tournent à une vitesse de 4,8 millions de kilomètres à l'heure. Exercice : tentez d'imaginer cette vitesse.

Cette information, quoique réelle, n'a aucun sens pour les humains. Et pourtant, leur galaxie est *percée*. Pour que le Soleil soit avalé, il faudra une dizaine de milliards d'années.

Hugo, en mourant : « Je vois un soleil noir d'où rayonne la nuit. » Et Goethe, en passant la ligne : « Plus de lumière ! »

Débrouillez-vous.

Après-midi gris, ciel fermé. Je dors.

Les péripéties du manuscrit d'*Histoire de ma vie*, de Casanova (il est d'ailleurs extraordinaire qu'il n'ait pas été détruit), posent une question de fond. Combien de documents et de traces ont disparu ? Combien sont encore *retenus* ? Combien de chefs-d'œuvre ou de révélations nous manquent ?

En théologie, le plus grave des péchés, est celui *par omission*. Omission : homicide, le Diable est menteur et homicide dès le début. Il omet. Hommet.

Dans la vie quotidienne : la façon, toujours révélatrice, dont quelqu'un *évite* de parler de certaines choses, de prononcer certains noms. Les femmes, surtout : vraies omissionnaires.

Nuit douce, bruit des bateaux, quelques voix, quelques rires.

Samedi 12 septembre

6 h 30. Orage, éclairs, pluie violente. Calme gris vers 8 heures. Puis vent.

Le grand *Aretousa*, bateau grec, rentre dans le port (remorqueur : *Ursus*).

Le rapport Starr a été publié sur Internet hier. Onze charges d'accusation, détails précis sur les acrobaties sexuelles Monica-Clinton. Elle espérait qu'il l'épouserait un jour (évidemment). Beaucoup de « sexe oral ». On ne dit pas si elle avalait, ou pas, le sperme de ce porc goy (le vrai crime, en réalité, serait là). La tache spermatique conservée sur la robe bleue correspond en tout cas à l'ADN du président analysé après prise de sang policière.

Clinton, cette fois, a compris qu'il fallait *pleurer* en public, s'excuser auprès de la pauvre fille et, surtout, faire appel à Dieu. Son discours télévisé a donc eu lieu au cours du petit déjeuner de prière annuel et traditionnel, à la Maison-Blanche, en présence des rabbins, pasteurs, prêtres, imams et autres représentants des religions.

Hillary est, bien entendu, à ses côtés, en « martyre muette ».

Pas mal.

La sexualité et la religiosité yankees, sous toutes leurs formes, sont donc là à ciel ouvert. Infection planétaire garantie. Qui n'en frissonne pas est fou (ou folle).

9 heures : entrée simultanée de deux bateaux de Panamá : *Bolero* et *The Azur*.

9 h 10 : le *Ionian Island*, de Patras.

Le moment est plus que jamais venu de vivre dans les *intervalles*. Les dieux d'Épicure, invisibles, impalpables, heureux, libres, ne se mêlant pas aux mortels (ou alors, tant pis pour eux). Comme quoi le choix radical de Venise, autrefois, était le pari juste. Instinct.

Titre possible : *La Nausée américaine*. Publier une apologie de Casanova dans ce contexte relève de l'inconscience ou de l'héroïsme. Poker.

16 h 30. Soleil.

17 heures. De nouveau l'orage, puis soleil.

Les bateaux du matin s'en vont. Manœuvre des remorqueurs *Squalus* et *Ausus*.

Sort aussi le *Flamenco*, de Nassau.

18 heures. De nouveau ciel noir.

Épatant : la mère du procureur Starr (le « tombeur » de Clinton), 70 ans, à propos de son fils devenu justicier : « Les fessées ont produit leur effet, il est devenu un homme. »

C'est donc un type abondamment *fessé* dans son enfance, et très allumé à la Bible protestante, qui déstabilise les États-Unis d'Amérique. Merci maman.

Relire la préface de Nabokov à *Lolita* : tout est là.

19 heures. Éclairs et pluie, de nouveau. Le remorqueur *Novus* passe sur l'eau vert sombre.

Venise, c'est ça : s'il fait beau, dix jours sont réunis en un seul ; si le temps est variable, un jour se divise en six ou sept journées différentes.

Nuit calme. Fête dans le palais d'à côté.

Dimanche 13 septembre

Matin frais, puis beau temps.

7 heures. Entrée de l'*Europa*, de Nassau, remorqueur *Pardus*.

Ce qui frappe le plus, dans l'affaire Monica-Clinton, c'est l'immaturité des acteurs.

« Le président a maintenu qu'il n'y avait pas de relation sexuelle sans pénétration, quelles que soient les autres activités sexuelles qui aient pu se produire. Il a affirmé que "la plupart des Américains ordinaires" approuvaient cette distinction. »

Il s'ensuit que, pour le président, « si Mlle Lewinsky a pratiqué une fellation sur lui, elle a eu des relations sexuelles, mais pas lui. »

Le lecteur mondial se frotte les yeux, mais il a bien lu.

Casanova lisant le rapport Starr : « C'est ça, votre époque ? »

À midi grand beau temps ébloui. À quatre heures, tempête sèche.

Dans le jardin de la villa de Licio Gelli, à Arezzo, on a retrouvé pour 3 milliards de lires de lingots d'or enterrés dans des jarres. Certains lingots portaient des poinçons en provenance des pays de l'Est. *Pardon ?*

Nuit noire. Sous la lampe, roman.

Lundi 14 septembre

Gris frais, soleil voilé, vent d'est nerveux, après-midi bleu.

7 h 15 : entrée du *Costa Classica*, de Monrovia, remorqueur *Neptune*.

9 h 20 : entrée du *Ionian Star*, grec, remorqueur *Carlo*.

Nouvelles émeutes à Tirana, palais présidentiel en flammes.

Entrée de l'*Erotokritos*, Minoan Lines.

Tout l'après-midi dans la relecture de *Passion fixe* (roman commencé en mai 1997). Pas mal de choses à modifier, mais l'essentiel est là (le mai 68 clandestin, une liaison de fond, la couleur chinoise).

18 h 30. Le *Costa Classica* ressort. Les mouettes le suivent, avides, plongent dans son sillage. Les passagers, massés sur les ponts, mitraillent la ville des flashs de leurs appareils photo. Le paquebot disparaît dans le tournant bleu en une minute trente.

Apparitions, disparitions : les ports.

Pour moi, dans le temps : Bordeaux, Barcelone, Venise, New York, Venise.

À Pâques, et l'été : l'île de Ré.

Paris ? Oui, en attente du reste.

Dîner, d'habitude : omelette au jambon, frites, valpolicella rouge. Je pense à X. ou Z. qui croient qu'à Venise je passe mon temps au *Harry's Bar* ou au *Lido*.

L'ascèse et la débauche : même substance. Rien à voir avec les « sorties », les « mondanités ».

Casanova : quand il n'est pas au jeu ou en orgie, il pense à se faire moine. C'est d'ailleurs en moine qu'il a fini (écrivant sans cesse). Inutile de s'expliquer là-dessus, personne ne comprend.

Passion fixe : tu ne renieras pas ta jeunesse. Écris-la.

Soirée de vent noir : dans un coin du salon, écoutant des madrigaux de Gesualdo. Lumière des voix torsadées, impassibles, dans la tempête. La musique ne doute pas.

Les Anglais, les Anglaises : plaisir de les entendre parler (au contraire des Américains et Américaines).

Martine Aubry et Simone Veil prennent la défense de Clinton en France. On est content de constater leur sang-froid.

Après Gesualdo, Couperin. On enchaîne.

Je me couche pendant que des éclairs silencieux explosent là-bas, à l'est.

Mardi 15 septembre

Ciel couvert, mais le soleil perce.

Coup d'État manqué en Albanie. L'Italie soulagée (et pour cause).

Licio Gelli, mot historique : « Je suis seulement un vieil écrivain fatigué. » Les Français font savoir que ce sont eux qui l'ont arrêté et non pas les Italiens. Cet homme pourrait, par ses révélations, changer le récit des trente dernières années.

Hillary Clinton, en ce moment, fait beaucoup de vélo et va souvent prier ostensiblement dans un temple méthodiste.

Soir de fête bleu-rose. Les avions dans le ciel tranquille.

Mallarmé : « se sauvegardant, multiple, impersonnel, pourquoi pas anonyme ».

Mercredi 16 septembre

Grand matin bleu-rose.

37 assassinés en Algérie (toujours au nom d'Allah, bien sûr).
Artaud : *La Maladresse sexuelle de Dieu*. Exactement.
Reprendre, à ce sujet, *Les Chants de Maldoror*.

Images de Clinton et de Hillary souriants, la main dans la main.
Du mariage considéré comme un des beaux-arts.
Sondage publié par le *Corriere* : 9 Italiennes sur 10 absolvent
Clinton le « libertin » (*sic*).

À vos marques, sportifs : le Viagra sera en vente libre dans toute
l'Union européenne dans deux mois.

La CIA publie quelques vieilles archives secrètes. Ainsi apprend-
on que le dalaï-lama a été financé par l'Agence contre la Chine pendant toutes les années 60, et au-delà. Et maintenant, qui paie ? Coca-
Cola ?
Du bouddhisme considéré comme une entreprise mondiale.
L'Église catholique, elle, au moins, ne s'en cache pas : le cardinal
de Naples a quelques ennuis, ces temps-ci, avec la justice.
Sartre : « Le dieu sévère du protestantisme plut, dans la mesure
où, dans la suppression des intermédiaires, il revenait à meilleur
marché. »
Ainsi du bouddhisme aujourd'hui. Économie débouchant sur le
néant : le rêve.

Sortie du *Daedalus*, Minoan Lines (Joyce voyant ça). J'oublie
toujours de noter que Nassau est la capitale des Bahamas. Le retour,
ici, des mots *Minoan, Ionian* : Venise, port grec lumineux de l'Anti-
quité, sauvé du naufrage.

Patricia B. : délicate, discrète. Elle vient de lire le *Casa*.

Jeudi 17 septembre

6 heures : très beau temps. Roman.
7 h 30 : entrée du *Ionian Victory*, bleu et blanc, emmené par le
Pardus. Chaque bateau déplace sa concentration cubée de silence.

Visite de la maison Bragadin, où Casanova avait son appartement. Très beaux tableaux et chats persans dans l'ombre. Photos. Si les murs pouvaient parler.

Relecture de Mallarmé (pour *Le Monde*). « La Destruction fut ma Béatrice. » On ne peut pas mieux dire, au milieu des pires tortures psychiques imaginaires, à quel point l'effondrement de « l'éternel féminin » a été une sorte d'apocalypse. Cette histoire nous paraît presque comique aujourd'hui, mais elle était très sérieuse pour tous ces chevaliers du Négatif qui croyaient à l'idéal virginal. Mallarmé n'a jamais rencontré Baudelaire (muet à son sujet). La mort de Baudelaire, en 1867, est le grand événement de cette époque noire.

Mallarmé *coincé*. Plus que jamais, Lautréamont et Rimbaud (Rimbaud, surtout). L'épouvantable camp de concentration subjectif de la bourgeoisie dix-neuvièmiste : rien n'a changé.

Liberté énigmatique de Manet. Mallarmé l'a vu, mais « à côté ». Son portrait par Manet : coup de vent de droite à gauche, cigare, papier, méditation le temps de mettre le doigt sur le mot.

Nuit calme et noire. Bruit régulier de l'eau. Roman.

Vendredi 18 septembre

Toujours très beau temps, jaune, bleu, rose.

7 heures : Entrée du *Maxime Gorkiy* (*sic*), de Nassau, blanc à lignes rouges. Remorqueur : *Hippos*.

« Jeudi noir » des Bourses. - 5,47 % à Paris, - 5,21 % à Milan, - 3,88 % à Francfort. Reprise économique revue à la baisse par le FMI. Effets de la déstabilisation de Clinton et de la crise asiatique. L'opinion américaine veut plutôt garder son président, mais les marchés et la presse sont d'un autre avis. L'opinion ne voudrait donc plus obéir ? Ah mais.

Diffusion, aujourd'hui, aux États-Unis, des quatre heures d'enregistrement télévisé de l'interrogatoire de Clinton devant le Grand Jury. On doit le voir impatienté, gêné, indigné, nerveux, accablé, etc. C'est l'image qui doit convaincre que cet homme ne peut pas continuer à être président de la première puissance mondiale.

Comme si c'était une question d'homme.

Le procureur Starr est traité de « porno-Starr » par des manifestants. D'autres ont trouvé le slogan : « Halte au maccarthysme sexuel », etc.

Toute cette salade n'est qu'un avertissement de la Technique : on entre dans vos cellules, vos génomes, votre ADN, donc dans votre chambre à coucher, votre sommeil, vos rêves, vos pulsions, vos sécrétions, votre salle de bains. Vous êtes expropriés, petits humanoïdes.

Tournant du Spectacle : tentative de destruction mondialisée d'un homme à partir de son sexe. L'Intégrisme, acteur du test technologique : *In God we trust !*

« Dieu » veut sa ration de castration (les dieux ont soif). Vers le Matriarcat planétaire (c'est ce que je dis et redis depuis des années). Donc : chasse à l'homme comme parasite sexuel (cf. *Lumière d'août*, de Faulkner). Racisme pur.

On oublie trop vite l'empoisonnement raciste anti-Noirs aux États-Unis (mortel, il n'y a pas si longtemps). Ici, il s'agit du racisme anti-mâle hétéro (après tout, Clinton n'avait qu'à faire *gay* en cachette).

Une amie de Monica Lewinsky se plaint du manque de solidarité des féministes dans cette affaire. Cette pauvre enfant n'a-t-elle pas été victime d'un porc *marié* ?

L'expression américaine, à mourir de rire : X. ou Y. ont des « aventures extraconjugales ».

L'image qui manque au film : Hillary et Bill en train d'avoir une « aventure conjugale » après le scandale Lewinsky. Ou encore, l'excitation de Mme Starr quand son procureur de mari rentre à la maison et qu'il s'agit d'aller au lit (ici, on se refuse à imaginer, c'est trop laid).

Le capital protestant : sexe, mensonge, vidéo, vide.

Soir beu-gris-rouge-brun.

« Beau temps », ici, à Venise, veut dire : disparition ou évaporation du temps. Unanimité des couleurs. Relativité générale indifférente. Mémoire globale présente. Légèreté, suspens, navigation libre, survol.

Choiseul : « Tout va mal, tout va de plus en plus mal, tout ne peut qu'aller mieux. »

Clinton, désormais, sera « rééduqué », chaque semaine, par deux pasteurs avec lesquels il méditera sur ses péchés et la Bible. Imaginer une lettre de Voltaire à ce sujet.

D. me dit qu'elle se méfie toujours des « poignées de main molles, froides et mouillées ». Précis de voyage à travers les corps à écrire. Coup d'œil physiologique en passant.

Samedi 19 septembre

Beau temps couvert. Lumière tamisée grise et blanche. Roman.

Un styliste de Milan offre 800 millions de lires à Monica pour défiler dans un tailleur bleu spécial. Plus chère que Claudia Schiffer.

La couverture du magazine *The Economist*, de Londres, est directe : photo de Clinton, et titre : « Just go ». Manifestants avec pancartes devant la Maison-Blanche : « Sors de notre maison ! Menteur ! Pervers ! »

Les féministes, de plus en plus gênées, multiplient les déclarations favorables au *programme* économique et politique de Clinton. Mais *la chose* ? Silence. C'est « la vie privée ». Comme si elles n'avaient pas fait du « privé » un enjeu « public » ! Même problème pour les gays, et on atteint ici une hypocrisie générale monstrueuse.

Décidément, il faut relire *Femmes* (1983) : tout y est prédit.

Casanova, contrairement à Goethe, pourrait dire : l'instantané féminin nous tire vers le haut, l'éternel féminin vers le bas.

Rousseau : « Je ne suis fait comme aucun de ceux que j'ai vus ; j'ose croire que je ne suis fait comme aucun de ceux qui existent. Si je ne vaux pas mieux, au moins je suis autre. »

17 h 30 : sortie du *The Azur*. Un peu plus tard, le cargo *Orhangazi*, d'Istanbul, rouge sombre et noir, dramatique, sur l'eau mercurielle déjà nocturne.

Dimanche 20 septembre

Beau temps.

À 10 h 34, hier, après une heure de supplications et de prières, le sang de saint Janvier s'est enfin liquéfié dans son ampoule de la cathédrale de Naples.

Ce saint, annuellement hémorragique, a été décapité en 305, et son sang recueilli par sa nourrice Eusébie.

Le cardinal Giordano, qui présente le miracle et fait baiser l'ampoule sacrée au maire de la ville (photo), n'en reste pas moins poursuivi pour malversations financières.

Non, Monica ne viendra pas défiler à Milan. En revanche, *Penthouse* lui propose un million de dollars pour poser nue.

Groucho Marx était surveillé autrefois, comme un peu tout le monde, par le FBI. Il appelait son pays « les serpents réunis », « United Snakes ».

Article sur Mallarmé pour *Le Monde* :
« Le hasard vaincu mot par mot. »
« Un esclaffement sombre. »
« La lucide et seigneuriale aigrette de vertige. »
« La neutralité identique du gouffre. »
« Penser est écrire sans accessoires. »
« J'ai imploré la grande Nuit, qui m'a exaucé et étendu ses ténèbres. »
« Je n'admets qu'une sorte de femmes grasses : certaines courtisanes blondes, au soleil, dans une robe noire principalement – qui semblent reluire de toute la vie qu'elles ont prise à l'homme... et, ainsi, sont dans leur vrai jour, une heureuse et calme Destruction. »
« J'ignore ce que c'est que le public. J'ignore la Comédie-Française. Je n'habite pas Paris, mais une chambre ; elle pourrait être à Londres, à San Francisco, en Chine... »
« Une crise est la santé, autant que le mal. »

Grand soir strié rouge-gris-jaune. Aucun bateau. Toute la ville flottante paraît se concentrer dans son indépendance. Rien ne s'est passé, rien ne se passera jamais. Le lieu a lieu, c'est tout. Le lieu ? Venise.

Les conversations avec Paris, au bout de dix jours, deviennent irréelles. C'est comme à New York : passé trois semaines, on laisse tomber l'Europe, c'est trop compliqué (décalage horaire, décalage tout court). Au début, on cherche les journaux français, et puis on oublie.

Ici, les nouvelles de France gardent leur importance, mais prennent un air de capitale de province. Les Français, vus depuis Venise, semblent pressés par des problèmes locaux, leur réalité est plus lointaine que l'Amérique. Effet sans cesse étrange de l'Italie (très dynamique et en avance, en somme).

Où est l'Italie ? « Au-dessus du monde. » La formule a l'air absurde, mais c'est ainsi. De nouveau Casanova à la Pompadour : « Venise n'est pas là-bas, madame, mais là-haut. »

Qu'on le veuille ou non, supériorité évidente de la civilisation catholique (contestations radicales d'elle-même comprises).

Sur Mallarmé, il y a la confidence atroce de Méry Laurent à Huysmans : « Impossible de faire l'amour avec lui, il était trop sale. » Le coup de la femme désirée interdite.

Le scandale de la poésie française : Baudelaire et Jeanne Duval. Autre scandale : Rimbaud se débarrassant de Verlaine.

Sartre, sur la période en question, touche juste, mais se trompe quand il croit que le symptôme est socialement dépassable.

Soir illuminé. Mallarmé : « Gloire du long désir, Idées… »

Lundi 21 septembre

Beau temps.

Les derniers mots de Mallarmé, se regardant dans la glace, avant son dernier spasme mortel : « Docteur, ne trouvez-vous pas que j'ai l'air d'un coq, d'un Aissaoua, d'un convulsionnaire ? » Après cette remarque ironique sur son apparence, il tombe.

Aissaoua ? Mallarmé a pu lire ce mot dans les *Notes de voyage* de Gide publiées en 1897. Il s'agit de femmes sahariennes saisies de folie mystique. Mallarmé aurait donc dû dire : « un coq, *une* Aissaoua. » *Convulsionnaire*, en tout cas, dernier mot.

Dans la nuit, rêve très positif : je joue dans un orchestre qui interprète *La Mer*, de Debussy. Tourbillon lumineux, je *vois* le gouffre des sons rapides. La salle est debout, le chef (Boulez ? Karajan ?) salue et me fait un signe entendu. Triomphe.

7 h 10 : entrée d'un petit cargo bleu, le *Cine*, d'Istanbul, drapeau turc rouge, croissant et étoile en blanc.

Retour du *Costa Classica* et du *Ionian Star*.

Huit mouettes se balancent devant moi sur l'eau agitée : le canal tout entier est en ébullition, et c'est pourtant le grand repos au milieu du bruit et des vagues.

Heidegger (1951) : « Sous toute haine se cache la dépendance la plus insondable à l'égard de ce dont elle voudrait au fond constamment se rendre indépendante, ce qu'elle ne peut pourtant jamais faire, et qu'elle peut toujours d'autant moins qu'elle hait davantage. »

« L'attitude d'esprit la plus basse, tandis qu'elle va s'abaissant sans cesse elle-même, est la haine : absence parfaite de liberté qui se prend avec ostentation pour supériorité creuse. »

« Tout ce qui est *anti* reste inextricablement pris au sein de ce contre quoi il entreprend de se battre. »

Philip Roth (*Déception*) : « Nom de Dieu, on se *croirait* dans cette foutue Europe de l'Est, non ? »

« J'écris de la fiction, on me dit que c'est de l'autobiographie ; j'écris de l'autobiographie, on me dit que c'est de la fiction ; aussi, puisque je suis tellement crétin et qu'ils sont tellement intelligents, qu'ils décident donc, *eux*, ce que c'est, ou n'est pas. »

Mallarmé : « le joyau de l'œil, véridique et rieur »…

Sur Manet : « vivace, lavé, profond, aigu ou hanté de certain noir, le chef-d'œuvre nouveau et français ».

« Toute âme est un nœud rythmique. »

« Chiffration mélodique tue de ces motifs qui composent une logique avec nos fibres. »

« Si, dans l'avenir, en France, resurgit une religion, ce sera l'amplification à mille joies de l'instinct de ciel en chacun. »

« Pyrotechnique non moins que métaphysique, ce point de vue ; mais un feu d'artifice, à la hauteur et à l'exemple de la pensée, épanouit la réjouissance idéale. » (Pour *Paradis*.)

Sur Manet : « En l'atelier, la furie qui le ruait sur la toile vide, confusément, comme si jamais il n'avait peint… On se joue tout entier, de nouveau, chaque fois, n'étant autre que tout sans rester différent, à volonté. »

« L'œil, une main… »

Soir bleu-rose, enchanté.

Pour chacun et chacune, le test par la poésie, la peinture, la musique : il n'y en a pas d'autre. Le sexe ? Pareil.

18 h 30. Le *Costa Classica* s'en va, bourré de passagers massés sur les ponts. Le bateau semble emporter avec lui toutes les maisons basses de la rive. Les cheminées jaunes disparaissent juste maintenant, dans le tournant, au milieu des arbres.

Roman.

Mardi 22 septembre

6 h 30. Très beau temps. Les bateaux écrivent sur le canal.

Résultat du spectacle Clinton : Bourses en baisse (surtout à Tokyo), mais Wall Street se reprend dans la soirée d'hier.

La mise en scène générale est celle d'un procès stalinien typique (démonstration de la profonde identité des deux systèmes). Il faut imaginer les procès de Moscou, à l'époque, télévisés et diffusés dans le monde entier, les accusés coopérant avec leurs accusateurs et pendus à la fin du film.

Jospin parle d'« homicide audiovisuel ».

Allons plus loin : on pourrait légitimement exiger la *reconstitution* des scènes érotiques (fellations, cigare dans le vagin, et autres bricoles).

Clinton parle de « criminalisation de la vie privée ». Pendant qu'il parle, en bas, sur l'écran, les cours de la Bourse.

Les réactions hypocrites (pour ne pas avoir à penser) : « C'est dégoûtant, à vomir », etc. Oui, mais de *quoi* s'agit-il ? « C'est de la pornographie. » Justement *pas*.

On se souvient du mot terrible et écœurant de Hitler : « L'antisémitisme est la seule pornographie admise dans le Troisième Reich. »

Les Iraniens : « Clinton est un maniaque sexuel. »

Je connais beaucoup d'Américaines (et d'Européennes) qui en réalité, sans oser le dire, sont très contentes qu'un homme-porc soit ainsi démasqué et humilié (il paie pour les autres).

L'inénarrable Andreotti (« Belzébuth ») déclare : « Que celui qui n'a jamais péché lui jette la première pierre. »

Jospin : « Tout cela est inimaginable en France, nous sommes une vieille démocratie. » Prions.

Ratzinger (Vatican) : « Il ne faut pas accuser les médias, ils ne font que refléter la société. »

L'expression qui restera : « relation non appropriée ». Exemple de nouvelle phrase de drague : « J'aimerais bien avoir avec vous une relation non appropriée. »

J'avais pensé, autrefois, écrire une sorte de contre-Évangile : récit, par quatre femmes, de leur liaison avec un homme. On ne pourrait pas croire que ce soit le même. Ton sérieux, humour noir.

Dans le cas de Clinton et de Monica, il y a aussi la question de la différence d'âge : trente ans. Or toute différence d'âge évoque automatiquement l'inceste. Ici Père-Fille, en plein dans le mille social (cf. Casanova, dont c'est, si j'ose dire, l'idée maîtresse).

Nihilisme super-actif ambiant, et complicité avec lui jusqu'à un certain point. Il se sert de toutes les contradictions existantes pour *nier*, moi pour *affirmer*. Différence d'abîme.

Le Diable est *grotesque*. On l'oublie trop.

Village planétaire. Qu'est-ce que Monica Lewinsky, sinon l'image absolue de la *provinciale* ? Maman, les copines, le feuilleton, etc. S'y ajoute l'élément *hard* que toute jeune fille, aujourd'hui, se doit d'avoir.

J'ai eu, au moins dix fois, des propositions de fellation de la part de filles de 20 ans. Elles étaient très étonnées que je n'en tire pas aussitôt des conclusions « amoureuses » ou de contrat social. En revanche, elles rougissaient à la première évocation sentimentale. Du sexe interdit (dévote du 19e siècle) au sexe obligatoire : même comédie.

Hier, 21 septembre, c'était le nouvel an juif, Roch-ha-Shana (« tête de l'année »). On entre dans le mois de tishri, 5 759 ans après « la création du monde ». Viennent ensuite les « jours redoutables » de la repentance, avant le Grand Pardon, Yom Kippour, qui tombe cette année le 30.

Pour que l'année soit douce, on trempe, à table, un morceau de pomme dans du miel (symbolisme transparent).

Heidegger : « C'est seulement lorsque nous nous engageons dans ce qui est plein de secret et plein de grâce comme ce qui nous donne proprement à penser qu'il nous est donné de penser ce que nous avons à croire de la malignité du mal. »

Contre le nécrophilisme et les prédicateurs de la mort, Hölderlin : « Qui a pensé le plus profond, aime le plus vivant. » (Les dieux, pour Hölderlin : « Les vivants, les bienheureux taciturnes. »)

Soir illuminé bleu-rose-jaune. On respire les couleurs. Puissante pression de vin du couchant.

Mercredi 23 septembre

Beau temps fixe.

La présentatrice de BBC World, châtain, yeux noirs, l'Anglaise dans sa perfection. Elle *reclasse* les nouvelles mondiales dans une accentuation détachée, diction, regard, tête à peine inclinée à la fin de la phrase : du grand art. Les Américaines, à côté, ont l'air forcé, trop viril, presque militaire ; les Françaises jouent à la poupée ; les Italiennes font assaut de vulgarité publicitaire. Le style britannique : qu'on soit au Lesotho ou à Kuala Lumpur, avec ou sans Clinton, dans les hauts ou les bas de la Bourse, très peu d'importance, je vous en parle en passant, j'ai ma vie privée intransigeante, cette journée va sombrer dans le néant sans état d'âme, pour en savoir plus relisez Shakespeare, bruit et fureur partout, mais en réalité pas grand-chose, *good night* !

Clinton a l'air de s'en tirer pour l'instant : bons sondages, les Bourses tiennent. Sinon : stalinisme repeint.

Le *Corriere della Sera* reproduit mon entretien sur Duras paru dans *L'Événement du jeudi*, sous le titre « Duras, le talent de la haine ». Il y a des coupes, mais l'essentiel est là (*Propagandastaffel*).

À quelques pages de distance, un évêque condamne l'euthanasie en soulignant l'aspect « rédempteur » de la souffrance. Pietro Citati, lui, fait l'éloge de la souffrance comme connaissance. Obscénité des clergés.

Dans *Les Inrockuptibles*, à Paris, Olivier Rolin, me comparant bizarrement au cardinal de Retz, dit qu'il en a assez de me « voir jouir par tous les pores », et que cette « prospérité satisfaite » l'irrite. Toujours le disque ressentimental à la Bourdieu (quand on n'a pas affaire à la propagande de névrose chrétienne, c'est à celle du stalinisme reconverti).

Inutile de dire qu'il est impossible de faire admettre la jouissance comme mode de connaissance (adieu Spinoza). Mais pourquoi vouloir le faire admettre puisque c'est impossible ? Si vous haïssez Casanova et Mozart, libre à vous.

La Banque centrale et le ministère des Finances russes sont accusés par la Cour des comptes et le parquet général d'avoir détourné des fonds octroyés par le Fonds monétaire international. « Des milliards de dollars ont été utilisés à des fins autres que celles auxquelles ils étaient destinés, d'autres ont tout simplement été volés » (BBC).

Cette *prospérité satisfaite* de la mafia pourrait peut-être inquiéter nos docteurs ?

Dans *Le Monde*, article de Marie Jégo : « La toute-puissance des mafias russes » : « Les mafias russes contrôlent 40 000 sociétés et 550 banques, dont les dix plus importantes... Elles ont pris naissance au Goulag, lorsque les prisonniers politiques (qui n'avaient rien à envier à l'université de Salamanque tant les cerveaux y abondaient) ont été encadrés par des droits communs qui avaient droit de vie ou de mort sur l'élite intellectuelle... En fait, dès les purges staliniennes de 1937, le KGB, champion de la confiscation des biens des internés, devient la première organisation mafieuse... Les mafias sont désormais incontournables. Il est ainsi de notoriété publique que les chefs de groupes parlementaires, achetés par de puissants groupes d'intérêts, distribuent des enveloppes aux députés de leur fraction à la Douma... La période actuelle se caractérise ainsi par la criminalisation de l'État russe de haut en bas et l'exportation du crime hors des frontières de l'ancien empire... S'abritant derrière une apparence de légalité, ces oligarques ont construit des fortunes colossales, ils sont à la tête d'empires financiers comprenant milices privées, banques, usines, gisements de matières premières, sociétés pétrolières, et manipulent la politique russe... Gageons qu'ils sauront bientôt mettre la main à la poche pour hisser à la tête du pays exsangue celui qui saura au mieux garantir leurs intérêts. »

Curieux comme, dès qu'il s'agit d'argent, les romanciers et les intellectuels d'aujourd'hui deviennent timides.

11 heures. Entrée du *Phedra* (Minoan Lines) : Racine sur l'eau, en direct de Grèce. Juste derrière, la navette bleu et blanc *Princess of Dubrovnik*.

Il serait quand même souhaitable d'avoir l'évaluation financière des intérêts en jeu dans le Sexgate. Mais qui peut la faire ?

16 heures. Le *Vistafjord*, de Nassau, appartenant aux lignes Cunard, est remorqué en virtuose par le *Pardus*. En 1928, ici même, Louis Aragon s'est suicidé à cause de Nancy Cunard. Il s'est raté, mais se retrouve deux ans plus tard à Moscou, avec Elsa Triolet, c'est-à-dire sous la surveillance du KGB. Ces jours-ci, le Parti communiste français rencontre son homologue russe, de retour sur la piste du cirque mondial. Il admet même, c'est un grand événement, la possibilité de l'homosexualité. Tel est, en quelques lignes, un *petit roman historique du 20ᵉ siècle*.
Plein soleil. Sortie de l'élégant *Astra II*, encore de Nassau.

L'Iran déclare que l'affaire Rushdie est « close ». Mais la *fatwa* religieuse de Khomeyni est irrévocable. N'importe quel cinglé islamique peut donc l'accomplir un jour.

18 h 10. Sortie du *Seabourn Spirit*, d'Oslo. J'aime particulièrement ce bateau (cf. la fin de *Studio*).
Ciel violet (lie-de-vin), eau bleu-verte (turquoise).
La lune, rognure d'ongle, avançant peu à peu depuis le couchant. Maisons noires.

La nuit : roman.

Jeudi 24 septembre

6 heures. Temps radieux. Jour du retour à Paris. Roman.
7 h 45, bon signe ironique : entrée du *Ionian Victory*, remorqueur *Titanus*.

Quand le Spectacle parle de sexualité, on devrait écrire et prononcer le mot autrement. À la Queneau, par exemple : le *sessuel*. Un hétérosessuel, un homosessuel. Il, ou elle, avait une sessualité bizarre. Un obsédé sessuel.

Il y a plein d'histoires de *sesse* pour que ça cesse. On garderait ainsi le *x* pour la réalité de la chose (s'il en reste).

« Une affaire sessuelle ? » – « Non, non, tout à fait *sexuelle*. » – « Hou là ! »

Midi. Départ pour l'aéroport.

La navette *Apollo* passe.

Ensuite, depuis le *motoscafo* bondissant sur l'eau, vision du *Daedalus* devant le Redentore.

La nouvelle qui vient de tomber ce matin : un collectionneur de 97 ans met en vente le 17 novembre, à Drouot, des brouillons manuscrits d'*Une saison en enfer*. Il les possède depuis cinquante ans, ne les a jamais montrés à personne, devait les *toucher* souvent. Il a aussi d'autres manuscrits de Rimbaud et la fameuse lettre d'Isidore Ducasse au banquier Darasse (« lettre-testament »). Darasse, chez qui Lautréamont venait chercher son argent, habitait au 5 rue de Lille, l'adresse, par la suite, de Lacan.

« J'ai complètement changé de méthode, pour ne chanter exclusivement que *l'espoir, l'espérance*, LE CALME, *le bonheur*, LE DEVOIR. »

Voilà un vieux collectionneur avisé, transformé en poste restante. Il a laissé tourner les compteurs, puisqu'il ne s'est rien passé de décisif depuis. Hölderlin, Lautréamont, Rimbaud, Nietzsche.

Les bureaucrates de Shanghai interdisent l'exportation de l'opéra *Le Pavillon des Pivoines* prévu pour Paris. Comme par hasard, la nouvelle tombe au moment de l'arrivée de Jospin en Chine. Pas de pivoines pour le gouvernement, arrestation de dissidents, contrats sur la table.

Dans l'avion, au-dessus des Alpes, je lis dans *Libération*, annoncé comme un événement, un dialogue d'amour touchant entre Hélène Cixous et Jacques Derrida. De vieux amis, en somme.

À mon arrivée à Paris, le Casanova imprimé est là.

Vendredi 25 septembre

Plutôt beau temps, entretien avec Michel Houellebecq pour l'*Observateur*. Beaucoup de rires, non prévus au programme.

215

Après la suspension de la *fatwa* contre Rushdie, l'Angleterre réablit ses relations diplomatiques avec Téhéran.

Commentaire de Rushdie : « La liberté se reconnaît aux petites choses, comme décider d'aller se promener, et le faire immédiatement. »

Philip Roth, à la fin d'*Opération Shylock* (c'est un type du Mossad qui parle) : « Démolir les réputations, c'est aussi de l'espionnage, et ce n'est pas moins important que de faire sauter des réacteurs nucléaires. Quand ils ont décidé de réduire au silence une voix qui les gêne, ils savent le faire sans bavures, pas comme nos frères musulmans. Ce ne sont pas des barbares, pas le genre à lancer ces idioties de *fatwa* qui vous transforment en saint martyr l'auteur d'un livre que personne ne peut lire – non, eux, ils se mettent tranquillement au travail sur la réputation du bonhomme. Et ils n'y vont pas de main morte, pas comme ils ont déjà fait avec vous dans le passé, quand ils ont lâché la bride à la bande de laquais qui se prennent pour des intellectuels avec leur magazine. Là, ce sera pour de vrai – du *loshn horé*, une campagne d'insinuations qu'il est impossible d'arrêter, des rumeurs impossibles à étouffer, des saletés dont vous ne vous débarrasserez jamais, des calomnies sur votre travail, des racontars où l'on se gaussera de votre malhonnêteté en affaires et de vos perversions bizarres, des polémiques scandaleuses pour dénoncer vos errements moraux, vos mauvaises actions et vos défauts – superficiel, vulgaire, lâche, avare, indécent, hypocrite, égoïste, traître. Des propos désobligeants. Diffamatoires. Des mots d'esprit insultants. Des anecdotes peu flatteuses. Des méchancetés gratuites. Des ragots de bas étage. Des médisances absurdes. Des plaisanteries blessantes. Des mensonges incroyables. Du *loshn horé* d'une ampleur tellement impressionnante que c'est la peur garantie, l'affliction, la maladie, l'isolement spirituel et la faillite financière, et en plus votre vie en sera considérablement raccourcie. La position que vous avez mis presque soixante ans à atteindre ne sera plus qu'un tas de ruines. Aucun recoin de votre vie n'échappera à la contamination. Et si vous croyez que j'exagère, c'est que vous n'avez *vraiment pas* le sens des réalités. Quand il est question des services secrets, personne ne peut dire : "Ça, c'est des choses qu'ils ne font pas." Personne n'en sait assez pour tirer ce genre de conclusion. Tout ce qu'on peut dire, c'est : "De mon temps, ce n'est pas le genre de choses qu'ils faisaient, cela dit, il faut bien qu'il y ait une première fois." »

« Philip Roth ? me disait X. Il est totalement paranoïaque ! » Tu parles.

Samedi 26 septembre

Pluie douce. Sur le trottoir, le matin, brusque impression d'être *libéré*. Mais de quoi ?

Entretien. « En somme, vous êtes heureux ? » – « Oui, plutôt. » Silence consterné des journalistes. Et puis on parle, ça va mieux (du moins apparemment).

Kafka, *Journal*, 9 mars 1922 : « Utiliser le cheval de l'adversaire pour sa propre course. Unique possibilité. Mais que de forces, que de tours d'adresse il faut pour cela ! Et comme il est déjà tard ! »

Même jour : « Le secours m'attend quelque part et les rabatteurs me mènent vers lui. »

Grande confiance dans Kafka. C'est instinctivement vers lui que je me tourne pour un rappel de courage.

Dimanche 27 septembre

Pluie toute la journée.

J'écoute, une fois de plus, *Israël en Égypte*, de Haendel (enregistrement John Eliot Gardiner). Le cri à travers le mur.

Encore dans les yeux toute la splendeur bleue de Venise. En réalité, je reste là-bas, dans ma chambre, derrière les volets mi-clos, et j'écris. Ou bien, en bas, sur le quai, au soleil, la tête appuyée contre le mur de briques chaudes.

Élections allemandes : victoire de Schröder et des sociaux-démocrates (chômage en Europe de l'Est). Kohl, battu, très digne, large cravate jaune. Cohn-Bendit ravi, pas rasé, sur toutes les chaînes. À Toulon, la candidate socialiste, Odette Casanova (!), l'emporte sur le Front national.

Berlin, donc, pour le troisième millénaire : installation du décor.

217

Lundi 28 septembre

Gris pluvieux.

10 heures. Service de presse du *Casanova* chez Plon.

L'après-midi, à l'hôtel Lutétia, entretien avec Sagan, gaie, détachée, directe. Elle publie un livre sur la façon qu'elle a eue d'écrire ses livres. Un écrivain, finalement, ne se souvient plus que de ça : ce qu'il faisait au moment où il écrivait tel ou tel récit, l'environnement de cette époque, le climat, les couleurs, les odeurs. Six heures d'écriture rendent les dix-huit autres irréelles, dit-elle, et elle a raison. Son admiration pour Sartre, qu'elle croisait, au début des années 60, dans une maison de passe, rue Bréa.

« Rue Chaplain ?

– « Oui, ce doit être ça. »

Charme de Sagan. Elle parle très bien de la dépression. Son goût pour la poésie.

Mardi 29 septembre

Le dictateur du Liberia, Charles Taylor, est en visite à Paris. Il s'est imposé à la faveur d'une guerre civile qui a fait 200 000 morts. Il a fait assassiner tous ses opposants. Il est reçu par Chirac et les socialistes. Voilà un homme d'ordre, qui arbore fièrement une belle cravate rouge. Tout va bien.

Jim Harrison, dans *Le Monde*, pense que la folie américaine récente vient des « manifestations les plus oiseuses du "politiquement correct" sorti des universités, ce grossissement involontaire de la structure cellulaire du communisme cubain où l'on attend de chacun qu'il trahisse son prochain avec empressement ».

Il parle du devenir américain comme de celui d'un « Disneyland fasciste ».

« On peut trouver aussi un parfum vaguement comique à toute l'affaire Lewinsky. Parce que les républicains ont exigé la complète divulgation de tous les papiers et de toutes les bandes vidéo, des millions de parents américains sont face au douloureux devoir d'expliquer la sexualité orale à leurs enfants. »

Pour Edward Wilson, le porte-parole de la sociobiologie américaine, les rêves sont de « simples processus chimiques ». Grâce à la neurobiologie, à la génétique et aux sciences cognitives, le problème humain est enfin réglé. Lui-même reste pourtant un baptiste convaincu et trouve nécessaire le dialogue entre empirisme et transcendantalisme. Les savants d'aujourd'hui, dit-il, sont des oiseaux par rapport à des dinosaures comme Condorcet, etc. Bref, c'est le nouveau coup de « l'avenir de la science ». Il faudrait aller voir sur place comment il vit, et quels sont ses goûts.

À l'horizon, bien entendu, l'eugénisme, le clonage, etc. Marx, Freud, Nietzsche (et tant d'autres) sont fermement reconduits aux oubliettes. La pensée ? Quelle pensée ? Mes cellules sont là, donc je pense.

Mercredi 30 septembre

Matin gris, puis soleil à travers les nuages.

Reçu trois livres d'Alain Badiou. Dédicace du troisième, *Petit Manuel d'inesthétique* : « À Ph. S., inesthéticien de choc. » Étrange de voir comme il est hanté par Mallarmé.

Lettre de Laure Adler, qui proteste avec humour contre mon diagnostic de « frigidité » appliqué à Duras. Faut-il développer ? Expliquer ? Non, n'est-ce pas ?

Lettre de Yann Andréa, qui pense, lui, que je suis fasciné « hystériquement » par Duras, dont je voudrais me rapprocher comme objet d'amour. Il me propose qu'on « se voie », qu'on « s'écrive ». Et me conseille de relire « encore et encore » les livres de Duras. Mille excuses, je suis en ce moment dans saint Augustin.

Reçu le splendide *Shitao* (1642-1707) de François Cheng, « dans la pensée de l'unique trait de pinceau ». Toujours la même émotion en voyant la peinture et la calligraphie chinoises. Le paysage *saisi*.

Déjeuner avec Pascal Quignard, un des seuls vivants avec lequel je puisse parler de la Chine classique.

Edmund White, dans *Les Inrockuptibles*, reprend les clichés sur moi, « parisien typique, brillant et versatile, suiveur de modes », etc. Exemples : Vivant Denon, Cézanne, Casanova… Denon à la mode avant que j'en parle ? Première nouvelle. Mais passons. « Sollers n'a pas son équivalent dans le monde anglo-saxon. »

Livre de Thierry Ardisson, *Les Années provoc* (recueil d'interviews tac au tac).
Émission *Bains de minuit* (1987) :
« T. A. : À l'époque du sida, comment tu fais, tu utilises les préservatifs ?
Ph. S. : Le sida est très peu répandu parmi les femmes. Je fais attention aux femmes que je fréquente. J'évite les femmes qui auraient tendance à aimer les bisexuels.
T. A. : Tu aimes les lesbiennes ?
Ph. S. : Beaucoup. Mais je suis comme tous les artistes, Baudelaire, Picasso… »
Émission *Lunettes noires pour nuits blanches* (1989) :
« T. A. : Si tu étais un vice ?
Ph. S. : La notion même de vice. »

Dîner à Matignon. Jospin arrive en retard, freiné par la visite de Schröder. Silviane Agacinski et lui détendus. Ils n'ont pas eu le temps de voir grand-chose en Chine (poussés d'une voiture à l'autre). Jospin, à qui je donne mon *Casa*, me dit qu'il lisait *Histoire de ma vie* en cachette lorsqu'il était étudiant en Angleterre.

Jean-Luc Godard se plaint, paraît-il, que j'aie participé à une émission de télévision avec Woody Allen. Il est très désireux, lui, de dialoguer avec George Steiner (qui croit que *Les 400 Coups* de Truffaut est un film de lui).
Godard publie ses *Histoire(s) du Cinéma* dans la collection blanche de la NRF. Fragments décousus et images colorisées en regard. C'est très kitsch. Manquent la voix et le mouvement qui ne s'atteignent que dans l'écriture elle-même. Or le cinéma n'est jamais ni peinture ni littérature. Qu'est-il, alors ? Du cinéma. Souffrance de Godard à ce sujet, ton de désenchantement apocalyptique (Malraux, Duras). Emphase dépressive du propos.

Omar Khayyam (1040-1125), *Rubayat* :

> *Nous ne quittons le verre de vin ni le jour ni la nuit ;*
> *Nous ne laissons les filles en paix ni le jour ni la nuit ;*
> *Si nous sommes ainsi, c'est que Dieu nous a faits ainsi ;*
> *Nous sommes avec le vin, avec les filles, avec Dieu, jour et nuit.*

Khayyam, Dieu sait pourquoi, comparait toute femme à une tulipe.

Octobre

Jeudi 1ᵉʳ octobre

Reçu le livre de Jean Daniel, *Avec le temps*, des carnets couvrant les années 50-98. Tout le monde, ou presque, dans le « milieu », parle de la vanité de Daniel, de son narcissisme, et cela est très injuste. Il est typiquement « l'honnête homme » d'aujourd'hui, rôle intenable dans la perversion généralisée et le double langage obligatoire. Il a réalisé le meilleur magazine français de l'époque, dans la cohue sociopolitique, en essayant, sans cesse, de lire, de comprendre, de se cultiver (belles pages sur Alfred Brendel, par exemple, après un concert Haydn). Sa vérité, sincère, presque enfantine, est indubitablement religieuse (c'est ce qu'on lui reproche, au fond). Ceux qui se moquent de lui, tout en ayant bénéficié de sa générosité, le regretteront. Mais non, ils s'en foutent.

Encore de pleines pages, un peu partout, sur Bourdieu. Son cas, finalement, est simple : la Société veut que *tout* soit social et, de ce point de vue, Bourdieu la rassure. Voir sa critique très médiocre de Heidegger.

Déjeuner avec Plagne et Labarthe. Idée d'aller faire un film en Chine sur Rimbaud (mais qui peut vouloir d'un tel projet ?).

Comité de lecture à la NRF. La drôlerie de Réda et de Michel Mohrt. Le silence de Pierre Nora. Les interventions pince-sans-rire d'Antoine Gallimard. Le noir brillant de Teresa Cremisi. La nuit tombe doucement sur les marronniers du jardin, pendant qu'il est question de romans tous plus pathétiques les uns que les autres.

Vendredi 2 octobre

Gris-blanc.

Déjeuner avec Nicole Wisniak. Rapidité, rires. Elle est dedans et dehors, connaissance des coulisses, regard éveillé sur elles.

Le soir, avec une amie, je réécoute *Don Giovanni* (direction Giulini). « *Viva la libertà !* » De nouveau, stupeur : comment Mozart est-il arrivé à *ça* ?

Schröder rend un hommage public à Kohl. Celui-ci, assis au premier rang, pleure.

Agitation des trésoreries mondiales, à Washington, autour du FMI, de plus en plus contesté. Discours « ferme » de Jospin. Comédie des milliards de dollars partant partout en fumée, en Russie, au Japon, au Brésil. « Ce n'est pas une fatalité », dit-il. Vous croyez ?
Les petits rebondissements des Bourses servent à masquer les pertes. L'information comme puce à désinformer. En réalité, bordel total, réunions, blabla, photo, à bientôt.

Jean-Paul II à Belgrade béatifie le cardinal plus ou moins oustachi Stepinac. 400 000 personnes. Grand portrait kitsch 19e du type, présenté (d'ailleurs à juste titre) comme une victime du communisme (seize ans de prison). Ça s'appelle avoir de la suite dans les idées : l'ex-URSS, et sa zone d'influence, comme ennemi historique principal. Moscou ne sera pas la nouvelle Rome. Or le Vatican, par définition, ne dit jamais tout. Dossiers ?

Surprises du calendrier Picasso : pour le mois d'octobre, ce sont *Quatre Femmes dans un paysage*, de 1955. Diverses techniques sur papier. Voir cette reproduction, le matin, en sortant du bain, excellent exercice : jamais la même perception. Aujourd'hui, le tableau était un grand arbre enneigé, il disait son écorce.

Samedi 3 octobre

Gris froid, puis soleil.

Le livre de Bettina Rheims, *INRI* : photos se voulant « blasphématoires » (femme crucifiée, etc.). Laideur et bêtise. Choquer les intégristes, quel programme ! On avoue par là qu'on se situe dans leur dimension de représentation.

Passons aux choses sérieuses :

Le Monde : « Les recherches sur l'embryon humain pourraient être autorisées. » Il est donc question de leur *licéité* (quel mot).

Faut-il appeler un embryon une « personne humaine potentielle » ou « une potentialité de personne humaine » ? Grave question.

Les « cellules souches » représentent un « formidable gisement biologique » (tissus nerveux, musculaires, sanguins, etc.). Le mot *gisement*. Exemple : « Ci-gît un gisement d'embryons. »

Les cellules cultivées *in vivo* peuvent ainsi se perpétuer à l'infini, semblables à elles-mêmes. Les transferts des noyaux de ces cellules dans des ovocytes énucléés ouvrant la voie à une possibilité de clonage déjà réalisé chez les mammifères domestiques.

L'homme sera un mammifère domestique.

Il est probable que le lecteur et la lectrice, engendrés jadis par les voies sexuelles, parcourent ces informations avec juste un petit frisson de résignation. En revanche, le rapport du procureur Starr les dégoûte, le PACS les trouble et l'euthanasie les inquiète.

Réponse (encore et encore) : Casanova, Mozart.

Dimanche 4 octobre

5 h 30 : prise de notes. Lecture de saint Augustin (premier volume en Pléiade).

9 heures, hasard de la radio : l'éblouissante Sonate 60 de Haydn, par Alfred Brendel. « Par la seule force de la musique, nous traversons la sombre nuit de la mort. »

La mort ? « La meilleure amie de l'homme » (Mozart).

Gris pluvieux. La plupart des conversations pourraient s'interrompre assez vite en disant simplement : « Je ne *vois* pas les choses comme vous. » On devrait s'en tenir là, pas de fatigue.

Synonymes pour « honnête » : *casher*, catholique, réglo.

La règle sociale : dire du mal de tout le monde à tout le monde. Se faire ainsi une fonction d'*anti-nom*. Contre-règle : silence, écrire. Pari sur la signature.

Quelqu'un publie un livre : la machine à le nier ou à le relativiser se met aussitôt en marche. On le lit : on s'aperçoit que personne ne l'a lu. Et ainsi de suite, puisqu'il y a seulement contrôle et recyclage des images sociales.

À peine avais-je commencé de parler qu'elle finissait mes phrases pour dire le contraire. L'envie me venait parfois de défendre ses idées avec énergie pour voir si elle se mettrait aussitôt à exposer les miennes.

La contradiction pour la contradiction, passion hystérique. Forme de point d'honneur, ou de « patriotisme sexuel » (comme disait Hemingway de Gertrude Stein).

Freud a connu ce genre de situation : « Je vous contredirai, quoi qu'il arrive. » Que faire ? S'éclipser.

Autre type de femme (courant) : le mensonge permanent, *qui n'en est même plus un*, par peur et angoisse. Comme les enfants. Tout est dangereux, agressif, c'est le monde des adultes, des mâles brutaux, il faut le démagnétiser, l'atténuer, le « gazer », l'égarer. Étrange chez des femmes de 40 ans, par exemple, avec déjà deux ou trois enfants. Âge mental : 10 ou 12 ans. Les relations avec elles deviennent de la pédophilie psychique.

Celles, aussi, qui « sont en crinoline dans leur tête », comme dit une amie. Méchanceté défensive à tout propos. Formule de la même amie : « celles qui râlent faussement » en faisant l'amour (le plus grand nombre).

Pour les hommes, ce mot de Mauriac : « Il se hâtait de déplaire, de peur de déplaire naturellement. »

Les êtres humains protègent comme ils peuvent leur pudeur, et c'est bien normal : les maladies, les toilettes.

L'affaire Clinton aura été un spectacle mondial de *spermophobie*. Quoi ? On a encore besoin de cette substance visqueuse pour la reproduction de l'espèce, et il la dépensait *à côté* ? Quelle honte.

« Mais enfin, vous croyez en Dieu, oui ou non ?
– Quelle représentation en avez-vous ?
– Peu importe. Répondez.

– Non.

– Il paraît que vous êtes schizoïde-paranoïde avec stabilisation perverse ?

– Si vous le dites. »

J. K. me fait remarquer qu'une photo de profil de Mélanie Klein ressemble à ma mère. C'est presque vrai.

Les lieux magiques (jardins de Bordeaux, bois de noisetiers) : ils n'existent plus, ils *sont*.

Le début des *Confessions* de saint Augustin : la puissance d'interrogation, soudain, du fond de l'abîme.

Lundi 5 octobre

Gris pluvieux sans pluie.

La procédure de destitution de Clinton est en cours. Cette fois, plus personne ne rit.

Atrocités serbes au Kosovo. L'OTAN, comme d'habitude, parle d'intervenir.

Attentat sur un marché d'Alger. Routine de l'horreur.

On commence à imaginer la manifestation en Russie, le 7, pour exiger le paiement des salaires et des retraites. Thème général : « On n'en peut plus. »

Toujours l'agitation des Bourses, - 2 % à Paris. Comme le G7 s'est réuni dans la confusion et l'inertie active, l'effet Clinton et le bordel des marchés font tempête à l'horizon (plus grave crise financière depuis la Seconde Guerre mondiale). Il faudra cacher ça. On y parviendra.

Lecture de saint Augustin en taxi vers Boulogne pour un clip TV. Et retour par les quais de la Seine, lumière argentée très belle.

« Tu es toujours en acte et toujours en repos,

« Amassant sans besoin,

« Portant et remplissant, et protégeant,

« Créant et nourrissant, et achevant,

« Étant toujours en quête, bien que rien ne te manque…

« Tu changes dans ton œuvre sans changer de dessein,

« Tu reprends quand tu trouves, et n'as jamais perdu…
« Tu acquittes les dettes sans devoir à personne,
« Et tu remets les dettes, sans rien perdre du tout… »

On dirait du Lao-tseu.

Téléphone de Claude Lanzmann sur mon *Picasso*.
Préparation, avec Marcelin Pleynet, du n° 64 de *L'Infini*. Discussion sur Ponge (son obsession du latin classique). Puis conversation électrique avec Teresa qui part pour la Foire du livre de Francfort.

Mardi 6 octobre

Grève surprise des autobus parisiens. Les machinistes en ont marre de se faire cracher dessus. Les violences se sont multipliées depuis des mois. Rackets divers dans le métro devant les voyageurs passifs.

Un curé intégriste porte plainte contre le livre de Bettina Rheims. CQFD. On apprend quand même que cette grande photographe (dont le portrait de Chirac orne les commissariats) a touché pour cette « œuvre d'art » 1,5 million de francs de mécénat, dont 400 000 de la Mission pour l'an 2000 du ministère de la Culture. *Libération* parle, sans rire, d'« un bel hommage de la République à 2 000 ans de christianisme ».
Les saint-sulpiciens se reniflent les uns les autres : les uns dans la fadeur, les autres dans la laideur.

Toujours saint Augustin en taxi. Ça pourrait faire un petit film. Le chauffeur, lui, écoute une émission rétrospective sur l'assassinat non élucidé d'Olaf Palme.
Souvenir de Stockholm, avec Laurène L., montée vers le penseur de Rodin, là-haut, sur la terrasse. Le port tranquille, les bateaux.

Nietzsche : « La règle du meilleur style peut être d'abord de trouver l'expression grâce à laquelle on transmet *tout* état d'âme au lecteur et à l'auditeur ; ensuite de trouver l'expression pour l'état d'âme le plus souhaitable, dont la communication et la transmission sont souhaitables aussi au plus haut degré, disposition de l'homme lucide et sincère, ému jusqu'au tréfonds, d'esprit joyeux, qui a triomphé de ses passions. Telle sera la règle du meilleur style : il correspond à l'homme bon. »

Mercredi 7 octobre

Gris-blanc.

Dans *Libération*, interview de Godard :
« C'est important pour vous d'être publié chez Gallimard ?
– Après la Libération, Schérer [qui s'appellera Rohmer pour faire du cinéma, *NDLR*] a publié son premier roman chez Gallimard. Alexandre Astruc aussi. Moi, j'étais en admiration, je les jalousais un peu. Pendant longtemps, avant de savoir que pour moi c'était du cinéma, j'ai cherché à écrire un roman. J'ai vu que je ne savais pas parce que je ne dépassais pas la première phrase. Je me disais : mais pourquoi celle-là ? J'ai commencé par : "*Le ciel est noir.*" Et après, tout est-il noir ? Et puis, à un moment, le cinéma m'a aidé en disant : "Écoute, tu mets la caméra là, c'est elle qui te dira s'il est noir ou pas, et ensuite du continueras." »
Première phrase du *Parc* (1961) : « Le ciel, au-dessus des longues avenues luisantes, est bleu sombre. » Le reste a suivi.

Toujours saint Augustin en taxi, cette fois vers Puteaux (radio).

Jeudi 8 octobre

Pluie.

Sortie en librairie de *Casanova l'admirable*. Article de Jean-Didier Vincent dans *Le Monde*, fine remarque sur l'alchimie.
Or, comme par hasard, je suis en train de lire, dans la *Romanic Review*, un article intitulé « L'or et l'émeraude, sur la signification alchimique de quelques personnages de *Notre-Dame de Paris* ».
Esmeralda : « l'Égyptienne ». Plein de choses à réexaminer chez Hugo. Par exemple : « On entre plus profondément dans l'âme des peuples et dans l'histoire intérieure des sociétés humaines par la vie littéraire que par la vie politique. »
Et ceci (*Choses vues*, 1862) : « Ce n'est pas une fois, c'est vingt fois que j'ai commis le prétendu délit [d'adultère], et, vieux et solitaire, je n'ai qu'un regret, c'est de ne plus le commettre. Mainte-

nant, ô honnêtes hypocrites qui m'entourez, j'attends la première pierre. Je l'ai dit ailleurs, et je le répète, la liberté d'aimer est aussi sacrée que la liberté de penser. Ceci est au-dessus de toutes les conventions sociales. Le droit prime la loi. »

Pierre Marcelle, dans *Libération*, me surnomme « S. O. », « Son Omniprésence », en insinuant que j'aurais « cachetonné » pour une brève interview dans *Elle* à propos de Jeanne Dautun (dont j'ai dit qu'il s'agissait très probablement de Françoise Giroud). Ainsi se construit à mon sujet la légende commode d'un allumé médiatique, omniprésent et corrompu, on se demande pourquoi et comment. On n'en est pas à l'Omnipotence, mais tout juste. Je suis donc « l'homme sans livres ». Ils sont là, pourtant.

Après tout, Dieu est une sphère infinie dont le centre est partout et la circonférence nulle part (Pascal). En métaphysique stricte, il faut d'ailleurs dire le contraire : circonférence partout, centre nulle part. Merci, en tout cas, de dire un jour que je suis l'honnêteté même.

Ça me fera plaisir.

Rubrique de Christian Colombani dans *Le Monde* :

« Le Bureau chinois de lutte contre les publications pornographiques a saisi, mercredi 7 octobre, l'intégrale du rapport Starr traduit en mandarin. »

« Une avocate de Milwaukee dans le Wisconsin vient de créer une association pour le soutien psychologique des Américaines prénommées Monica. »

« Sur ordre des Talibans, les tailleurs pour hommes de Kaboul ne seront plus autorisés à prendre des mesures aux femmes pour leur confectionner des *burqas*, sortes de frocs dissimulant les formes. »

« Le pape a reporté *sine die* sa rencontre avec Mgr Karl Gustaf Hammar, chef de l'Église luthérienne de Suède, qui avait accueilli dans les locaux de la cathédrale d'Uppsala une exposition de photos montrant le Christ en talons aiguilles entouré de douze apôtres travestis. »

Vendredi 9 octobre

Gris-blanc.

Jean-Paul Enthoven, très positif sur *Casanova* (*Le Point*), mais voici la chute de l'article : « Toute la morale de Sollers tient dans cette conviction : la jouissance effraie tout le monde sauf lui. Et de cette illusion il tire des livres si pertinents, si accomplis, qu'on se gardera bien, au fond, de le détromper. »

Mais si, *détrompez-moi* s'il y a lieu, je vous en prie.

Casanova : « La Vérité est le seul Dieu que j'adore. »

Radio, par hasard : émission sur Eugen Jochum. Sa passion pour Mozart. Son enregistrement de *Cosi*, admirable.

Le mot *robot*, on l'oublie, vient du russe. *Rob* : esclave. *Robotnik* : ouvrier. Mauvaise plaisanterie à faire à Robbe-Grillet.

Le Monde publie de violents articles sur Houellebecq : « L'ordure en littérature », etc. C'est toujours la même histoire : appel au sursaut moral (Norpois), puritanisme, hypocrisie, jalousie. De droite ou de gauche, selon les situations. En ce moment, de gauche. Tout écrivain « non aligné » est aussitôt suspect de fascisme, etc. etc.

Misère de ceux qui attaquent les livres qui dévoilent leur misère.

Les députés socialistes absents de l'Assemblée nationale où devait être voté le PACS (présenté par les médias comme « le mariage homosexuel »), la droite fait repousser le texte. Petite trahison de Jospin par les siens (soucis électoralistes locaux, jalousie à l'égard de la popularité « élyséenne » de leur leader).

Le soir, *Bouillon de culture* de Pivot, à Saint-Ouen (*Casanova*). Je défends Houellebecq, bien sûr.

Samedi 10 octobre

Journal inattendu à RTL.

Plus tard, un journaliste : « Casanova s'est mis à écrire lorsqu'il est devenu impuissant. » Ah bon ?

Un autre : « Oublions ses frasques sexuelles… » Ah bon ?

Moralité : il ne doit pas y avoir de sexe *avec* écriture, c'est l'un ou l'autre, comme la bourse ou la vie. À la rigueur : sexe en échec.

Jean-François Revel parle, avec raison, d'un « négationnisme postcommuniste ». Je passe mon temps à voir des gens qui ne veulent absolument pas tenir compte du Goulag. C'est ahurissant.

Charniers au Kosovo.

Dimanche 11 octobre

Gris pluvieux glacé doux.

Article sur saint Augustin pour *Le Monde*. Titre : « Le style de Dieu ».

Eltsine titubant, rattrapé de justesse avant de s'écrouler sur le béton de l'aéroport (en Ouzbékistan).

Le pape canonise Édith Stein, carmélite, juive convertie au catholicisme, morte à Birkenau, et annonce que le 9 août sera consacré à une commémoration de la Shoah. Polémique immédiate des associations juives qui voient là une tentative de « christianisation forcée. » De toute façon, impossibilité de faire comprendre ce qu'est un « saint » ou une « sainte ». Surtout si on a affaire à des intellectuels.

Saint Augustin : « Regarde maintenant si l'unique année en cours est du présent. S'agit-il du premier mois ? Alors, les autres sont du futur. Du deuxième ? Alors, le premier est du passé, les autres n'existent pas encore. Ainsi donc, l'année en cours n'est pas présente dans sa totalité, et, dans ce cas, un an, ce n'est pas du présent », etc.

Même rhétorique d'Augustin pour *jour, heure*, etc. (cf. *Le Cœur absolu*).

Démonstration à faire : quoique se passant en telle ou telle année, un journal d'écrivain vaut pour toutes les années possibles.

Lundi 12 octobre

Brusque soleil.

Philippe Lançon, le critique télé de *Libération*, m'a vu l'autre soir, chez Pivot, en « vieux Sollers ». Il en avait envie, sans doute. En quelques jours, dans le même journal, c'est donc « l'omniprésence du vieux Sollers ».

Old Sollers ! Mais il n'y a rien d'incompréhensible. L'enjeu était de « lancer » Houellebecq contre moi et de le faire apparaître comme me « chambrant » en public (comme dans son livre). Or ce qu'il a dit sincèrement, et que personne ne semble avoir remarqué, c'est qu'il avait lu *Studio* deux fois. Les écrivains doivent être solidaires face aux éditeurs, au marché, à la presse. On n'a pas à régner, donc on ne divise pas.

Saint Augustin (sur Dieu) : « Tu es là, partout, aucun lieu ne t'enferme, toi seul est présent. »

Ses longues difficultés avec le néant : il le voit toujours comme « doté d'espace ». La question de la forme et de la privation de forme. Celle du « quasi-néant ».

« Il n'y a pas de santé d'esprit chez ceux qui trouvent déplaisante quelque partie de ta création. »

« Nous sommes parvenus jusqu'à nos esprits, nous les avons dépassés pour atteindre à la région d'Abondance... »

« La langue en repos et la gorge muette, je chante autant que je veux. »

« Que suis-je ? Une vie variée, multiforme, furieusement démesurée... » Le temps comme *distension*.

« Lumière des aveugles, force des infirmes,

« Lumière des voyants, force des puissants...

« Nous voyons les choses parce qu'elles sont, mais, pour toi, elles sont parce que tu les vois. »

Le temps : « Rien de plus clair, rien de plus banal, voilà pourtant un secret trop bien caché, dont la découverte serait une nouveauté. »

L'Écriture : ses « paroles concordantes ».

« Ton repos, c'est toi-même. »

Déjeuner avec Nabe. « Comment allez-vous ? » – « Mal », dit-il. Maladie de son jeune fils. Sa ténacité.

Soirée douce.

Remontée de la Bourse (+ 5,5 % à Paris). Manifestations des lycéens dans toute la France. « Lycéens en colère, y en a marre de la galère ! » « Lycéens vie de chiens ! » Pas assez de professeurs, pas de chaises, locaux en ruine, classes surchargées, programmes trop lourds.

Les communistes russes : « Eltsine n'est plus capable de se diriger dans l'espace. » C'est *Ubu tsar*. Le surréaliste Aragon avait donc raison avant de retourner sa veste : « Moscou la gâteuse. »

233

Mardi 13 octobre

Douceur, ciel marbré bleu-gris-blanc.

Nietzsche : « Être jeune tardivement maintient jeune longtemps. Ce n'est pas chez les jeunes qu'il faut chercher la jeunesse. »

Florence Malraux, l'autre soir : elle raconte qu'elle rentre dans un institut de beauté, elle donne son nom, la directrice la prend à part pour lui dire de transmettre bien des choses à son père, qu'elle croit donc toujours vivant. Elle me dit ensuite : « Il paraît que vous tenez votre journal ? Tout Gallimard a peur ! »

Casanova : en réalité, dans toutes les réactions, ou presque, un fond de puritanisme plus ou moins bien dissimulé. Rejet ou grivoiserie. Comme si la sexualité était le problème (censure de la position *philosophique* à son sujet). Jalousie folle.

Enquête de Marion Van Renterghem (*Le Monde*) à New York.

Un sociologue américain : « L'obsession de la sexualité est au centre du puritanisme. Aux États-Unis, le péché économique n'existe pas : vous pouvez perdre ou voler des millions de dollars et rester une personne respectable. En revanche, le péché sexuel est perçu comme un acte diabolique, hors de toute proportion. Le puritanisme ne s'oppose pas au sexe, il demande qu'il soit puni. Plus on est puritain, plus on en parle. C'est le seul crime que les Américains reconnaissent. »

Et puis : « Selon les commerçants, il y aurait mieux que le Viagra : le Hongbin. La corne de rhinocéros est très efficace, mais pas recommandée dans les cas d'hypertension. Et le pénis de tigre ? Certains vous regardent d'un air soupçonneux, semblant attendre le mot de passe. Le remède tant convoité, qui coûte la vie aux derniers fauves, est interdit. D'autres le vendent plus franchement, comme cette petite dame boulotte qui tend au client une boîte jaune et rouge tout en finissant ses travers de porc. Rien sur l'emballage qui indique le pénis de tigre "puisque c'est interdit", mais elle est formelle, le produit en contient. De quoi faire concurrence au Viagra ? "Pas un de mes clients n'est passé au Viagra", assure la commerçante d'un air supérieur. L'inverse est aussi vrai. Pfizer et l'Amérique peuvent dormir sur leurs deux oreilles : la Chine ne fera pas barrage à la révolution du Viagra. »

Pas sûr : le pénis de tigre, c'est quand même autre chose. *L'Année du Tigre*, aussi.

Mercredi 14 octobre

Gris pluie.

Tout va vite : des chercheurs américains ont, pour la première fois, tenté le transfert du génome d'une cellule sexuelle humaine dans une autre. Ils ont donc prélevé le noyau d'un ovocyte d'une femme stérile qu'ils ont introduit dans un autre ovocyte préalablement énucléé. L'enfant à naître de cette manipulation aura donc un patrimoine héréditaire issu de deux femmes génétiquement différentes (elles ont 42 et 47 ans). La présidente du comité d'éthique de l'Union européenne : « L'éventualité du clonage humain n'est plus à écarter. »

Deux Américains obtiennent le prix Nobel de physique pour la découverte d'une nouvelle forme de fluide quantique.

Des particules aux antiparticules (une combinaison d'électrons et de « trous » permet l'apparition de charges fractionnaires). Les quasi-particules, elles, sont intermédiaires entre le boson et le fermion.

Je me sens vivement antiparticule.

Jeudi 15 octobre

Pluie.

Mise en vente du Viagra en France.

Grande manifestation des lycéens partout (500 000 et 1 000 casseurs à Paris).

Casanova : la fatigue de publier un livre ne vient pas tant des médias eux-mêmes (on s'entraîne) que du bavardage autour (avant, après). Le plus dur : l'interruption d'écriture, vivre loin du seul lieu réel, la page.

Amusant d'écrire, ennuyeux de publier. Tout le monde semble croire qu'on n'écrit que pour publier, donc qu'on n'*écrit pas*, en somme.

La chose qui étonne le plus : Casanova mystique à sa façon. Mais oui.

Parution du « Style de Dieu » : Dieu n'est *lié* à aucune langue, c'est un écrivain du cœur, dans toutes les langues.

Jean-Didier Vincent : « Quand nous mangeons des champignons, nous avalons 40 % de notre propre patrimoine génétique. »
« Nous venons tous d'une même cellule, il y a 3 milliards d'années. »

Vendredi 16 octobre

Gris-blanc s'éclaircissant.

Encyclique de Jean-Paul II, *Foi et Raison* (contre le scepticisme, l'historicisme, le pragmatisme, le scientisme et, finalement, le nihilisme) : « Une fois la vérité retirée à l'homme, il est réellement illusoire de prétendre le rendre libre. Vérité et liberté, en effet, vont de pair ou bien elles périssent misérablement ensemble. »

Samedi 17 octobre

Pluie.

Diogène, aux habitants de Sinope : « Vous m'avez condamné à l'exil, et moi je vous ai condamné à rester. »
Lettres de Cratès (disciple de Diogène) : « Philosophez plus souvent que vous ne respirez (car il est plus souhaitable de bien vivre, ce que donne la philosophie, que de vivre, ce que donne la respiration), et non pas comme les autres, mais selon la manière inaugurée par Antisthène et portée à sa perfection par Diogène. Il est malaisé de philosopher ainsi, mais c'est la voie la plus directe. Pour aller au bonheur, disait Diogène, il faut savoir marcher même à travers les flammes. »

Lançon, le critique télé de *Libé*, se plaint soudain de se sentir vieillir à vue d'œil devant son écran. Eh oui, il vaut mieux faire de la télévision que la regarder.
La déprime de « la génération Mitterrand » : l'impression d'avoir

été flouée. Quinze ans, c'est interminable quand on croit avoir gagné, rien du tout si on a écrit chaque jour en sachant que ça ne marchera *jamais*.

Intervention sur Claudel à l'ancienne Bibliothèque nationale. J'insiste sur sa lecture de Rimbaud, au Luxembourg (il habitait boulevard de Port-Royal), pendant l'été 1886. Sans Rimbaud, pas de pilier de Notre-Dame. Et puis la Chine, pendant quinze ans. Bref, tout ce qui peut *sortir* Claudel du 19e siècle et d'un catholicisme hexagonal pourri. Je lis lentement le texte de décembre 1939 sur *L'Indifférent* de Watteau (« messager de nacre »).

Malaise lorsque je dis que le seul embarras de Claudel aura été sexuel. Il était amoureux de Gide, d'où son insistance à entrer dans sa vie privée. Quelle idée de vouloir, à toute force, l'introduire à la Métaphysique. Gide était beau, Claudel tassé. Mais quel appareil de perception supérieur (toutes ses proses sur le langage poétique ou la peinture le prouvent). Œil, oreille, souffle, d'une délicatesse prodigieuse. Un papillon enfermé dans un ours.

La *raison* diplomatique de Claudel (États-Unis, Japon, Brésil). Il n'a pas marché dans la fable russe (et pas non plus dans le délire nazi). La haine de l'Action française à son égard.

Le sac artificiel des « écrivains catholiques » (Bloy, Bernanos, Mauriac, Green, Claudel, etc.). Reprendre *L'Art poétique*, *Connaissance de l'Est*, *L'œil écoute*. Le succès du théâtre de Claudel porte sur ce qui, chez lui, vieillira le plus vite (c'est fait). De même, l'emphase poétique. Merveilleux, au contraire, quand il est au plus près de Rimbaud.

Dimanche 18 octobre

Beau temps, soleil bleu.

Sondage : une grande majorité de Français (88 %) approuve le mouvement lycéen « à condition qu'il ne dure pas trop longtemps ». D'accord, mais passons vite à autre chose.

Arrestation de Pinochet à Londres, demande d'extradition de la part de juges espagnols pour génocide et tortures. Gêne des États-Unis.

237

X. : « Il y avait, au 18ᵉ siècle, beaucoup d'aventuriers comme Casanova. » Eh non, aucun *comme*.

Je sors d'un hôtel du Palais-Royal, les pyramides du Louvre flambent au soleil, je traverse la Seine, je pense à Vivant Denon.

Lundi 19 octobre

Bleu.

Article sur le *Shitao* de François Cheng pour *Le Monde*. Chaque peinture comme choc. *Shitao* veut dire en chinois « vague de pierre ». Je regarde une des « pierres de rêve » que j'ai rapportées de Pékin en 1974 : une vague grise s'élance dans un fond jaune, elle n'en finit pas de surgir, elle ne retombera jamais.

C'est François Cheng qui a écrit de sa main les idéogrammes de *Nombres*, livre paru en avril 1968.

Ce qui s'écrit de meilleur sur la Chine est en français.

Pour *Studio* en poche, couverture : *Clair de lune sur la falaise* (Pékin, musée du Palais). Ce qui compte, c'est la petite silhouette blanche dans l'un des pavillons, au bord du vide. Voilà où *sont* Rimbaud, Hölderlin.

Li Po (701-762) :

> *Levant la tête, je vois la lune ;*
> *Les yeux baissés : le sol natal.*

« La condition de l'homme, écrit Cheng, est l'exil » : il en sait quelque chose.

Parution du troisième tome de Sade dans la Pléiade. *La Philosophie dans le boudoir*, *Histoire de Juliette*. Enfin.

Pierre Nora me dit brusquement que Casanova a « inventé » toutes ses intrigues amoureuses. « Ceux qui agissent, ajoute-t-il, n'en parlent jamais. » Devant mon air surpris, il sourit, l'air entendu. Nora plus performant que Casanova ? Il faut décidément lui extorquer ses Mémoires.

Procès de Bill Gates pour monopole abusif, *via* Microsoft. Big Bill Brother : vos instructions sont sur Windows, *dans le médium lui-même*.

L'*Osservatore Romano* feint de s'offusquer qu'on ait demandé à un ancien communiste repeint de former le gouvernement en Italie. Comme si ce n'était pas logique. Peu importe, le pape lui serrera bientôt la main devant les caméras.

En Allemagne, cinq femmes ministres, et un ancien gauchiste devenu écologiste en vice-chancelier ministre des Affaires étrangères. On n'arrête pas le progrès.

Trente-six ans après, la France reconnaît officiellement que les « événements » d'Algérie, le « maintien de l'ordre » étaient bel et bien une guerre. Sans blague ? Questions d'argent (pensions, etc.). Les morts peuvent être heureux : ils sont morts *à la guerre*.

Trente-six ans pour prononcer un mot. Cinquante-trois ans pour reconnaître la responsabilité de l'État français et de la République dans la rafle du Vel' d'Hiv'. Vingt-cinq ans pour arrêter Pinochet : substance du mensonge, guerre du temps. J. K. me parlant hier de l'organisation mafieuse communiste dès l'époque de Lénine : exécutions, vols, racket. Bien sûr.

Lettres de Debord à Jean-François Martos. Le 25 février 1982 : « Tu fais bien de te résoudre à négliger radicalement tous les avis incompétents, car on est assuré d'en entendre sans cesse, et les plus contradictoires, dès qu'on suscite la moindre envie. Et chaque année les envieux seront plus délirants et plus bêtes, suivant le modèle que leur trace la société qui s'enfonce. »

Mardi 20 octobre

Soleil bleu. Le matin, dans la rue, en regardant les murs, grande complicité avec les ombres.

Article furibond de Yann Moix dans *Le Figaro* contre Godard et moi, style « Ringards ! Dégagez ! ».
Tableau à peindre : un non-chien aboie devant une caravane absente.

La manif des lycéens est molle et ratée. Policiers partout, quelques casseurs d'ambiance.

Debord, lettre du 26 décembre 1990 : « Le gouvernement médiatique a poursuivi sa politique affolée devant les lycéens de 1986, "mieux qu'en 68", en reconnaissant que, cette fois, les revendications des lycéens sont devenues merveilleusement convenables (apprendre à lire, ne pas être rackettés dans les lycées, etc.). On ne peut certes pas, dit-on, leur *refuser* cela. Et comme aussi la société qui s'est maintenue après 1968 est devenue également tout à fait incapable de le leur donner, on doit leur faire tout de suite les plus généreuses *promesses* ; et comme dans la mythomanie, l'inflation des promesses fera gagner un peu de temps. Et, une prochaine fois, les lycéens vont devenir encore plus extraordinairement convenables, pour la société *de 1910*. Ne réclamant ni drogue ni absinthe, ils demanderont simplement de l'*eau pure*, qui n'envoie pas à l'hôpital. Et quand ils pousseront à ce point la folie de leurs exigences utopistes, impossible à satisfaire depuis que nous avons atteint la richesse, il faudra leur envoyer les tanks, et les tuer comme à Pékin. »

Comédie israélo-palestinienne à Washington : « Paix », « Sécurité », et ainsi de suite.

« C'est en ne *comprenant pas* la "terminologie" hégélienne qu'on ne comprend pas Clausewitz, et donc pas davantage la stratégie » (Debord).

Ludwig Wittgenstein, lycéen à Linz en même temps que Hitler, lui aurait fait des avances « indiscrètes ». Petites causes, gros effets. Le même Wittgenstein aura été, par la suite, un recruteur de génie pour le KGB (les Russes lui proposent une chaire de philosophie à Kazan en 1935, en plein stalinisme).

Titre d'un roman possible : *Les Organes de la logique*.

Mercredi 21 octobre

Gris-blanc, puis bleu.

Un ancien élève noir de Lacan, membre de l'école de la Cause freudienne, serait, en ce moment, un génocideur officiel et actif au Congo. Lacan mène à tout.

L'après-midi, brusque hospitalisation de David. Angoisse et douleur. Pauvre enfant charmant, de nouveau dans sa solitude. Grande épreuve, à nouveau, pour J. K., étonnante de sang-froid et de raison (plus que moi).

Ce que j'ai à dire sur ce sujet se trouve dans *Le Secret*. Judith, Jeff.

Jeudi 22 octobre

Gris-blanc.

Hôpital : David plus calme. Les examens, comme d'habitude, n'ont rien donné de probant. Souci lourd, patience.

Lautréamont : « Le travail détruit l'abus des sentiments. »

Déjeuner avec Claude Lanzmann : j'aime sa fureur rentrée pour tout ce qui touche à son film *Shoah*. Il a été sensible à ce que je dis de lui dans le *Casanova* (le voyage à Prague, le passage par Terezín).

David toujours en salle de réanimation à la Salpêtrière.
Sommeil terreux.

Vendredi 23 octobre

Gris bleuté. Pluie.

Le château bordelais Cheval-Blanc (Saint-Émilion) vient d'être vendu 860 millions de francs (ce qui met l'hectare à 20 millions).

Chevènement sort du Val-de-Grâce. Voilà un « miracle républicain » (son cœur avait cessé de battre pendant une heure).

Économie mondiale : l'expression qui revient maintenant régulièrement est celle de « krach rampant ».

Casanova part du principe que les femmes s'ennuient, sont obligées de simuler sans arrêt, recèlent une force latente ignorée d'elles-mêmes. Il le leur démontre, elles l'approuvent. Les dévots sont furieux, les dévotes s'agitent, l'action continue.

Le gouvernement britannique pourrait libérer Pinochet « par compassion ». Margaret Thatcher intervient pour rappeler son soutien à l'armée anglaise lors de la guerre des Malouines. Allende ? Les disparus ? Les torturés ? Les assassinés ? Connais pas.

Accord israélo-palestinien « à l'arraché ». La CIA comme caution sécuritaire.

Human Watch Rights : « Le respect de l'Autorité palestinienne pour les droits de l'homme est déplorable. Elle procède à des arrestations arbitraires, pratique la torture, et cela sous la pression d'Israël et des États-Unis, qui exigent d'elle qu'elle sévisse contre les "groupes militants". »

Le soir, par hasard, à la radio, récital de Murray Perahia donné le 8 juin salle Pleyel. Excellent dans Beethoven et Schubert (*Impromptus*). Par ailleurs, fabuleux dans les concertos de Mozart.

Samedi 24 octobre

Gris-blanc le matin, pluie toute la journée.
David au téléphone, voix à peine audible : « Je pense à toi. »
Vent tourbillonnant, air mouillé, fermeture. Hostilité sociale. Principe d'inertie.
La ville de l'hôpital. Désolation des cours. Les malades, dans leurs lits, végétaux tragiques.
Le livre que j'ai envie de relire (une fois de plus) en ce moment ? *Ecce Homo*, de Nietzsche : « Je ne connais pas d'autre méthode que le jeu pour s'occuper des grands problèmes : c'est un des signes essentiels auxquels on reconnaît la grandeur. La moindre contrainte des traits, la moindre ride du front, le moindre grincement de la voix, autant d'objections contre un homme, et combien plus contre son œuvre ! »

Mot de Denis Roche : « CASA NOSTRA ! »

Passage à l'heure d'hiver.

Dimanche 25 octobre

Bleu frais, et puis rafales, pluie. Et, de nouveau, giboulées, etc.

Les documents américains secrets d'il y a vingt-cinq ans montrent de plus en plus l'implication des États-Unis dans le coup d'État de Pinochet. Que faire de tous ces morts ? Embarras des Services.

Don Giovanni comme antidépresseur. Une amie, au téléphone : « Hier, j'ai décidé de ne plus lutter contre le cafard. Je me suis mise au lit avec Mozart, et c'est passé. »

Pauvre David : ses blessures aux chevilles (brutalité du SAMU).

Bientôt plus d'images d'acteurs ? « Pas une ligne, une couleur, un visage, un gag, n'est réel dans *Toy Story*, sauf les voix. Tout comme les dollars engendrés par le film. Aujourd'hui, le monde virtuel est un terrain à conquérir. Dreamworks, la société de Spielberg, et les studios Disney se livrent une guerre sans merci pour conquérir le marché du "non-être" » (*France-Soir*).
Le Marché du non-être : titre possible.

Le soir : Cantate BWV 79 de Bach. Ça suffira pour la nuit.

Entourages : on est passé, en un siècle, du « mendiant ingrat » (Bloy) au *parasite arrogant* (autre titre possible).

Lundi 26 octobre

Pluie. Blanc.

Cohn-Bendit tête de liste des Verts pour les élections européennes, avec soutien allemand. Polémique avec le parti communiste.
Euro : c'est la première fois, depuis la fin de l'Empire romain, que l'Europe aura une monnaie unique.

Télés, radios : répétitions, variations, à prendre comme des entraînements. Toujours le même air, avec improvisations latérales. Irradiation médiatique : continuer à écrire pendant ce temps-là. Toujours un livre dans la poche (Rimbaud, Pascal). Parfois un fragment suffit à sauver la journée. Exemple : « Le vent jetait des glaçons aux mares. »

Roman : description d'un parc sous la neige (le narrateur ne sait pas où il est).

Mardi 27 octobre

Bleu, nuages, puis gris-blanc.

David de retour à la maison, pied gauche abîmé. Joie de le revoir. David : lumière de l'appartement, lumière du jardin dans l'île.

Cohn-Bendit raconte que Joschka Fischer, 50 ans, l'ancien gauchiste aujourd'hui « Vert », ministre allemand des Affaires étrangères, avait décidé, dans les années 70, d'étudier seul la philosophie. « Il lisait la nuit, à Francfort, de 22 heures à 3 heures du matin. » Vérifier.

L'héritière croate de Dora Maar est passée par Paris pour voir les tableaux de Picasso qui vont faire sa fortune. Du merveilleux *Dora et le Minotaure* (Picasso animal se jetant sur Dora renversée et nue), elle dit : « C'est un beau tableau, mais pervers. » On croirait entendre une Américaine.
La Femme qui pleure : 37 millions de francs. Les dessins, surtout, s'envolent dans la Banque.

Rencontre, par hasard, de Pierre Marcelle (*Libération*) au service de presse de Gallimard. Sympathique. Il semble croire qu'une interview de dix minutes pour *Elle* est rétribuée. Il plaisante ? Mais non, il hésite visiblement à me croire *gratuit*. C'est pourtant ce que je suis en permanence. Son Omniprésence gratuite. J'aggrave mon cas.

Parution de *Vision à New York* en Folio, préface de Philippe Forest. La photo de couverture est de Patrick Messina, l'année dernière, à New York, dans le bateau pour Staten Island.

Mercredi 28 octobre

Pluie et vent. L'*essorage* de Paris (lessiveuse).

Pierre Guglielmina, au café. Sa vie à New York. Il veut écrire sur la dernière période de Hemingway, *Islands in the Stream*, ridiculement traduit par *Îles à la dérive*. Non : *dans le courant*. Le courant, c'est aussi l'écriture. À côté de nous, une fille brune, inconnue, d'une vingtaine d'années, lit *Finnegans Wake*. Elle m'en recopie trois phrases sur un bout de papier.

X. à Milan : beau temps là-bas, voix joyeuse.

Le soir : roman (le narrateur et la femme qui l'a dragué).

Jeudi 29 octobre

Toujours le vent pluvieux.

Photos récentes de Monica Lewinsky dans *Match*. Elle pèse désormais 90 kilos. Monstrueuse. On la voit en train de courir sans grand espoir. C'était couru.

Très bon article de Dominique Noguez dans *Le Monde* pour défendre Houellebecq. Titre : « La rage de ne pas lire ». À qui le dites-vous. Titre pour définir l'époque.

L'amie de Roland Dumas publie un livre : *La Putain de la République*. N'exagérons rien. On les voit tous les deux dans *Match*, heureux, en été, sur une plage de l'Atlantique.

Manifestations un peu partout pour l'extradition et la mise en jugement de Pinochet. Problème des chancelleries : comment s'en débarrasser ? Crise cardiaque ?

Vendredi 30 octobre

8 h 45 : départ pour Venise sous la pluie battante.
En avion, au-dessus des Alpes, soudain le bleu.
Et voici Venise dans sa bulle paradisiaque. Signature à la Librairie française, conférence à la Cà Rezzonico, beaucoup de monde électrique. Le soir, dîner à la Cà Bragadin, chez Casanova en somme. Les invités ont beaucoup bu, discours, improvisations debout, rires énormes, tensions masquées, sortie titubante dans la nuit étoilée, bateau dans le noir, silence.
Une autre planète, posée entre l'air et l'eau. La charmante petite brune Mara Rumiz, adjointe à la culture de la Mairie de Venise.
J'ai proposé en public de retrouver les ossements de Casanova en Bohême et de les enterrer solennellement place Saint-Marc.

Samedi 31 octobre

Matin radieux bleu.
C'est aujourd'hui la Saint-Wolfgang.
Je dors. À 17 h 30, lever de la lune. À Paris, il pleut violemment ; ici, grande respiration de l'air.

18 heures : les cloches, à toute volée.

Halloween : des masques partout, sauf à Venise.

Detienne : « Apollon est le dieu omniprésent en Grèce. » *Loxias* : le Tordu, l'Oblique. *Phoibos* : l'Effroi, la Terreur. Et pourtant, le Lumineux par excellence.

Apollon aime les jeux, les danses, les chants. Mais c'est aussi un meurtrier, un boucher. Arc, flèches, couteau, lyre. Et voici déjà Ulysse l'avisé, « le héros d'endurance », « le grand cœur aux mille tours », protégé d'Athéna.

Venise, ville libre de Grèce. J'ai demandé autrefois sa protection, je l'ai obtenue.

Novembre

Dimanche 1ᵉʳ novembre (Venise).

7 heures. Gris, puis très bleu.

C'est la Toussaint. Messe aux Gesuati à 8 heures. Prêtre très sobre. Vingt personnes sous le plafond de Tiepolo (*La Gloire de saint Dominique*). « *Mistero della fede.* » En effet.

Je rentre dans ma chambre pour écrire. À droite, dans la fenêtre ouverte, le Redentore, avec, sur la coupole, la statue endiablée du Christ ressuscité, victorieux.

Le Christ, pour le Diable, c'est le Diable.

Brusquement, tout est rose. « Les dieux sont là. »

Heidegger : « Le "temps" n'est pas plus lié au Je que l'espace ne l'est aux choses ; encore moins est-il "objectif" et le temps "subjectif". »

Pensée incompréhensible pour l'habitant de la Métaphysique, c'est-à-dire l'esclave de la subjectivité absolue. Mais je *vois* ce que montre Heidegger. Le temps ne fait que passer par moi, l'espace est son enveloppe.

Dans *Le Monde*, ceci, sur Malevitch : « Dans ses écrits, Malevitch s'est réclamé de l'art des icônes. Il a aussi constamment revendiqué l'icône comme faisant partie de la culture paysanne. Le rouge, le blanc et le noir, que l'on retrouve associés dans les icônes de Novgorod, plus fortement que dans toutes les autres icônes byzantines, sont aussi les couleurs signalétiques du suprématisme. Il est intéressant de noter que le carré rouge que Malevitch peint en 1915, après son premier carré noir et avant son premier carré blanc, a pour titre *Réalisme en deux dimensions d'une paysanne*. Pourquoi a-t-il donné ce titre ? Il doit y avoir une part d'humour – Malevitch était d'Ukraine, le pays de Gogol. »

Promenade dans la gare maritime, soleil sur les quais. Le remorqueur *Hercules*, de Trieste. Large moment de sérénité, la ville au loin, comme un paquebot de rêve.

L'avion du retour a deux heures de retard. Arrivée sous la pluie battante. Une autre planète. À la *Closerie*, cinq filles d'une vingtaine d'années se sont organisées une fête au champagne. Elles passent de la plus folle gaieté tendre entre elles à la plus lourde mélancolie. Et de nouveau dans l'autre sens. Et ainsi de suite. Tantôt nymphes ravissantes (à la Fragonard), tantôt effondrées à la Goya, sans âge. Jeunesse et vieillesse *en même temps*. Je les regarde, j'ai l'impression de voir toute leur vie à travers elles (hystérie, fusion, amour, drôlerie, pourrissement, tristesse, vide). Film épatant pendant une heure. *Destins*.

Lundi 2 novembre

Bleu.
Étrangement *pas* fatigué.

Libération : « Pékin mise sur l'euro » : « La Chine veut miser sur "le pôle de stabilité européen" pour se dégager de l'emprise américaine. Tel est le message entendu par le président de la Commission européenne et son importante délégation, arrivés jeudi à Pékin pour un voyage de cinq jours en Chine... La Chine, qui a pris conscience avec la crise asiatique de sa dépendance au dollar, envisage de diversifier "à moyen terme" ses réserves monétaires (140 milliards de dollars) avec des euros. L'intérêt chinois pour l'Europe ne date pas d'hier, Pékin ayant exprimé depuis les années 70 son obsession pour la multipolarité. Européens et Chinois se retrouvent ainsi dans un désir commun d'un nouvel équilibre mondial. »

On me demande, une fois de plus, ce que je pense de Michel Houellebecq, sous prétexte que « nos positions sont diamétralement opposées ». Et alors ? Ou plutôt : justement. *Casanova* est une critique radicale de la misère que dévoile *Les Particules élémentaires*.

Casanova sur fond noir : enfin lisible dans toutes ses couleurs. Son seul adversaire : l'édulcoration, l'hypocrisie, le bavardage sentimental de la marchandise.

Comment l'Inquisition se comporterait-elle aujourd'hui ? Toujours de la même manière : en renforçant les préjugés féminins. C'est d'ailleurs ce qui a lieu, sous une autre forme. De « Dieu » à la monnaie, il n'y a qu'un pas.

Précisément, Jean-Paul II ouvre le dossier de l'Inquisition pour « une approche historique et juste ». On va s'amuser.

Marcelin Pleynet part pour une tournée de conférences aux États-Unis. Stratégie : ramener toutes les analyses sur « l'art et la littérature » à l'Europe, à la Chine.

Mardi 3 novembre

Matin bleu. Vent.

Élections américaines : Clinton tient le coup. Peu d'influence de l'affaire Lewinsky (donc : réflexe européen). Allons, il aura un « blâme », ce brave garçon déboutonné démocrate. Grande défaite boomerang du diabolo puritain. Pauvre Monica ! Encore grossir !

Heidegger : « le lieu de l'instant à l'instant où il a lieu ». Ce que je ressentais avant-hier, très exactement, à Venise. Être *instant*.

Ou bien, cet éclair de Mallarmé : « La tombe aime tout de suite le silence. »

Cioran, à la fin, maladie d'Alzheimer : il ne reconnaît plus personne, se casse les jambes dans sa chambre d'hôpital, sait déchiffrer son nom sur une couverture de livre (mais ne sait plus *qui* représente sa photographie). Les derniers filaments de mémoire, dans cette maladie, sont liés aux anciennes excitations sexuelles (dernières traces avant l'effondrement définitif). C'est la théorie du « gruyère » : le cerveau va de trou en trou, il *est* un trou.

Des amis offrent à Cioran un bouquet de violettes. Ému, il les remercie, mais croit que ce cadeau *se mange* : « Ça doit être bon ! » Naufrage complet (à la Swift).

Mercredi 4 novembre

Le cyclone Mitch au Honduras et au Nicaragua. Morts, exodes. Ces pays, déjà très pauvres, sont ramenés trente ans en arrière. Brèves images, bien entendu : pour le Spectacle, ces populations ne comptent pas.

De nouveau le cirque du PACS à l'Assemblée nationale. Tout le monde veut se marier ? Mais bien sûr ! Le mariage a d'ailleurs toujours été *en lui-même* de nature homosexuelle, puisqu'il s'agit d'un échange de femmes entre hommes. L'institution vacille (et pour cause) ? Renforçons-la comme ça.

Il faut décidément qu'on écrive un dialogue, J. K. et moi : *Du mariage considéré comme un des beaux-arts*. Hier, me dit-elle, un type la raccompagne en voiture et lui dit qu'il a aperçu son mari (moi) à la télévision et dans les rues du quartier, puis ajoute : « Mais je ne sais pas s'il est toujours votre mari ? » Réponse de J. K., impassible : « Appelez-moi Hillary. »

Le chef-d'œuvre de Manet, *Berthe Morisot au bouquet de violettes* : 80 millions de francs.

Il y a l'amour-plaisir, l'amour-haine, l'amour-estime, l'amitié amoureuse, la haine-amour et, de temps en temps, l'amour seulement amour (rarissime).

Heidegger : « Le hors-fond n'est pas un "non" prononcé à l'encontre de toute forme de fond (comme dans la carence de fondement) ; c'est au contraire un "oui" au fond, en la largesse et le lointain qui y sont à l'abri. »

Jeudi 5 novembre

Soleil, bleu intense.

Un livre de Charles Millon publié par Odile Jacob ? Après l'arrogant pamphlet nul de Sokal et Bricmont, voilà ce qu'on peut appeler une *ligne éditoriale*.

Article de Françoise Giroud contre *Casanova* dans *Le Nouvel Observateur*. Étonnant d'ignorance et de vulgarité. Je réponds.

Numéro spécial du *Magazine littéraire* sur Spinoza. Le 27 juillet 1656, à l'âge de 24 ans, Spinoza est banni de sa synagogue à Amsterdam pour « horribles hérésies » et « actes monstrueux » (on attend toujours de savoir lesquels).

L'acte d'excommunication à son sujet, le *herem*, est hallucinant : « Dieu, le Dieu des Esprits, veuille l'abaisser au-dessous de toute chair, l'extirper, le perdre, l'exterminer, l'anéantir. Les jugements secrets du Seigneur, l'orage et les vents les plus contagieux doivent tomber sur la tête des impies ; les Anges exterminateurs doivent fondre sur eux. De quelque côté que se trouve l'impie, il ne trouvera jamais que contradiction, obstacle et malédiction. Son âme, à sa mort, abandonnera son corps, livrée aux plus vifs sentiments d'effroi, d'horreur et d'angoisse. Il lui sera impossible d'éviter le coup du trépas et les jugements de Dieu. Que Dieu fasse tomber sur lui les maux les plus aigus et les plus violents. Qu'il périsse par l'épée, d'une fièvre ardente, de consomption, desséché par le feu au-dedans, et consumé de lèpre au-dehors. Que Dieu le poursuive jusqu'à ce qu'il soit entièrement détruit et exterminé. »

Spinoza l'admirable. Les choses n'ont guère changé depuis, dans la tête des fanatiques. On dit que Ben Gourion, après la création de l'État d'Israël, aurait demandé la levée du *herem* de Spinoza, mais que les rabbins ont refusé.

« De même que la lumière manifeste à la fois elle-même et les ténèbres, de même la vérité est norme d'elle-même et du faux. »

Ou encore : « Le rire, comme la plaisanterie, est bon par soi. Il n'y a certainement qu'une terne et triste superstition pour interdire qu'on prenne du plaisir. Car en quoi est-il plus convenable d'éteindre la faim et la soif que de chasser la mélancolie ? Voilà ma règle et à quoi je me suis résolu. »

Et encore : « Plus nous comprenons de choses singulières, plus nous comprenons Dieu. »

Spinoza, penseur de la joie. À quoi la communauté répond ainsi : « L'Ange du Seigneur le poursuivra dans l'obscurité, dans les lieux glissants, où sont les sentiers du méchant et ses issues. Il se verra pris au piège qu'il aura lui-même tendu en secret. Chassé de dessus la face de la terre, il passera de la lumière aux ténèbres éternelles. L'oppression et l'angoisse le saisiront de toutes parts. Ses yeux verront sa condamnation, il boira la coupe de l'indignation de l'Éternel, dont la malédiction le couvrira comme ses propres vêtements. La terre l'engloutira, Dieu lui fermera à jamais l'entrée de sa maison. Que Dieu ne lui pardonne jamais ses péchés. Que la colère et l'indignation du Seigneur l'environnent et fument à jamais sur sa tête. Que toutes les malédictions contenues au Livre de la Loi reposent sur lui. Que Dieu l'efface de son livre, le sépare à sa ruine de toutes les tribus d'Israël, et lui donne pour partage toutes les malédictions exprimées au Livre de la Loi. »

Le passe-temps des fanatiques : imaginer les souffrances de celui qu'ils appellent « l'impie ».

Vendredi 6 novembre

Gris-blanc.

Bernard-Henri Lévy prend le contrepied de son amie Françoise Giroud à propos de *Casanova* (*Le Point*). Je me demande ce que va en penser cette « dévote surannée » (comme aurait dit Giacomo lui-même).

Ce qui choque le plus, dans la mécanique quantique, c'est qu'elle conteste des principes que l'on croyait absolus. Principe d'intelligibilité : le pensable n'est plus représentable. Principe d'identité : le grain de lumière qu'est le photon est tout à la fois onde et particule, ce qui lui permet de passer par deux trous à la fois. Principe de localité : l'électron est n'importe où à l'intérieur de l'atome dont il dépend. Principe de causalité : la désintégration d'un noyau d'atome d'uranium peut se produire sans que rien ne la déclenche, etc.

Einstein disait : « Si la mécanique quantique est vraie, le monde est fou. » Et il ajoutait : « Dieu ne joue pas aux dés. » Il avait tort.

Jospin réhabilite les mutins de l'armée française de 17 au Chemin des Dames (exécutions ordonnées par Pétain à l'époque). Ils ne voulaient plus aller se faire massacrer pour rien dans la boue.

Chirac trouve le geste de Jospin « inopportun ». Le RPR voit là une « souillure » pour la mémoire collective. Les anciens combattants protestent : on a touché à l'Ossuaire.

Très bien, au contraire. Vive les mutins !

Mutin veut dire à la fois : insoumis, porté à la révolte ; et vif, éveillé, piquant.

Exemple : « un minois d'une mutinerie charmante ».

Je suis un mutin. J'aime les mutines. Ai été renvoyé des Jésuites, à Versailles, pour avoir craché, un matin, avec un ami, sur le monument aux morts. Circonstance aggravante : lecture de livres défendus (les surréalistes, Sade).

400 000 comprimés d'Ecstasy saisis dans des camions. *Techno*, *Ecstasy* : mots d'époque.

2 millions d'enfants sont morts, dans les dernières années, victimes des guerres en cours.

L'embryon recyclé. Comment a lieu le paiement des mères ? Dialogue possible : « Qu'est-ce que vous faites dans la vie ? » – « Des embryons, pour les laboratoires. »

Samedi 7 novembre

Bleu brumeux tournant gris.

Manifestation anti-PACS à Paris, grotesque. Une mariée en blanc bafouille un morceau pourri de morale. Villiers : « Le PACS sera le Vietnam de Jospin. » N'importe quoi.

Althusser, *Lettres à Franca*. J'ignorais que cette belle et brune Italienne était en train de traduire mon livre *Logiques*, au début des années 70.

Lettres d'amour et mauvaise littérature. Althusser : « Un chant interminable poursuit en moi sa longue montée, dans le corps et le cœur… Un chant de confiance sans bornes, comme un espace sachant que rien d'autre que lui jamais ne l'arrêtera », etc.

Bizarrement, elle lui écrit : « Sais-tu que Jack l'Éventreur non seulement étranglait les femmes, mais leur retirait les viscères, et les accrochait comme des guirlandes autour du corps et du lit ? »

En étranglant sa femme, Althusser, pourtant furieusement romantique, n'est quand même pas allé *jusque-là*.

Heidegger : « Ils évacuent leur mémoire dans l'image de production technique. Ils ne se doutent même pas, n'en ayant nulle idée, qu'ils renoncent à la fête de la pensée. »

Un des plus beaux titres jamais trouvés : *Le Bleu du ciel*, de Georges Bataille. J'y pense en consultant, de nouveau, des documents sur la guerre d'Espagne (là où tout s'est décidé). L'alliance secrète Staline-Hitler *via* Franco. L'assassinat d'Andrés Nin.

Amitié avec Claude Simon là-dessus. Son roman de Barcelone : *Le Palace*. Il revient sur sa jeunesse espagnole dans *Le Jardin des Plantes*. On en a reparlé ensemble à Salses (très bon dîner : côtelettes au feu de bois). La méconnaissance scandaleuse des Français à l'égard de Claude Simon.

On a aussi parlé de Picasso. Althusser, par exemple, ne parle *jamais* de Picasso. Beaucoup de psychologie, d'élucubrations théoriques et, finalement, de souffrance (ce qui est contradictoire avec l'admiration proclamée pour Spinoza).

Althusser, Foucault, Deleuze, Lacan, Derrida, etc. Tous très fous, quand j'y pense (je les ai bien connus). Mais la pseudo-raison qui s'opposait (ou s'oppose encore) à eux est aussi très folle, en plus ennuyeux. Barthes, le plus raisonnable (sensibilité), mais très empêché (Gide).

Ils n'ont jamais rien compris à la poésie (pas plus que Sartre). C'est pourquoi Heidegger est plus essentiel. Ils le savaient tous, et les suivants le savent aussi, d'où pompage, détournement, incompréhension, censure.

Le grand marronnier de la cour, tout en or. Sa façon explosive de se taire. Je suis en retard par rapport à lui.

Dimanche 8 novembre

Gris d'argent.

Ce matin, à 6 heures, les yeux fermés dans mon lit, je *voyageais* dans des paysages, je pouvais passer de l'un à l'autre (Bordeaux d'enfance, Ré, Venise, Paris), grands arbres, océan, flottaison ouverte.

L'amour cellulaire (rien à voir avec la sexualité).

Le trio dit « des esprits » de Beethoven, 1808 (deux ans après Iéna). Le *largo assai*. Frémissements, frissons, retournements, enveloppes. Le piano dans les bois.

Le soir : roman, relecture, corrections, reprises. Il faut retrouver un autre corps, une autre respiration. Dormir *autrement*.

Lundi 9 novembre

Gris doux.

Danger de voir trop vite à travers les corps. Des squelettes marchent dans la rue, sous hypnose.

Des dossiers d'une instruction judiciaire entamée contre l'Église de scientologie ont disparu. On entend à la radio, comme en rêve, un juge dire sa conviction que l'« Église » en question a des complicités dans différents ministères : Éducation nationale, Intérieur, Justice. Personne ne semble s'en étonner. La République et l'information infiltrés par les sectes ? Ben voyons.

Tout le monde semble avoir oublié l'existence, au 18e siècle, de « sociétés de plaisir », ouvertes aux femmes (lesquelles en ont largement profité). L'une d'elle s'appelait *La Société de l'Instant*. Quel titre.

Dans les films pornographiques, le moment où les actrices jouent les « lesbiennes », et commencent à prendre leur temps entre elles contre le prix de la pellicule. Éloge de la paresse.

Polémique sur les mutins de 1917 : les monuments aux morts pour la patrie, dans tous les villages français, pourraient être brusquement tagués : *morts pour rien*.

Déjeuner avec Joseph Raguin, journaliste à *La Voix du Nord*. Il a dans sa serviette la première édition de *La Société du spectacle*, de Debord, aux Éditions Buchet-Chastel (achevé d'imprimer le 14 novembre 1967). La bande du livre, à l'époque : « L'extrémisme cohérent des situationnistes ».
Thèse I : « Toute la vie des sociétés dans lesquelles règnent les conditions moderne de production s'annonce comme une immense accumulation de *spectacles*. Tout ce qui était directement vécu s'est éloigné dans une représentation. »

Mort de Jean Marais. Réévaluation de Cocteau ? Pas sûr. Poésie, dessin, cinéma, peinture, prose, journal : c'est tangent, dérivé, surchargé, souvent spirituel, mais précieux et, le plus souvent, *à côté*. En comparaison : génie de Genet, vision nette (relu récemment son texte sur Giacometti).

Nuit douce, marche dans Paris avec D., grande « harmonie du soir » (il fallait penser à rapprocher ces deux mots). Baudelaire, toujours.

Mardi 10 novembre

Gris doux, nuages fuyants, soleil vers midi.

Françoise Giroud, dans *Le Figaro*, annonce qu'elle publiera bientôt un livre sur les Françaises, et trouve que Roland Dumas a « un charme fou ». Dumas plus séduisant que Casanova ? C'est une hypothèse, mais très provinciale.
Excellent article de Josyane Savigneau dans *Le Monde* : « Littérature et bien-pensance ». Contre le fait d'assigner à la littérature une fonction d'utilité sociale. Dire qu'on en est à rappeler ce principe : c'est comme ça.
Une amie me raconte qu'elle est sommée, par des femmes de son entourage, de trouver « très bien » l'article de Françoise Giroud contre Casanova.
Autre comédie, *Le Masque et la Plume*, à la radio. Les types qui sont là : « *Casanova*, ce n'est pas si bien que ça, d'ailleurs Sollers a bâclé son livre », etc.

La remarque de Freud, du temps que la psychanalyse faisait scandale : en public, dit-il, il avait l'impression que les gens le voyaient comme « couvert de peinture fraîche ». Ça m'arrive de plus en plus souvent.

Les chuchotements et les balbutiements obscènes dans l'amour physique : tout l'orchestre s'accorde dans l'ombre.

Les Goncourt, par peur des micros, sont allés, paraît-il, délibérer dans une cave. On se pince. Que pourraient-ils avoir à cacher ? Rien.

Heidegger, sur l'esprit de vengeance : « La vengeance ne cherche pas seulement à attraper, à capter, à prendre possession. Elle ne cherche pas non plus à abattre simplement ce qu'elle suit à la trace.

Cette chasse qu'est la vengeance s'oppose d'avance à ce sur quoi elle se venge. Elle s'y oppose de telle manière qu'elle le rabaisse, pour se placer elle-même, en face de ce qu'elle rabaisse, dans une position supérieure, et ainsi restaurer sa propre importance, tenue pour la seule qui compte. Car la soif de vengeance est excitée par le sentiment d'être vaincu et lésé. »

Cela vaut, bien entendu, pour la propagande systématique contre Heidegger (pas une semaine sans une attaque ou une autre).

Mercredi 11 novembre

Le 11 novembre, désormais, devrait s'appeler : Jour des mutins du Chemin des Dames.

Parution en Pléiade des *Libertins du 17ᵉ siècle*, édition établie, présentée et annotée par Jacques Prévot. Sommaire : Théophile de Viau, Gabriel Naudé, Tristan L'Hermite, Pierre Gassendi (enfin !), Charles Dassoucy, Cyrano de Bergerac et, anonyme, *L'École des filles*.

Livre d'André Halimi, *La Délation sous l'Occupation*. Ceci, de Ernst Jünger, dans son *Journal parisien*, le 8 février 1942, à propos de la jouissance *puritaine* des médiocres : « Il ne fait aucun doute qu'il existe des individus qu'on doit tenir pour responsable du sang de millions d'êtres. Et ces individus sont avides de sang répandu. Indépendamment de leurs bas instincts, il y a chez eux une volonté satanique, une froide jouissance à voir périr des hommes et peut-être même l'humanité. »

Types de femmes (mais ce sont aussi bien des hommes hysté-riques) :

La contredisante : on n'a même pas le temps de finir sa phrase que, déjà, elle s'élance dans la proposition contraire. Dirait-on le contraire, qu'elle contredirait *a priori* ce contraire.

L'approbante : elle semble écouter, elle est d'accord sur tout, mais, soudain, elle regarde fixement un bébé ou un chien, elle bâille.

La glaçante : elle ne vous voit pas, vous êtes comme une mauvaise odeur d'autrefois, pas de quartier, elle vous présente de biais votre inexistence. D'ailleurs, elle court déjà, son mari porte les bagages, elle va rejoindre ses enfants, cette rencontre n'a jamais eu lieu, même une photo ne pourrait pas la convaincre.

L'éternelle coquette : tout ce que vous dites d'elle, de sa vie, de ses succès ou de ses soucis, l'enchante. Elle vous aime, elle vous adore, elle vous prend la main, elle vous embrasse volontiers. Sauf, évidemment, si vous vous laissez aller à parler de vous.

La caissière : elle vous demande un chèque avant de vous dire bonjour. Si vous le lui faites remarquer, elle se fâche. Il peut même arriver qu'elle crie.

Comédie générale : l'homme qui fait la fausse femme : la femme qui fait le faux homme : le faux homme forcé ; la fausse femme femme.

Taxi.

Ils sont fous, elles sont folles, dix mille petits romans à écrire. Et puis on oublie (d'ailleurs, Proust a tout dit). Le moindre ciel, la moindre musique vous transporte immédiatement ailleurs. On n'arrive plus à prendre les acteurs au sérieux. Ils se consument sur place, s'évanouissent dans la nature.

Que raconter, alors ? Eh bien, *ça*.

Jeudi 12 novembre

Pluie plus froide.

10 heures. Vu de près :

Dora et le Minotaure, de Picasso, 5 septembre 1936, fusain, encre de Chine, crayons de couleur (jamais montré auparavant). Merveilleux de voracité, d'énergie, d'incendie. Vert, blanc, rouge. Le museau animal s'apprêtant à manger sa proie consentante (un peu interloquée quand même). Picasso en dieu grec. Comme toujours, gêne imperceptible, mais violente, des regardeurs. Ça les remue là où ils ne se voient pas.

Un *Buffon* (1942), avec des animaux d'encre trouant la page. Picasso-cheval, Picasso-taureau.

Des photogrammes, d'une grande virtuosité technique. Des papiers déchirés (à partir de couverts de restaurants) d'une surprenante grandeur. Une lacération, des têtes de mort, un chien, un poisson. Avec presque rien : le sacré sans âge.

Manuscrit de « poème » : Picasso ponctue en *soulignant* des membres de phrase avec des crayons jaunes, rouges, violets, bleus.
Musique. Même technique chez Joyce, dans le manuscrit d'*Ulysse.*
Portrait délicat et digne de Max Jacob (crayon).
Les dates. Pourquoi et comment Picasso a gagné la guerre.

Houellebecq prix Novembre (surtout grâce à Vargas-Llosa et Julian Barnes). Il fait une arrivée très réussie, en semi-clochard, dans les salons du Bristol. Effroi des femmes du monde présentes.
Le soir : Virginie Despentes prix de Flore.
Bousculade de fête, soudain.

Vendredi 13 novembre

Gris pluie, plutôt beau.

Voyage à Strasbourg. Enregistrement TV sur l'Europe. Puis *Casanova*, à la librairie Kléber.

Aristote dans l'avion.

Le soir, les Concertos 14 et 24 de Mozart (Murray Perahia, avec l'English Chamber Orchestra). Le 24 est daté du 24 mars 1786. Grande émotion sérieuse dans la nuit, l'inertie globale.

À Strasbourg, devant un public amorphe, un « commando Guy Debord » (!) et un « groupe Radikal » ont lancé, avant de disparaître courageusement, quelques tracts contre moi, bâclés, stéréotypés, mal rédigés. Il va falloir que je m'occupe d'améliorer le style de la détestation que je déclenche. Il faut tout faire, désormais.

Samedi 14 novembre

Bleu-jaune très tôt. Puis variable bleu-blanc, et vent.

Un dinosaure, vieux de 110 millions d'années, vient d'être découvert au cœur du Niger. C'était un gros lézard mangeur de viande et de poisson, à gueule de crocodile. Il est de nouveau là, soudain, avec tous ses os.

Une consolation : nos ennemis s'ennuient.

Aristote, hier, dans l'avion ? Il s'agit du livre de Jean-Clet Martin, *L'Âme du monde*.

De Caelo : « Ce n'est pas une fois, ni deux fois, mais un nombre infini de fois, croyons-le bien, que les mêmes opinions ont été émises et sont parvenues jusqu'à nous. »

Éthique à Nicomaque : « Une telle existence, toutefois, pourrait être au-dessus de la condition humaine. L'homme ne vit plus alors en tant qu'homme, mais en tant qu'il possède quelque caractère divin ; et autant ce caractère divin l'emporte sur ce qui est composé, autant cette activité excellera par rapport à celle qui résulte de toutes les autres vertus. »

Dans l'avion, donc, hier soir, en arrivant sur Paris, grand lac fourmillant de lumières, je me demandais, penché sur le hublot, où était cette microscopique tache éclairée, en bas : ma lampe, mon cahier.

J'écris maintenant cette phrase en regardant passer, par-dessus le toit, de droite à gauche, le sillage blanc d'un long-courrier.

Ce n'est pas un « je me souviens » (façon Perec) qu'il faut écrire, mais un « j'ai oublié ». Océan d'oubli, petite rivière de la mémoire. Proust a raison : seule la mémoire involontaire fait trou dans le faux récit.

La mémoire comme réserve et surgissement d'*hyperboles* (sens rhétorique et mathématique).

Soir : roman.

Dimanche 15 novembre

Soleil blanc.

La mort glorieuse du marronnier, ses feuilles d'or tombées dans le lierre autour de lui, comme une révérence.

Une lycéenne, 16 ans, membre du jury du Goncourt des lycéens : « Dès la réunion du jury, à Rennes, dimanche soir, nous avons commencé la polémique sur le livre de Houellebecq. Est-ce un bouquin porno ? Pourquoi expose-t-il ses idées de façon aussi crue ? Je n'oublierai jamais le regard foudroyant du délégué qui était en face de moi quand j'ai dit que *Les Particules élémentaires* était arrivé en tête dans ma classe. »

Pruderie française centrale et, en même temps, américanisation des marginalités. On imagine très bien, au contraire, un livre passé au scanner à New York et refusé pour les raisons suivantes : « Pas assez violent, pas assez dépressif. »

Pinochet en attente de la décision de la Chambre des Lords à Londres. Les demandes d'extradition et de jugement se multiplient.

Comédie Clinton-Hussein. C'est le peuple irakien qui paie.

Débuts poussifs du Viagra en France. À Nantes, en pharmacie, pas une boîte vendue en un mois.
Baise refusée ou baise imposée : même impasse.

L'écrivain est à la fois spectateur, lecteur, acteur. Il détourne et déchiffre la Machination, a pour lui la clé magique de toute la bibliothèque, agit en écrivant, se cache en se montrant, se crée, à mesure, un autre corps dans le temps.

Messe de Nicolas de Grigny (1672-1703).
Roman.

Lundi 16 novembre

Bleu nuages frais.

Retour de Cohn-Bendit. Titre de Libération : « Le trublion ». Il demande aussitôt la régularisation de tous les sans-papiers et propose la réhabilitation des déserteurs de la guerre d'Algérie (j'en suis un). Visages fermés un peu partout : le spectre animé de mai 68 parle.
Cohn-Bendit : « une idée jouissive de l'Europe ». Pourquoi pas ? C'est, en filigrane, l'idée principale de mon *Casanova*.
Casanova, Casanovert : tête des fascistes, des staliniens, de la gauche refoulée caviar, des pétrifiés d'extrême gauche, des moisis et moisies de droite.
Titre : *Aux rendez-vous de l'Histoire*.
(Cf. le portrait que j'ai fait de Cohn-Bendit, après un déjeuner avec lui, dans *Égoïste*, en juin 1996.)

Tout à coup, au carrefour, grand bonheur sans raison.

« Je n'ai pas demandé à naître.

– Mais si.

– En tout cas pas là, pas dans cette situation ethnique, géographique, sociale, historique.

– Mais si. »

Lautréamont : « Je ne connais pas d'autre grâce que celle d'être né. Un esprit impartial la trouve complète. »

Roman.

Mardi 17 novembre

7 h 30. Bleu-rose sec.

Toujours ces attaques de bonheur incompréhensibles. Nappe de calme sans bords.

Et voilà : Monica Lewinsky touchera un million de dollars pour raconter son aventure à la Maison-Blanche (même journaliste que le spécialiste de Lady Diana, parution début 99). Finalement, ce n'est pas très cher. En même temps, photo de Paula Jones exhibant fièrement son chèque de silence de 850 000 dollars (qui ne couvre même pas ses frais d'avocats).

Retour de Pleynet des États-Unis (New York, Boston, Philadelphie). L'espace, dit-il, l'architecture, la peinture : sinon, rien. Les Américains ont inventé la grande dimension libre. Au sol, ils sont perdus. Différence avec la Chine, à l'aise aussi bien dans le très grand comme dans le très petit. Imaginer Pékin ou Shanghai vers le milieu du 21e siècle.

Une amie : « La Nomenklatura va être très déçue si, dans ton journal, tu ne parles pas assez d'elle (édition, presse, médias). Avec les noms, bien sûr. Ils ne lisent plus que leurs noms. »

Le Fragonard de la Banque de France : *La Fête à Saint-Cloud*. Le bonheur contrasté, par tous les plans à la fois. La petite promeneuse jaune près de la balustrade.

L'ambassadeur de Russie dit à Jean-Claude Trichet que la radio russe la plus écoutée a consacré, pendant tout l'été, un feuilleton à Casanova, « esprit européen ».

Deux très bons tableaux de François Casanova (le frère cadet de Giacomo), dans le style hollandais.

Mercredi 18 novembre

Toujours bleu sec.

Les brouillons d'*Une saison en enfer* préemptés par la Bibliothèque nationale à Drouot : 2,9 millions de francs (l'euro est en ce moment à 6,54 francs).

« En marche. Oh ! les reins se déplantent, le cœur gronde, la poitrine brûle, la tête est battue, la nuit roule dans les yeux, au Soleil. »

« Je hais maintenant les élans mystiques et les bizarreries de style.

« Maintenant je puis dire que l'art est une sottise.

« Nos grands poètes aussi facile : l'art est une sottise.

« Salut à la bont. »

Tout le monde a voulu *en finir* avec Rimbaud, même Claudel. Le mot drôle (et très juste) de Gide à propos du prosélytisme catholique : « Tous les moyens leur sont bons pour vous attirer à eux. On se retrouve avec eux dans la situation d'un monsieur qui aurait des intentions. »

Tout prosélytisme, quel qu'il soit, est de cet ordre.

Diffusion, à Washington, des vingt-sept heures d'enregistrement sur cassettes des conversations téléphoniques entre Monica Lewinsky et Linda Tripp. On entend donc enfin la *voix* de Monica. Nasillarde, plaintive, excitée, pleurante : un vrai cauchemar. Deux pouffes hystériques en pleine action d'indiscrétion.

Jeudi 19 novembre

Blanc frais.

Cacophonie dans la « gauche plurielle » après les déclarations de Cohn-Bendit (les élections européennes ont commencé). Par ailleurs, polémiques à propos de Jean Moulin. A-t-il, ou non, été suivi par les Allemands après une rencontre avec un agent secret américain à Avignon ? Moulin agent communiste ? Moulin s'apprêtant à lâcher de Gaulle (que Roosevelt et Churchill voulaient isoler) ? Peut-être, et alors ? Le personnage le plus mystérieux, dans tout cela, reste de Gaulle et son inspiration « mystique ». Affaire très obscure, au fond.

Cure de désintoxication médiatique. Vedânta. *Comment discriminer le Spectateur du Spectacle ?* : « Dès qu'on réalise Celui qui est à la fois immanent et transcendant, toutes les chaînes du cœur sont à jamais brisées, tous les doutes à jamais dissipés, tous les *karmas* à jamais réduits en cendres. »

Le plus beau Fleuron de la Discrimination :

« Il suffit d'écarter les algues et les mousses, et l'eau du bassin, claire et limpide, s'offre librement à l'homme altéré ;

« Aux tortures de la soif succède immédiatement une délicieuse sensation de bien-être. »

Roman.

Vendredi 20 novembre

Beau bleu-blanc, un peu froid.

Rocard déclare que Mitterrand « n'était pas un honnête homme ». Tollé dans la nébuleuse politique.

Soyons précis. Voici les prix actuels pratiqués sur les corps féminins dans un institut de beauté.

1) *Épilations* (cire traditionnelle et jetable) : demi-jambes, 110 F ; cuisses, 120 F ; 3/4 jambes, 140 F ; jambes complètes, 145 F ; aisselles, 65 F ; maillot, 65 F ; lèvres ou menton, 45 F ; sourcils, 55 F ; bras, 120 F ; demi-bras, 90 F.

Forfaits : demi-jambes + maillot + aisselles : 220 F ; jambes complètes + maillot + aisselles : 270 F.

2) *Décolorations* : bras, 90 F ; cuisses, 110 F ; lèvres, 40 F.

3) *Teintures* : cils, 110 F ; sourcils, 65 F.

4) *Soins du visage* : flash beauté (gommage, massage, masque), 220 F ; soin classique, 250 F.

5) *Soins spécifiques* : soins aux huiles essentielles, 300 F ; soin théorique peaux sensibles, 300 F ; soin aux algues peaux grasses, 300 F ; soin froid peaux couperosées sensibles, 300 F ; soin collagène antirides hydratant, 350 F ; lifting électronique, 270 F.

6) *Maquillage* : 130 F.

7) *Permanente des cils* : 240 F.

8) *Soins des mains et des pieds* : manucurie, 110 F ; beauté des pieds, 140 F ; pose de vernis, 40 F ; gommage, masque, modelage, 100 F.

9) *Soins du corps, enveloppements* : enveloppement « Flash minceur », 290 F ; enveloppement aux algues micro-éclatées tièdes, 290 F ; enveloppement aux algues et plantes, 280 F ; enveloppement jambes lourdes aux algues, camphre et menthol, 290 F ; drainage lympho-énergétique, 290 F ; enveloppement et électro-drainage, 400 F ; massage californien, 300 F ; gommage du corps et massage relaxant, 320 F ; soins du dos, 250 F.

Ouf. Inutile d'insister sur le caractère hypercomique de ce catalogue. Qu'en pense une *chômeuse* ?

Soir : *Les Noces de Figaro*.
Roman.

Samedi 21 novembre

Bleu froid, genre New York.

Ce qu'est maintenant, non plus la lecture, mais la scannérisation d'un texte. Le regard se pose uniquement sur les détails susceptibles d'être des enjeux privés ou sociologiques. Qu'il puisse y avoir une « vie de la pensée » est tout à fait exclu. L'*indiscrétion*, seule passion violente générale.

Une amie : « On sent que rien ne pourrait te faire dévier de ta trajectoire. » Drôle de représentation. Mais tu es une planète, chérie, et j'en suis une autre. Il est beau, en soi, d'échanger nos signaux.

Un journaliste parlant de Cohn-Bendit : « Il promet plus qu'il ne peut tenir, comme le castrat Farinelli qui, après avoir transporté les femmes d'extase, était obligé de se dérober au moment de finir. » Pourquoi et comment la vie politique déclenche automatiquement, à un moment ou à un autre, la métaphore sexuelle. Cohn-Bendit *castrat* ? Étrange.

Ou alors *has been*. Le coup du « vieux qui revient » (ou « qui est toujours là »). Classique. Genre : « Qu'avons-nous fait pendant tout ce temps (« génération Mitterrand »)? Réponse : « Pas grand-chose. » « Les choses du passé seraient alors en avance sur nous ? Les morts pourraient être plus vivants que nous ? » – « Eh oui. »

« Qu'avez-vous fait pendant tout ce temps ?

– Nous avons freiné, ignoré, censuré, détourné, omis, parlé et écrit *à côté*, en attendant que ça passe et que l'oubli s'installe.

– Et alors ?

– C'est loupé. »

Faire imprimer son nom aussi souvent et longtemps que les autres auront voulu le barrer. Pari amusant.

La grosse Verny, autrefois, soûle, au comble de la déformation du visage, les yeux révulsés : « C'est fini, tout ça, *cheuri* ! Fini ! Tu entends ? *Fini !* »

D'où un titre immédiat : *L'Infini.*

Le scandale, en 1967, de mon mariage sans bruit avec J. K. : il dure encore. Selon la surveillance sociale, je n'aurais jamais dû me marier, ni avoir un fils. Comme si j'avais défroqué d'une Église imaginaire. Ils y croient. Et elles, donc.

Selon le clergé ambiant (toujours 19e), l'écrivain doit être solitaire, souffrant, marginal, faire son œuvre dans le silence coincé et l'épreuve, être le rédempteur spectral dont on attend patiemment la mort. Qu'il ne vienne surtout pas nous déranger ou nous rire au nez, nous embarrasser de ses écarts ou de son insolence. Ce ne serait pas de jeu. Chacun à sa place.

Dans *Amadeus*, de Forman, le rire de Mozart, et le visage raidi d'admiration haineuse de Salieri lisant les partitions de son rival près de la fenêtre (pendant que Mme Mozart, qui lui a apporté en douce les papiers de son mari pour savoir ce qu'ils *valent*, mange « innocemment » des chocolats sur un canapé).

Pourquoi me dis-tu que tu vas à Rome pour que je croie que tu vas à Deauville, alors que tu vas *réellement* à Deauville ?

Long sommeil léger.

Dimanche 22 novembre

Bleu sec froid.

Tôt : roman.

266

Toujours les retombées tartuffesques à propos de la déclaration de Rocard (« Mitterrand n'était pas un honnête homme »). La nébuleuse : il a pété les plombs, il a besoin de vacances, il est en train de terminer une cure analytique en voulant tuer le père (!), c'est un raté. Ou bien : il aurait dû le dire plus tôt, il n'aurait jamais dû accepter d'être Premier ministre, qu'il apporte ses preuves, etc.

Blasphème dans la cathédrale. Remous au Kremlin.

La Nomenklatura : vieux mecs, femmes retraitées du sexe, gentils homos de décor, mâles acceptés uniquement si domestiques bridés. Surtout pas d'homme libre en action, ça ferait désordre. L'Argent d'abord, sans cesse, les Institutions, le Pouvoir. Circulez.

Trois quarts d'heure de Bach : plus de problèmes.

La modernité étincelante de Retz, Pascal, La Bruyère, La Rochefoucauld, Saint-Simon, Vauvenargues.

Assassinat, à Saint-Pétersbourg, de la députée d'opposition démocratique russe Galina Starovoïtova, 52 ans. Saint-Pétersbourg, « capitale du crime ».

Lundi 23 novembre

Toujours bleu sec froid.

Le plus beau Fleuron de la Discrimination : « Il va de mort en mort celui qui voit une différence quelconque. »

L'homme de la libération, en revanche, « va dans le monde comme une torche purificatrice, car toute notion de différence est bannie de son cœur ».

Un livre essentiel : *Le Manuel du Goulag*, de Jacques Rossi. Par exemple : « Un ancien de la Tcheka que l'auteur a rencontré en prison, racontait à propos des années 1918-1924 : "Quand on escorte un homme que l'on est chargé d'abattre, il est important de s'assurer qu'il a les mains solidement attachées derrière le dos. Nos gars se servent pour cela de fil de fer. Plus sûr que la ficelle. Puis, le revolver armé à la main, on fait passer l'homme devant soi et on le suit à deux pas derrière lui en lui donnant des ordres, jusqu'à l'endroit où la femme de ménage a répandu de la sciure ou du sable. Là, on approche le revolver de sa nuque, mais sans le toucher, pour qu'il ne se rende compte de rien. Et on appuie sur la détente tout en lui flanquant un magistral coup de pied au cul." – "Pourquoi ce coup de pied ?" – "Pour que le sang n'éclabousse pas ta tunique… Tu te rends compte du boulot pour ta femme, de laver ça tous les jours !" »

L'après-midi : télévision suisse.
Soir : sonates de Haydn (Buchbinder).
Roman.

Mardi 24 novembre

Bleu-blanc froid.

Premier déménagement des fonctionnaires allemands de Bonn à Berlin. Inauguration de la présidence de la République fédérale.

Inauguration de l'aéroport (très surveillé) de Gaza, en territoire palestinien. Premier voyage d'Arafat à Paris.

Cette photo étonnante et anonyme de Freud, que je ne connaissais pas, à Vienne, en 1936, pour ses 80 ans. Il est en costume de flanelle claire, debout dans un jardin éclairé, un grand store blanc à demi baissé derrière lui, atmosphère « villégiature ». Très décidé, Freud, *il vient de loin.*

Polémiques autour du traité d'Amsterdam, à propos des « abandons de souveraineté nationale » (police, justice, immigration). Mais personne ne veut plus de votre vieille nation, messieurs, il faut vous y faire.

Déjeuner avec Clément Rosset, qui me donne son hilarante *Lettre sur les chimpanzés* (1965) en souhaitant sa republication chez Gallimard. Il parle couramment l'espagnol. Ses passions : Nietzsche, Mozart. Il me raconte une anecdote sur Heidegger (source : Cioran). Une de ses élèves va le voir en 1944 et lui dit que l'Allemagne a visiblement perdu la guerre. Silence concentré de Heidegger. Puis : « Vous croyez ? Surtout, pas un mot à ma femme. »

Une amie très libre, féministe, mi-plaisante, mi-sérieuse (elle travaille beaucoup) : « Je crois que je vais me marier, je suis trop fatiguée. Je ne veux plus être une femme libre. Je veux un mec qui s'occupe de moi, qui me donne du blé pour acheter des fringues, mais j'y arriverai jamais, les mecs, je les supporte pas. »

Yvon Girard (qui dirige « Folio », chez Gallimard) me raconte qu'un libraire, tout récemment, a demandé *de qui* étaient *Les Quatre Évangiles*.

Sommeil pénible (je *sens* le déferlement d'hostilité à mon sujet, je suis obligé de l'élaborer).

Mercredi 25 novembre

Pluie grise.

Maldoror : « Tout travaillait à sa destinée : les arbres, les plantes, les squales... »
« Le sang monte quelquefois à la tête quand on s'applique à tirer du néant une dernière comète avec une nouvelle race d'esprits. »

Artaud : « des coups de silence, des points d'orgue, des arrêts de sang, des appels d'humeur, des poussées inflammatoires d'images dans nos têtes brusquement réveillées... »
« On ne sait si c'est la voix elle-même qui se prolonge, ou le sens qui, depuis les origines, a absorbé la voix. »
« Une mathématique réfléchie qui mène tout et par laquelle tout passe. »
« Qu'on offre à la foule des rues une occasion de montrer sa dignité humaine, elle la montrera toujours. »

Déjeuner avec Marc Lambron et Hélène S. Il revient de Buenos Aires. On parle de la déprime étrange des Français.
La France est le pays du monde le plus visité par les étrangers ; c'est le pays qui vient en tête pour les désirs extérieurs d'y vivre. Mais c'est aussi le pays qui consomme le plus d'antidépresseurs (Prozac, etc.), et quand on demande aux Français à quelle place ils situent la France comme pays où il fait bon vivre, ils la mettent en douzième position.
Moralité : prendre l'avion le plus souvent possible (plaisir de rentrer). Pour moi, l'Italie, sans cesse.

Le moment étrangement solennel (et imprévisible) où, avec une amie, un ami, on constate qu'on n'a plus rien à se dire.

Soudain, en fin d'après-midi, dans la rue, impression de « marcher en Dieu ». L'expression peut paraître idiote, mais il n'y en a pas d'autre.

Jeudi 26 novembre

Gris plus doux.

X., artiste célèbre, au moment de mourir, dit à sa femme (courageuse et intelligente) : « Sois très prudente, et très dure en affaires. »

Une amie : « Dites-moi que je suis celle qui vous aura fait le plus rire. »

Coup de tonnerre : les Lords anglais trouvent Pinochet extradable. *Libération* montre son visage de brute militaire avec le titre suivant : « *Happy Birthday !* » (il a aujourd'hui 83 ans).

Je réentends, enfant, à Bordeaux, pendant la guerre, mon père ou ma mère dire, de temps en temps : « Tout ce que font les Anglais est bien fait. »

Martine Aubry, dans *Match* : « Ce n'est pas un hasard si j'ai une passion pour la musique, l'opéra et l'architecture baroques. Je pense que c'est la sublimation de ce que sont les hommes. Le baroque nécessite une très grande technicité et une très grande rigueur auxquelles s'ajoutent une imagination débridée et parfois même un peu de folie. Pour moi, un être humain, c'est cette somme : un mélange de force et de fragilité. C'est aussi ce que je suis, même si l'on me perçoit souvent autrement dans mes fonctions actuelles. »

C'est la troisième fois en quelques jours que j'entends parler de l'Espagne et que j'ai l'occasion de parler l'espagnol. Je ne faisais que ça à 14 ans, puis oubli relatif. Premier amour à cet âge-là, dans cette langue.

Le tome 3 de Sade, en Pléiade, est paru il y a un mois. C'est le plus important (*La Philosophie dans le boudoir*, *Histoire de Juliette*). Pas un mot dans la presse.

J'aimais bien quand Sartre, dans la conversation, laissait tomber, assez régulièrement, à propos de X. ou Y. : « C'est un con. »

Pinochet arrêté, Kabila, tueur officiel, à l'Élysée.

Alison Lurie raconte que, sur les campus américains, de plus en plus de filles se déclarent lesbiennes (alors qu'elles ne le sont pas) pour échapper d'emblée aux sollicitations masculines (ils n'ont qu'à se débrouiller entre eux). De même, une fellation ne leur paraît pas être un « acte sexuel ». CQFD.

Nuit : roman.

Vendredi 27 novembre

Temps plus doux, bleuté.

Roland Dumas, en plus de « la putain de la République », avait une amie tenant une maison de rendez-vous, « la rouquine ».
Il paraît que ce n'est pas digne du Conseil constitutionnel.

Mélancolie ? Vous n'avez pas assez écrit, c'est tout.

Les damnés, pour Dante : « *la perduta gente* ». Oui, c'est cela, les réprouvés, les *perdus*. On voit ce signe, parfois, sur les visages, même les plus intacts.

Boussole sûre : « Je tiens sans hésitation pour hystérique toute personne chez laquelle une occasion d'excitation sexuelle provoque surtout ou exclusivement du dégoût » (Freud, 1905).

Jim Harrison : « À l'instant, tout en écoutant la tempête de neige dehors, je me suis versé un grand verre de bordeaux. C'est ça qui me plaît ! Votre Rimbaud a dit : tout ce qu'on nous enseigne est faux. Je le croyais quand j'avais 18 ans, je le crois encore. J'écris pour continuer à être un fleuve inexploré. »
Un de ses poèmes « zen » :

Pas ici et maintenant mais maintenant et ici.
Si tu ne comprends pas que la différence est une affaire
  de vie et de mort, alors tombe
à genoux nus dans la neige
et étudie le tic-tac de ta montre.

Le soir : Marc-Antoine Charpentier, *Messe pour les trépassés*, *Miserere des Jésuites*.

Roman (le narrateur se retrouve dans une bibliothèque alchimique).

Samedi 28 novembre

Silence gris. C'est la Saint-Jacques de la Marche. J'ai 62 ans aujourd'hui. Bonne chance.

« Révélations » sur l'assassinat de Kennedy, le 22 novembre 1963. Une ancienne maîtresse de Lyndon Johnson parle : « Nos relations étaient essentiellement sexuelles. Lyndon aimait ça, et moi aussi. C'était un merveilleux amant… »

Bref, Lyndon a fait assassiner Kennedy, commandité, pour cela, par le lobby pétrolier craignant une réduction de ses avantages fiscaux.

Pourquoi cette brave dame (qui a eu un fils secret, mort depuis, avec Johnson) s'épanche-t-elle comme cela aujourd'hui ? Vous le saurez peut-être dans 35 ans, comme le reste.

Nuit : roman (le narrateur participe à des réunions subversives).

Dimanche 29 novembre

Bleu-blanc doux. Avent.

Avent : temps pendant lequel on se prépare, dans l'Église catholique, à célébrer la fête de Noël. Le mot vient d'*adventus*. Saint-Simon : « L'abbé Boileau parut à la cour plusieurs avents et carêmes. »

Contre la Loi, et contre le détournement de la Loi (qui lui reste soumis). Toujours sur deux fronts, donc.

Cette coupe chinoise vert jade avec une tache bleue légère. Qu'est-ce qu'elle veut dire ? *Abri*.

Le *Viveka-Çuda-Mani* est l'œuvre de Çamkara.

En réalité, *Mani*, plutôt que « fleuron », veut dire *joyau*. Il faut donc lire : *Le plus beau Joyau de la Discrimination*.

« Supporter les afflictions sans se soucier d'y porter remède et, en même temps,

« Se garder de toute inquiétude et de toute plainte, voilà en quoi consiste l'endurance. »

Et ceci : « Le divin se manifeste, selon les cas, soit comme une marée montante, soit comme une pluie torrentielle. »

D. me raconte que, dans un café, elle félicite une jeune femme pour son parfum. L'autre lui répond : « Merci, c'est gentil. Et vous, vous avez un très beau visage, un visage *comme on n'en fait plus*. »

Lundi 30 novembre

Froid calme.

Pascal : « Vous m'appelez *bouffon*, *ignorant*, *farceur*, *imposteur*, *calomniateur*, *fourbe*, et tout ce qu'il vous plaît… Mais si la vérité était pour vous, elle combattrait pour vous, elle vaincrait pour vous ; et quelques ennemis que vous eussiez, *la vérité vous en délivrerait*, selon sa promesse. »

On apprend tout à coup que le cyclone Mitch a fait quatorze fois moins de victimes qu'on ne l'a dit. Désinformation pour rafler l'aide humanitaire.

Après un silence de trois mois, Le Pen et le Front national intentent un procès à Mathieu Lindon et à POL. Décision idiote, intéressant procès en perspective.

Discussion avec Pleynet sur Rothko. La vraie « ligne », de *Tel Quel* à *L'Infini*, a toujours été la même : Art, Poésie. Bien entendu, il a fallu, très souvent, faire semblant de s'intéresser à autre chose.

Un des *Nymphéas* de Monet (1904), exposé à Boston et appartenant au musée de Caen, aurait été volé par les nazis au collectionneur français Paul Rosenberg. Grande agitation américaine autour de ces rapts.

Nietzsche : « Partout résonne la voix de ceux qui prêchent la mort. »

« Enveloppés d'épaisse mélancolie, et avides des petits hasards qui apportent la mort : ainsi ils attendent en serrant les dents. »

« *Héroïsme*, signe de liberté… À l'héroïsme appartient aussi la participation sincère à ce qui est petit, idyllique. »

Nietzsche, encore : « rassembler des choses saisissantes ».

Nuit : roman (le narrateur analyse un de ses rêves, il se souvient de ce mot de Coleridge : « Je me suis à peu près fait à l'idée d'être une simple apparition »).

Décembre

Mardi 1ᵉʳ décembre

Froid sec.

Le docteur Michèle P. (à propos de David) : longue conversation, toute en nuances. Quand les médecins sont vraiment dans leur vérité, c'est de la musique. Brune, petite, yeux bleu sombre, connaissant l'enfer, curieusement jolie.

Mon surnom, autrefois, un peu partout : « docteur ».

Ou bien cette fille, au café, qui refait son chignon (*l'épingle*).

Le prix ou la « valeur » d'un tableau ? Nous mettons tant de millions de dollars sur lui pour vous *épargner* de le voir.

Conférence très serrée et enlevée de J. K. à la Sorbonne : « La vie comme narration selon Hannah Arendt ». Au milieu des étudiants nombreux : Pierre Nora, Pleynet, moi. Intéressante discussion en perspective (Aristote, Heidegger, la poésie, le récit).

J. K. a une très grande aisance d'exposition et d'érudition.

Beauté, intelligence, simplicité. Son public, très jeune, garçons et filles, l'aime.

Dès son arrivée en France (1966), elle a provoqué des réactions xénophobes, machistes ou fascistes. Ça continue souvent. Le texte de Barthes, autrefois, pour la défendre. « L'étrangère. »

À un congrès du parti communiste, elle vient en invitée extérieure, monte à la tribune et leur dit : « Je dois d'abord vous préciser que je suis une victime du communisme » (son père est mort, sans soins, d'une façon plus que douteuse, dans un hôpital de Sofia, en 1989). La salle se lève et applaudit, ce qui est une façon d'entendre sans entendre. Toujours la même histoire française : le corset Vichy-Moscou.

Son rayonnement un peu partout dans le monde. La jalousie des Françaises. Avec qui parler de Freud (sa pratique constante) sinon avec elle ? C'est ainsi.

Mercredi 2 décembre

Froid pré-neigeux.

Irrationalité des marchés : les joueurs s'observent les uns les autres, et vont dans le même sens presque tous à la fois (achats, ventes). Peu de rapport, donc, avec l'économie réelle. Subjectivité agitée sur place, *virtualité* globale.

La « réforme de l'audiovisuel » explose. Catherine Trautmann, ministre de la Culture, de plus en plus fusible en fusion. Les ambitions de remplacement se profilent. Bref, après l'entrée de Pinault dans Bouygues (c'est-à-dire TF1) on est déjà en 2002, pour les présidentielles, à moins que ce ne soit en 2000. Très bientôt, par conséquent, l'euro matérialisé sur fond d'Élysée obsessionnel.

Marcel Detienne n'a pas été élu au Collège de France, mais la chaire de turcologie, en revanche, a été attribuée à un certain Veinstein qui, paraît-il, a tendance à nier le génocide arménien.

Photos : Chirac et Schröder à Potsdam, très Pieds-Nickelés.
Robert Hue et Cohn-Bendit dînent ensemble : *idem.*
Filochard, Ribouldingue.
Chirac tutoie Schröder, et le remercie de lui avoir offert des assiettes japonaises anciennes (elles doivent coûter moins cher en ce moment). Hue tutoie Cohn-Bendit, lui reproche gentiment d'être soutenu par Madelin, mais bon, on s'aime bien quand même dans la juste détestation réciproque. Comédie provinciale (mondialisation = provincialisation).

Déjeuner avec A. Son charme chinois.

Du côté du Trocadéro, en fin d'après-midi. Personne dans les rues adjacentes. Il y a quelque chose d'obscur et d'inexpliqué dans ce quartier (vers le musée d'Art moderne). Puis la salle Matisse, le gris et le bleu, extraction des formes, chapelle de gymnastique féminine, absence de Dieu à travers elles – que peu atteignent. La journée est sauvée.

Le *Fleuron* (Le *Joyau*) :
« L'élan passionné vers la libération. »
« Le requin du désir qui happe à la gorge. »
Exemples d'animaux pris au piège de l'Illusion (*Maya*) : le daim en captivité sous l'effet de la musique ; l'éléphant sauvage qui suit la femelle apprivoisée ; le papillon se jetant dans le feu ; le poisson mordant à l'hameçon ; l'abeille dépossédée de son miel.
Vertus : contentement intérieur, compassion, oubli des injures, rectitude d'esprit, maîtrise de soi.
« L'éternel Témoin de toutes choses réside dans sa propre gloire, et, en toute circonstance, reste à l'écart de ce qu'accomplissent ses surimpositions. »
L'Intelligence pure est « Félicité » (*cit-ananda*).

En 1989, les bureaucrates staliniens de Sofia décident d'incinérer le père de J. K. contre son gré. Elle proteste vainement (c'était un chrétien très croyant). Les types lui disent : « L'enterrement est réservé aux membres importants du Parti. Mais vous pourriez en bénéficier, *vous et votre mari.* » Sans commentaire (décidément je n'irai jamais en Bulgarie).

On meurt de froid, dans la rue, à Paris (un SDF). Scandale (vite oublié, d'ailleurs).

Le soir : roman (critique sociale).

Jeudi 3 décembre

Froid sec.

Les obsèques de Hegel ont eu lieu à Berlin le 16 novembre 1831 (choléra). Un type obscur prononce un discours en le traitant de « cèdre du Liban », de « laurier qui décorait la science et sa couronne », d'« étoile du système solaire de l'esprit mondial ». Presque personne ne comprend cet hommage tissé d'allusions maçonniques. (Voir le livre de Jacques d'Hondt à propos des activités clandestines révolutionnaires de Hegel.)

Sa tombe à Berlin, au « cimetière des Français ». Je cueille sur elle, un matin, une feuille de lierre (je l'ai toujours). Le lierre : plante de Dionysos.

Ce n'est pas « l'art moderne » qui est problématique, mais tout simplement l'artiste. Comment vit-il ? Que sait-il ? Qui fréquente-t-il ? Que risque-t-il ? Quelle est son expérience du temps, du corps, de l'espace ?

La plupart des « artistes » sont devenus des décorateurs ou des animateurs culturels. Ils manquaient d'ailleurs, pour la plupart (et chez les nouveaux venus, c'est pire), des moyens techniques les plus élémentaires (le dessin, par exemple).

« Artistes » de plus en plus assistés, commandés, rangés, officialisés. Ils n'ont plus d'existence libre (voir leurs femmes). Récupérés, décorés, châtrés ; ou bien marginalisés, enfoncés, noyés.

Il ne faut être ni complètement dedans ni complètement dehors. Sinon, bavardage mondain médiatique ou rumination ressentimentale. Deux formes d'impuissance : installation ou misère. Le contre-exemple magnifique (rusé) de Picasso. Sa *discrétion*, surtout (il cache sa vie privée à ses meilleurs amis, c'est-à-dire, à partir d'un certain moment, à la police communiste). Les nuits londoniennes de Francis Bacon. L'art exige une discipline d'aventurier, des masques et une solitude sauvage. Discipline, pas ascèse (rien à voir). Débrouillez-vous dans la dépense (pourvu que ce soit la vôtre, celle de personne d'autre).

Émission TV sur Thomas Bernhard. Les critiques ont surtout retenu un passage où il se moque de Heidegger (fragment lu et monté sur des photos de Heidegger avec sa femme, etc.). CQFD.

Vous allez à un dîner ? Préparez-vous à n'entendre parler que de cinéma et de politique.
« Vous n'allez jamais au cinéma ?
– Non.
– Et en politique, vous pensez quoi ?
– Comme vous. »
À partir de là, vous n'existez plus. Reste à boire, et à formuler, de temps en temps, pour ne pas avoir l'air de bouder, quelques propositions humoristiques.

Vendredi 4 décembre

Gris immobile.

Cinquantenaire de la Déclaration universelle des droits de l'homme.

Mon article préféré : « Tout individu a droit à la liberté d'opinion et d'expression ; ce qui implique le droit de ne pas être inquiété pour ses opinions et celui de chercher, de recevoir et de répandre, sans considération de frontières, les informations et les idées par quelque moyen que ce soit. »

Témoignage de Victor Fainberg (rencontré autrefois à Milan) : « La clinique psychiatrique, c'est pire que la prison. » La scène se passe en 1969 à Leningrad : « Les "infirmiers" étaient souvent d'anciens criminels, des violeurs. Le secret était total. Le plus grand criminel pouvait au moins écrire, nous non, car nous étions considérés comme des malades. Nous n'avions plus aucune notion du temps, des jours qui passaient. J'avais réussi à dérober un petit bout de journal, sans intérêt. Eh bien ! je lisais une ligne par jour, pas plus, pour économiser la lecture. Le fait de ne pas voir une ligne écrite, pas un mot, cela aussi devait contribuer à nous rendre fous. Ils m'ont confisqué ce bout de journal… Certaines piqûres étaient souvent administrées à titre de punition, comme les piqûres de sulfazine, qui élèvent la température à plus de 40 degrés, et rendent chaque mouvement douloureux. Une seule fois, j'ai senti qu'au lieu de m'injecter des vitamines ils m'injectaient des neuroleptiques. Je leur ai dit que s'ils continuaient, s'ils voulaient faire de moi un morceau de bois, je me suiciderais, même si je méprisais le suicide. Ils ont arrêté, ils avaient peur car j'avais réussi, grâce à un capitaine qui avait pourtant la réputation d'être un bourreau, à communiquer avec l'extérieur et mon nom était connu à l'étranger. »

Arrestations redoublées de dissidents en Chine. Le dalaï-lama et Wei Jinsheng ne sont pas invités à l'Élysée.

Dans les années 70, le père de J. K. était régulièrement convoqué par la police pour s'entendre dire que sa fille et moi distribuions *La Cause du Peuple* dans les rues de Paris (ce qui n'était même pas vrai). Il fallait que cela cesse le plus vite possible.

Mon seul plaisir, en détention à l'hôpital militaire de Belfort (toutes affaires confisquées, vie en pyjama, rapatriement des grands blessés d'Algérie, dont beaucoup de fous, grève de la faim dans les dernières semaines), était d'aller respirer une écorce d'orange à la fenêtre des chiottes donnant sur la neige, avec, au loin, le « Lion ». J'ai raconté ça dans *Background*, un texte que personne n'a voulu lire (pas plus que ce que j'ai pu dire des aviateurs anglais dans les caves, pendant la guerre, à Bordeaux).

Fleuron : « À travers la forêt des plaisirs sensoriels, rôde, en quête d'une proie, un tigre redoutable, que l'on appelle "le mental" ;

« Aspirant au cœur pur, vous qui êtes partis à la recherche de l'indépendance, ne vous y aventurez pas. »

Soir : Bach, *Passion selon saint Jean* (début du *Cœur absolu*, écrit sous le coup de l'émotion violente après l'assassinat du père Popieluszko, en Pologne).
Nuit : roman.

Samedi 5 décembre

Très beau ciel froid, marbré bleu et blanc.

40 morts en Algérie, près de Mascara.

Les chômeurs commencent à demander une « prime de Noël » de 3 000 francs. Le mouvement est surtout fort à Marseille. 3 000 francs ? Allons, Bouygues, Pinault, un vrai *geste social*. Allons, Bourdieu, du *concret*.

Figaro Magazine : article de Nourrissier sur Matignon (dont on vient de republier les articles en volume). « Quelle était la famille de Renaud Matignon ? On pense surtout en le lisant à Brasillach qui avait intitulé *Les Quatre Jeudis* le recueil de ses critiques hebdomadaires dans *L'Action française*. »

Matignon, Hallier, Huguenin, etc. La vieille photo du premier comité de *Tel Quel*, en 1960, est légendée ainsi : « Matignon, au centre. À son extrême gauche, Ph. S. »

Il a fallu au moins trois ans, au début, pour « dédroitiser » *Tel Quel*. Et puis, de nouveau, au moins dix ans pour « décommuniser » la revue. Petit travail de plomberie très constant, très pernicieux, très utile. Premier responsable ? Moi. D'où des haines diverses et divertissantes qu'on pourrait appeler *généalogiques*. L'extrême gauche, figurez-vous, était le vrai centre. Ça alors.

Le mardi 25 novembre 1856, Herman Melville navigue au large de Gibraltar : « Matinée magnifique. Mer et ciel bleu. Il fait aussi chaud qu'en mai. La côte d'Espagne est en vue. Montagnes coiffées de neige ; il en est toujours ainsi, à ce que dit le capitaine. Le second est sorti en chapeau de paille. Manches de chemise. J'ai ouvert largement mon manteau. C'est le temps qu'on doit avoir au paradis. Paisible. Et nous sommes en novembre ! On dirait qu'on navigue sur un lac. »

Le dimanche 21 juillet 1860 (après avoir séjourné à Londres, Paris, Constantinople, Le Caire, Jérusalem, Venise, Rome), il est sur le clipper *Météore*, franchit le tropique du Cancer, voit la Croix-du-Sud, « l'étoile polaire baissant sensiblement », et *passe la ligne* : « Belle journée, claire et douce. Courlis grivelés et autres oiseaux alentour. Depuis la dernière fois que j'ai écrit, il y a eu deux fortes bourrasques. Je me suis fait mettre un poêle dans ma cabine. Joué aux échecs tous les soirs. Fait installer le poêle hier, ai commencé à l'utiliser ce matin. Il règne maintenant dans ma cabine une atmosphère tout à fait confortable. »

Noter le temps qu'il fait chaque jour est évidemment un réflexe de marin, qui, chez moi, doit venir des anciens navigateurs de la famille. J'ai d'ailleurs gardé leurs vieux livres (*Le Manœuvrier*, par exemple, 1769. Cf. *Portrait du joueur*). L'un de ces marins d'autrefois note son départ de Bordeaux, un matin gris, vers « les îles ». Quelle gueule pouvait-il avoir ?

Soir : roman (la vie dans les intervalles).

Dimanche 6 décembre

Bleu sec frais.

Étienne Roda-Gil, joyeux, attendant la naissance de sa fille Louisa Alma. On parle espagnol. Louisa, en l'honneur de Louise Michel (dont le livre *La Commune* est publié en 1898).

La sympathie de Kafka, à Prague, pour les anarchistes. Le témoignage de Michel Mares (1893-1971). Kafka assiste à une conférence sur l'amour libre. « Franz se montrait assez souvent à de telles manifestations. La plupart du temps, il était assis tout seul, personne ne le connaissait, c'était un auditeur pensif, calme et attentif ; très souvent, il avait devant lui un verre de bière auquel il touchait à peine. »

Ceci encore : « Peut-être devrais-je expliquer pourquoi ce poète aux allures tranquilles est venu voir une bande de sauvages comme nous. Il n'y a pas besoin de se lancer dans une longue analyse dès lors qu'on connaît le faible qu'il avait pour Hölderlin et Lenau, et l'admiration qu'il portait à de grands esprits dont les anarchistes se sentaient très proches comme par exemple les frères Reclus, Alexandre Herzen et Malvida von Meysenburg. »

Photos des sœurs de Kafka. Il ressemble à Ottla. Photo de Milena, plutôt laide. Photo de Dora Diamant, dernière compagne : air ténébreux, bouche grimaçante, terrible.

Élégance aristocratique de Kafka. Les gens du Château sont des *usurpateurs* (petits-bourgeois staliniens ou fascistes). On ne peut compter (et encore) que sur Frieda.

Messages animaux : les premiers félins (les tigres, par exemple) sont apparus il y a 500 millions d'années. De même, il n'est pas inutile de savoir que la célèbre vache noire peinte des parois de Lascaux recouvre, en réalité, l'accouplement d'un étalon brun et d'une jument jaune dont sort, sur la gauche, un poulain.

Le zapping télé, très positif : autres images de corps, autres grimaces. Encore et encore. Sans fin. Entraînement à la relativité, décloisonnement, dépense, Niagara d'apparences pour rien. Ceux qui s'en plaignent sont prisonniers de leurs photos de famille.

Vivaldi : Concerto pour violon, violoncelle, orgue et cordes. Joie fanatique.

Soir, tard : roman (la fenêtre ouverte).

Lundi 7 décembre

Gris plombé.
Depuis l'autre pièce, là-bas, très près et très loin, me parvient la Symphonie 104 de Haydn, dite *Londres*.

Soudain, comme jamais entendu ni vu, le mot LONDRES (ondes dans l'ombre : messages radio pendant la guerre, « les Français parlent aux Français », cf. *Portrait du joueur*). J'ai 6 ans, on écoute ça en douce dans les greniers.

Explosion du Front national. Le Pen traite Mégret de « raciste ». Intense comique.

Hegel, paraît-il, parlait d'une voix embarrassée, consultant sans cesse ses papiers en se raclant la gorge. Et puis, dit un témoin, « la voix s'élevait, l'œil étincelait au-dessus de l'assemblée, il brillait de son éclat convaincant, et il atteignait les hauteurs et les profondeurs de l'âme avec des mots jamais médiocres ».

Ceci, applicable aujourd'hui (contre les bavards apocalyptiques) : « Je m'en tiens à cette idée que l'esprit mondial de notre temps a donné l'ordre d'avancer. Cet ordre est obéi ; cet être s'avance comme une phalange cuirassée et compacte, irrésistiblement, avec un mouvement aussi peu perceptible que celui du soleil à travers tout. »

D. et ses gants de laine *chinois*.

Aristote : le lieu n'est pas *dans* un lieu.

Pour ce journal, donc : « La sphère demeure en place, et, en un sens, la masse totale est toujours en repos en même temps qu'elle est mue d'une façon continue. »

Roman (qu'est-ce qu'une passion ?).

Mardi 8 décembre

Bruine sombre.

Le monde de l'interruption : on appuie sur un bouton, plus de son, plus d'images. On débranche le téléphone, plus de contacts. Parfait.

Tchouang-tseu : « Celui qui considère le néant comme sa tête, sa vie comme son épine dorsale et la mort comme son cul ; qui estime que la mort et la vie, la possession et la perte ne sont qu'un, celui-là est notre ami. »

Le moment où l'on se dit : comme c'est étrange, *je me suis rejoint*.

Nietzsche, *Quand vient le moment de se jurer fidélité* : « On se fourvoie parfois dans une direction intellectuelle en contradiction avec ses dons naturels ; pendant un certain temps on lutte héroïquement contre le flot et le vent, au fond contre soi-même ; on se fatigue, on halète : ce qu'on a accompli ne nous donne pas vraiment de joie, on pense avoir perdu beaucoup trop à ces réussites. Pis encore, on *désespère* de sa fécondité, de son avenir, en plein triomphe peut-être. Enfin, enfin, *on fait demi-tour* –, et voici que le vent souffle alors dans nos voiles et nous met sur notre route à nous, quel bonheur ! Comme nous nous sentons *sûrs de la victoire* ! C'est là seulement que nous savons ce que nous sommes et ce que nous voulons, là que nous nous jurons fidélité et en avons le droit – en connaissance de cause. »

Comme le temps passe : le prix du pétrole baisse continuellement. Un économiste :

« L'importance des actifs que le Japon détient dans le reste du monde nous fait vivre sous la menace permanente d'un retrait brutal qui pourrait provoquer un véritable krach boursier.

« Plus que la crise du pétrole, plus que la chute des prix des matières premières ou produits industriels, comme l'acier ou la pâte à papier, plus même que les crises russe ou latino-américaine, c'est le Japon qui est aujourd'hui une véritable menace pour la prospérité économique occidentale. »

Comme tout est simple. L'agence Reuter : « La statue de cire de Bill Clinton fait l'objet d'un intérêt tellement profond, que la direction du musée de Mme Tussaud de Sydney a été contrainte de prendre des mesures radicales. "Chaque fois que je passe devant la statue de Bill Clinton, je m'aperçois que la braguette est ouverte", explique le directeur, Vicky Brown. "Certaines personnes se font prendre en photo agenouillées en train de simuler ce que vous savez", ajoute-t-il. Insensible aux pressions visant à ne pas bâillonner la vérité, M. Brown a décidé de faire coudre la braguette. »

Dîner Flammarion, à l'Alcazar, en l'honneur de Michel Houellebecq. On boit, puis on va danser, à côté, dans une boîte espagnole. Houellebecq va partir pour l'Irlande, il s'intéresse au *Book of Kells* (on parlera de Joyce une autre fois).

Mercredi 9 décembre

Vent pluvieux, plus doux.

Ce qui est à la mode en ce moment ? les *Seventies*, le style *Glam* (*Glamour*). Rétro toute. Lou Reed, David Bowie et le héros défini-tif, Oscar Wilde.

Feu vert anglais pour l'extradition éventuelle de Pinochet (on va voir).

45 assassinats en Algérie.

40 chômeurs occupent l'UNESCO.

Déjeuner avec Marie Darrieussecq, gaie, rose. Elle a divorcé, déménagé ; elle achève un nouveau roman, *Le Mal de mer*, on parle de *La Princesse de Clèves*. On va ensuite ensemble à la faculté d'Assas pour un salon du livre organisé contre la présence locale de l'extrême droite. Quelques types brouillons distribuent contre moi les mêmes tracts qu'à Strasbourg. Les fascistes ont disparu, place aux faux « néo-situs ». Logique.

L'affrontement Le Pen-Mégret prend des allures de lutte finale au couteau. Pseudo-tigres, grandes manœuvres électorales. Qui paie qui ou quoi ? On vous le dira dans trente ans (si vous êtes sages).

Ce qu'il y a à surmonter chaque jour ? L'acrimonie, l'aigreur, la réticence, la réserve négative. Ça vient, ça va, ça revient, ça s'en va, ça se tasse, ça redouble, c'est sans fin, c'est humain.

Où en est Big Brother ? Washington : « Dans l'une de ses rares interviews, le patron de la NSA reconnaissait que l'agence devait traiter autant d'informations qu'il y en a dans la bibliothèque du Congrès – la plus grande du monde –, et cela toutes les trois heures. Ce flux prodigieux est alimenté d'abord par des bases secrètes qui "écoutent" les satellites de communication (essentiellement les Intelsat). L'Amérique dispose d'une cinquantaine de stations de ce type dans une vingtaine de pays disséminés sur les cinq continents. Les plus importantes sont en Angleterre, en Nouvelle-Zélande, au Japon, en Allemagne et en Australie à Pine Cap. Là, la salle des ordinateurs est si vaste que les opérateurs communiquent entre eux par radio. »

Pékin : « Tous les matins, Wang Wanxin regarde par la fenêtre le bâtiment blanc à un étage qui lui fait face et les arbres de la cour scellée. Des bruits étouffés lui parviennent. Il observe dans le patio le va-et-vient des médecins et des infirmières en blouse blanche. Soudain, la porte s'ouvre. L'infirmière et un médecin approchent avec le plateau redouté. À côté d'un verre d'eau, les pilules. "Allons, monsieur Wang, vous savez qu'il vaut mieux coopérer, sinon ils augmenteront les doses."

« Pas d'autre choix que de déglutir devant les deux psychiatres. Plus que quelques minutes de lucidité. Il le sait, ces médicaments vont le plonger dans un état de torpeur pour la journée. Un analgésique dérivé d'opiacés, habituellement réservé aux drogués en cure de désintoxication, dont il n'a nul besoin, et une pilule de benzodiazépine, un tranquillisant utilisé couramment dans les hôpitaux psychiatriques pour calmer les schizophrènes en crise. C'est le constat que des pharmaciens travaillant aux États-Unis pour une association de protection des droits de l'homme, Asia Watch, ont pu faire après avoir obtenu un spécimen des médicaments. »

Téhéran : de plus en plus de rapts et d'assassinats du « parti laïque » (écrivains, intellectuels). Un « escadron de la mort » est donc maintenant à l'œuvre, plus discret et plus efficace qu'une *fatwa*. Des procès pour crimes contre l'humanité dans vingt-cinq ans ? Quand les affaires le permettront, *peut-être*.

Kafka : « Écrire, c'est bondir hors du rang des meurtriers. » Mais qui écrit encore dans ce sens-là ? On fabrique des livres, on programme des écrivains « anesthésistes-réanimateurs du spectacle » (Debord).

Kafka, encore : « Dieu ne veut pas que j'écrive, mais moi, je dois. » On peut remplacer « Dieu » par « marché », ça revient au même. Organisation de la misère, livres prolongeant la misère. La vérité, au contraire, comme preuve négative : « La vérité est la lumière sur le visage grotesque qui recule, rien d'autre. »

Jeudi 10 décembre

En train vers Bordeaux. Arrivée dans le brouillard bas, douceur de l'air, faible pluie sur les vignes. La Garonne, large et boueuse. Ma chambre donne sur le fleuve, au loin. À droite, le Grand Théâtre. À gauche, la colonne des Girondins.

Les archives de Chaplin à Vevey, en Suisse : ses notes de plateau pendant le tournage du *Dictateur* (1940). Ce film est un de mes préférés (avec *Les Temps modernes*, de1936). Convulsions de rire chaque fois. Qu'est-ce que le rire *vrai* ?

La « Nuit de cristal » se déroule en novembre 1938. Script du *Dictateur*, même année. Tac au tac.

TV, radio, librairie Mollat (*Casanova*). Le soir, dîner chez Ramet, offert par Denis Mollat, avec Jean-Marie Planes, Michel Onfray et Nicolas Roche (fils de Denis Roche). Les vins, somptueux : haut-brion blanc (93), haut-brion rouge (92), yquem (88).

L'yquem, or liquide, enchanté.

Denis Mollat parle du Mexique, et Planes, tout à coup, du Diable qui, dit-il, lui a rendu visite la nuit dernière (ce qui a l'air d'inquiéter beaucoup Onfray qui veut absolument marquer qu'il *n'y croit pas*).

La rue Esprit-des-Lois, ensuite, les lumières de la ville. Silence sur le balcon en pensant à toutes les marches d'autrefois vers le port. J'avais la clé du jardin, je rentrais sans bruit, très tard, dans ma chambre. Je rêve encore parfois que je *ne vais pas* au lycée (ce qui m'est arrivé cent fois).

De nouveau, malaise de David à Paris. Salpêtrière. Moins grave.

Vendredi 11 décembre

Train dans le brouillard. Éclaircie vers Paris.

Hier, un tour dans le jardin public de Bordeaux, désert, avec ses cygnes sur les canaux. Encore une fois, choc de l'architecture. Casanova : « Après Paris, Bordeaux est la plus belle ville de France » (jugement repris par Stendhal). Toujours la même impression magique, et combien de fantômes (les miens).

Hölderlin a vu cela : « les jardins de Bordeaux ».

287

Un journaliste de *L'Événement du jeudi*, enthousiaste du recueil d'articles de Matignon, écrit, pour imiter son idole, que je suis le « roi du bluff médiatique ». Dans un registre plus révélateur, une amie intime de Matignon m'écrit qu'elle voudrait me voir pour mieux comprendre la complexité de « Renaud » (il devait donc lui parler de moi et du passé, je suppose).

Le Pen traite Mégret de « Brutus » et déclare que, contrairement à César, il va le tuer Voix pathétique d'emphase crétinisante. Il n'y croit même pas, c'est clair. Tous ces types sont des palotins impayables.

La machine à destituer Clinton fonctionne toujours. Si la population n'est pas d'accord, il n'y a qu'à changer la population. Départ de Clinton pour Israël et la Palestine : on parlera donc de voyage « controversé ».

Encore une avancée dans la génétique : un stress intense peut provoquer, chez la mouche drosophile, de nombreuses mutations héréditaires. Ce phénomène, dû au dysfonctionnement d'un gène, pourrait expliquer l'énigme de l'apparition rapide d'espèces nouvelles.
(En mythologie : les Titans, « punis » par Zeus du meurtre de Dionysos, donnent naissance à l'espèce humaine.)
De même, des chercheurs américains ont réalisé le premier décryptage complet du génome d'un organisme vivant, et cette étude d'un ver concerne de près l'homme.
(Pascal : « L'homme est un ciron. »)
Le ver en question a d'ailleurs un nom parfaitement poétique : *Coenorhabaditis elegans.*
Commençons par le ver, on verra plus tard pour le singe.

Le Pen accuse Mégret d'être manipulé par de « puissants capitalistes » proches de l'Élysée. Il y aurait donc l'ancien Élysée et, maintenant, le nouveau ? Aveu tacite, effet hyperridicule.

Le soir, par hasard, une symphonie de Carl Philipp Emanuel Bach, étrangement dramatique.
Roman.

Samedi 12 décembre

Gris doux.

Interview sur Salman Rushdie pour la BBC. Je parle de ses livres : *Les Enfants de minuit, Le Dernier Soupir du Maure.* Beaucoup de longueurs, mais un art de l'hallucination réaliste (si on peut dire). Rushdie est d'ailleurs à Paris. Très bonne interview de lui dans *Libération* : « Une autre forme de censure, collective et non plus étatique, se développe de plus en plus, aussi bien à l'Est qu'à l'Ouest. Elle consiste à critiquer les artistes parce qu'ils troublent l'ordre des choses, parce qu'ils dérangent. Quand un artiste a des ennuis, cela devient presque normal d'entendre : "Qu'est-ce qu'il avait à dire ça, il l'a bien cherché." Écrivez, pensez, créez, mais ne faites pas d'histoires. S'il y a un problème, c'est de votre faute. Cette attitude signifie une victoire de la censure. On assiste à une véritable inversion : c'est la victime qui devient l'agresseur, le responsable. Il y a enfin des censures effectuées pour de très bonnes raisons, comme le racisme ou le sexisme, mais qui sont très dangereuses. Être contre la censure pour ses amis est très facile. C'est beaucoup plus dur d'admettre la liberté d'expression pour ses ennemis. Et pourtant, il le faut. Je n'ai jamais été d'accord avec les pratiques du "politiquement correct". »

Cette déclaration est importante. Combien de fois me suis-je entendu traiter de « provocateur » ou, plus en sourdine, de premier responsable des attaques formulées contre moi : « vous l'avez bien cherché » est la formule officielle (souvent non dite, mais profondément pensée). Elle est devenue quasiment constante.

Rushdie continue : « Toutes les règles du monde ont changé en très peu d'années et les gens ne comprennent plus grand-chose à ce qui se passe. On a l'impression aujourd'hui que les seules nouveautés tolérées relèvent de la technologie ou de l'information. Le monde croule sous les inventions et la vitesse médiatique. Tout se passe comme si les artistes, eux, n'avaient pas droit au nouveau, au dérangeant. Les années 70 et même 80 ont été très expérimentales, et ma génération en a beaucoup profité, mais aujourd'hui on dirait que le public veut du conventionnel, du simple, du rapide. Cela devient de plus en plus difficile d'exprimer la complexité de l'homme et du monde. La censure profite de ce manque de curiosité et de ce conservatisme. *Cette censure intérieure, par certains côtés plus puissante que la censure politique, est aussi plus difficile à combattre* » (c'est moi qui souligne).

Les responsables de la BBC me disent que beaucoup des personnes contactées ont refusé de parler de Rushdie (surtout des Américains ou Américaines). Mais pourquoi ? « Respect de toutes les religions. » – « Réaction de gauche ? » – « Évidemment. D'ailleurs, le *politically correct*, n'est-ce pas, vient de la gauche. » – « Ailleurs, donc, ce sera la droite ? » – « Bien sûr. »

Appelons ça désormais : le conformisme global à applications variables.

(On peut relire *Femmes* sur tous ces sujets.)

Grande fête pour l'anniversaire de David. Musique, cadeaux, copains, filles. Fatigué, il reste assis.

Dimanche 13 décembre

Bleu doux.
Beethoven, *Missa solemnis* (Otto Klemperer). Le *Benedictus qui venit*, le *Dona nobis pacem*.

Le nouveau clergé :
« Nous accepterons de dire que vous avez écrit de *vrais livres*, si vous vous engagez à vous montrer le moins possible.
– Sinon ?
– Soit nous dirons que ce sont de faux livres, soit qu'il n'y a pas de livres du tout.
– Et dans mon cas ?
– Ce sera pas de livres *du tout*. »

Le fanatisme automatique : classe, race, compte en banque : jamais ce *sujet-ci*, cet *individu-ci*.

Intervention de Claude Lanzmann contre les excès du Congrès juif mondial, risquant de relancer des réactions antisémites aux conséquences imprévisibles (« OPA sur les spoliations ») : « Ces bureaucrates ont la chance de vivre en paix depuis leur naissance, à l'abri de toutes les tempêtes de l'histoire et des tragédies que nous avons connues. Je comprends que cela leur manque et c'est la raison pour laquelle ils s'érigent aujourd'hui en juges planétaires, maîtres du passé et, croient-ils, de l'avenir. C'est encore une conséquence de la mondialisation, et cela, personne ne l'avait discerné. »

Ady Steg : « Dans toutes les universités américaines, il y a désormais des *holocaust studies*. Dans quelques années, les étudiants parleront du cours d'"holo", comme ils parlent de la leçon de géo. Le cours d'"holo" sera pris en sandwich entre la gym et les sciences nat. C'est ignoble. »

Nouvelle déclaration de Rushdie à Paris : « Je me suis souvent demandé pourquoi nous étions la cible des États, des politiques et autres inquisiteurs. Or, lorsqu'on s'interroge sur les raisons qui nous poussent à devenir écrivain, on se rend compte qu'elles sont diverses et très personnelles. On veut séduire les jolies femmes, faire plaisir à sa mère, digérer une enfance tourmentée, être reconnu aux yeux de tous, connaître la gloire… On devient écrivain pour des raisons intimes, étranges, inattendues. L'écriture n'est pas quelque chose de paisible. Elle devient en fait un terrain de bataille. L'artiste a une vision du monde qui entre en conflit avec ceux qui ont le pouvoir. »

Autrement dit : qui raconte l'Histoire ? Le pouvoir stéréotypé ou l'écrivain « étrange, intime, inattendu » ?

Article sur Claudel pour *Le Monde* : *Connaissance de Claudel*. Insister sur la force de sa prose (Rimbaud, Mallarmé).

Lundi 14 décembre

Gris doux.

Clinton à genoux, avec Hillary, devant la tombe de Rabin.

Il y a déjà 20 millions d'abonnés du téléphone portable en Chine.

Selon *Newsweek*, Jean-Paul II sera bientôt presque complètement paralysé par la maladie de Parkinson.

Le cirque Front national : cela fait la dixième personne « de gauche » qui, à propos du duel Le Pen-Mégret, me dit « préférer Le Pen ». Tiens donc.

Quelques anciens ténors du journalisme critique étant morts ou fatigués, les candidatures se multiplient pour tenir le rôle, toujours apprécié, d'*insulteur professionnel*. Que le meilleur gagne.

Journalistes japonais : questions précises, mais interminables. La Chine, pourquoi, comment ; le libertinage ; le pape ; Sade, etc. Je leur parle longuement de Barthes.

Soir : Vivaldi, *L'Athénaïde*. La splendide Emma Kirkby.
Roman.

Mardi 15 décembre

Douceur grise.

Un de vos entourages vous trouve lourd, répétitif, pénible, indésirable ? Il en a assez de votre présence et de votre numéro ? Rien que de très normal, déplacez-vous, voilà tout. On peut toujours être nouveau, intéressant, piquant, intensément délicieux pour quelqu'un d'autre.

Sur le toit des Galeries Lafayette : vue à 360° sur Paris.

Discussion avec X. Il s'étonne que les éditeurs puissent vous donner de l'argent pour mieux vous contrôler, vous tenir, ou même, s'il le faut, organiser en douce la mévente de vos livres. Comme s'ils obéissaient uniquement à des raisons d'intérêt. Mais non, ils sont aussi le relais de la surveillance sociale, et vous mettre en dette, si vous êtes idéologiquement dérangeant, fait partie de leur métier.

Débat sur la parité hommes-femmes à l'Assemblée nationale. Si je suis pour la parité ? Bien sûr. Il est temps d'organiser la concurrence des femmes entre elles (au lieu de favoriser les privilèges des petits chefs féminins qui règnent sur leurs inférieures, en politique comme dans le travail). Opposition à la parité : les hommes arriérés et leurs complices femmes adoptant leur façon d'être pour mieux les dominer (matriarques).

Sylviane Agacinski, dans *Le Monde*, évoque l'occupation de l'hôtel de Massa en mai 1968 au milieu des drapeaux rouges et noirs. « Ph. S. était là, dit-elle, et moi une modeste étudiante. » Elle est aujourd'hui toujours aussi belle, philosophe, et femme du Premier ministre.

Dîner avec Paul Otchakovsky-Laurens et Mathieu Lindon. Qui aurait dit, à la fin du mois d'août, au moment de la publication du *Procès de Jean-Marie Le Pen*, qu'on verrait, à la mi-décembre, l'implosion hurlante du Front national ? On en rit beaucoup. Procès l'année prochaine.

Mercredi 16 décembre

Matin, tôt : ciel jaune et doux. Et puis, matinée bleu-blanc.

Un jeune Anglais a été violé par deux filles qui l'ont ligoté, obligé à avaler une pilule de Viagra et utilisé comme machine à éjaculer. Parité mal comprise, sans doute.

Numéro des *Inrocks* dirigé par Bourdieu : étonnant de vieillerie éteinte. On dirait de la propagande communiste des années 30 ou 50 (« réalisme socialiste », etc.).

Rapport parlementaire sur l'action de la France au Rwanda débouchant sur le génocide des Tutsis. « Les risques d'un déchaînement de la violence se trouvaient réunis. La France les a parfaitement perçus. Elle n'a pas su tirer de cette appréciation les enseignements adaptés. »
C'est le moins que l'on puisse dire.

18 h 30 : le ministère des Affaires étrangères a acheté pour pas cher un portrait du cardinal de Bernis peint par Greuze, probablement à Rome. Assez beau tableau, Bernis plus aquilin que prévu, blancs mousseux du pourpoint. Discours amusant d'Hubert Védrine, qui souligne au passage que l'image de Bernis entre au Quai comme ancien ministre et non pas comme cardinal. Sous vitrine, des lettres de Bernis à Voltaire, ainsi que le fameux traité de 1756. Un portrait de Choiseul par Van Loo.
Peu de monde pour cette réception surréaliste : Fumaroli, Rosenberg, Rouart, Laurence Cossé, Rinaldi. Nous voilà, pendant une heure, embarqués, avec coupes de champagne, dans un carrosse Louis XV. Il ne reste plus qu'à imaginer sous les fenêtres une foule de sans-culottes criant : « À mort ! »

Dîner avec Antoine Gallimard. L'amitié est un bien.

En rentrant, images des frappes américaines sur Bagdad (réédition du film guerre du Golfe). *Impeachment or not impeachment ?* Schizophrénie au grand jour. Mépris total des populations.
Sur la chaîne d'à côté, Jean d'Ormesson, dans *Un siècle d'écrivains*. Il parle devant la Douane de mer, à Venise (très mal filmée). Il a l'air intimidé, angoissé, *obligé*. Il joue le modeste sincère, celui qui ne croit pas à son œuvre pour qu'on lui dise le contraire. Mais pourquoi feint-il de ne pas y croire puisqu'il n'y croit pas ?

Et voici notre liste des meilleures ventes :
Franz Kafka : un million de livres sterling (prix marteau), soit 10 millions de francs pour le manuscrit autographe du *Procès* chez Sotheby's à Londres, en 1988 (acheté par la Fondation culturelle des États à Berlin).
André Breton : 350 000 livres sterling, soit 3,5 millions de francs pour le manuscrit autographe de *Nadja* (25 pages), avec photographies narratives inédites, chez Sotheby's, à Londres, le 3 décembre 1998.

Jeudi 17 décembre

Bleu très frais.

L'opération américaine contre l'Irak est baptisée « Renard du désert », surnom de Rommel pendant la dernière guerre. Manque d'imagination, pauvreté, obscénité. Impression de jeu vidéo minable, avec vrais cadavres sous les explosions. Le puritanisme cinglé a trouvé en Saddam Hussein son partenaire de rêve.

Déjeuner avec Robert Kopp. Préparation d'un voyage à Bâle et à Berne. Les trois volumes de Casanova, dans la collection « Bouquins » (dont il s'occupe avec Guy Schoeller), sont en rupture de stock. Date de réimpression non précisée (les « commerciaux » sont inénarrables). Pour moi, mission accomplie, donc. Kopp toujours aussi gai, pointu, dégagé.

Ces deux branches d'orchidée, l'une blanche, l'autre mauve. Les « catleyas » de Proust. Fleur très virile, délicatement féminine. Très bien *vu*.

Toujours les bombardements américains et anglais sur Bagdad, sur fond d'affaire Lewinsky (et de processus de paix bloqué avec les Palestiniens). La France désapprouve tout en approuvant, pas de deux classique. On atteint des sommets d'hypocrisie. Tout le monde sait que le rapporteur australien Butler a rédigé ses conclusions sous forme de provocation.

Lecture du *Fleuron* dans un bar. Bavardage général autour (deux types, genre cadres, parlent de leurs « produits » ; deux bourgeoises laquées se font des confidences amères). Je lis que tout cela relève de l'hallucination, et c'est vrai.

Dîner mondain. François Pinault, dans un coin, sérieux et collectionneur, « l'homme le plus riche de France ». De nouveau, des femmes de magazine (robes très chères, bijoux, croyance aux voyantes) me reprochent vivement mon soutien à Houellebecq. CQFD.

Vendredi 18 décembre

Vent pluvieux, idiot, le plus mauvais temps obscur de Paris.

Le Figaro Économie : « Après les frappes contre l'Irak, les marchés restent sereins. »
Le Figaro lui-même, à la une : « Les frappes divisent le monde. »
Contradiction flagrante, mais peu importe.
Le Spectacle, dans son arrogance directe. On prend le film de 91, on le rediffuse, les républicains américains, même modérés, vont voter la destitution de Clinton (que le Sénat transformera probablement en blâme), des civils irakiens meurent, Monica grossit.

Pendant ce temps-là, les Lords cassent le jugement d'extradition de Pinochet. Précieux dictateurs.

C'était hier le dernier Conseil de la Banque de France, relayée maintenant par la Banque centrale européenne. *La Fête à Saint-Cloud*, de Fragonard, là-bas, dans les salons, en a vu d'autres. L'or et la peinture traversent l'argent.

L'église Saint-Eustache soudain toute neuve, cernée par le vieux Forum des Halles. L'Histoire à l'envers.

Le soir : quintettes de Mozart. Quintette : *un-en-plus*.
Roman (le plus difficile : savoir rire de ses cauchemars).

Samedi 19 décembre

Pluie le matin, et puis bleu.

Départ pour Londres. Eurostar à la gare du Nord.

Pas allé depuis deux ans à Londres. Fin 1996, pour *Studio*, à la recherche des adresses anglaises de Rimbaud.

« Dans les grandes maisons de vitres encore ruisselantes, les enfants en deuil regardèrent les merveilleuses images. »

« Les fleurs de rêve tintent, éclatent, éclairent. »

Soleil dans le train pendant que je lis ces phrases.

« Les genoux croisés dans le clair déluge qui sourd des prés. »

« Dames qui tournaient sur les terrasses voisines de la mer. »

« La rumeur des écluses couvre mes pas. »

Sur la couverture du livre de poche que j'ai entre les mains (édition Pierre Brunel), portrait de Rimbaud par Picasso, 1960.

Titre possible : *Vingt Minutes sous la Manche*. On est de 25 à 40 mètres sous l'eau.

Je recule ma montre d'une heure.

Et voici Swallowfield, Ashford, Somerfield, ainsi que les premiers terrains de golf.

J'habite à Knightsbridge, en face de Hyde Park.

Le soir tombe lentement en brume. Je dors.

Étrange appartement : vases chinois, lithographies de l'expédition française en Égypte (comme si Vivant Denon me disait bonjour sur les murs). Vues de Thèbes, « le tombeau d'Osymandyas vu du sud-ouest ». Pyramide de Memphis, vue générale, avec le Sphinx au soleil couchant.

Non, je ne rêve pas, et je n'ai pris aucune substance hallucinogène (mais c'est tout comme).

Un Eurostar électrique pour David, chez Harrods. Lui : « J'aime Londres » (on vient pour la troisième fois).

J'ai avec moi Rimbaud et le *Fleuron*.

Fleuron : « Sois jaloux de ta solitude ! Jaloux de ton indépendance ! »

« Ce qui est au-delà des castes et des croyances – la famille et le lignage –, ce qui est dénué de nom et de forme –,

« Ce qui outrepasse le bien et le mal –, ce qui transcende l'espace, le temps et les objets des sens –,

« C'est *Brahman*, et tu es ce *Brahman* !

« Médite sur lui dans le lotus de ton cœur. »

Les grands Français « hors limites » de Londres : Voltaire, Chateaubriand, Rimbaud, Céline, de Gaulle. Un certain secret, farouchement gardé, est là.

Mallarmé : *Les Mots anglais.*

Fleuron : « Refuse d'être plus longtemps l'esclave des conventions sociales, reste sourd aux tentations qui t'inciteraient à choyer ton corps. »

En somme, pour le Vedânta, il n'y a que des surimpositions. On les écarte, et l'illumination-révélation survient d'elle-même.

« Imite l'acteur qui, à la fin du dernier acte, rejette le masque du personnage qu'il vient de représenter. »

Shakespeare et Rimbaud : *La Tempête.*

Je lève les yeux, la nuit est là.

Rimbaud :

« Tu en es encore à la tentation d'Antoine. L'ébat du zèle écourté, les tics d'orgueil puéril, l'affaissement et l'effroi.

« Mais tu te mettras à ce travail : toutes les possibilités harmoniques et architecturales s'émouvront autour de son siège. Des êtres parfaits, imprévus, s'offriront à tes expériences. Dans tes environs affluera rêveusement la curiosité d'anciennes foules et de luxes oisifs. Ta mémoire et tes sens ne seront que la nourriture de ton impulsion créatrice. Quant au monde, quand tu sortiras, que sera-t-il devenu ? En tout cas, rien des apparences actuelles. »

À propos de Circeto au « cœur ambre et spunk », ne pas oublier que *spunk*, en argot anglais, veut dire sperme.

Le supplément week-end du *Guardian* : photo pleine page couleurs du visage de Monica Lewinsky, bouche ouverte, dents apparentes, cheveux ramenés sur la lèvre supérieure comme une moustache. Légende : « *1998. This is the woman... This is the year.* » Année du Tigre.

Les deux lampes chinoises en faïence : un Bouddha, sur un lotus, avec une fleur jaillissant de sa main droite.

TV : images du cyclone El Niño ravageant le Pérou. Torrents de pierres et de boue, maisons effondrées, populations en détresse. Toujours la même propagande : dévastations sur fond de publicité (le malheur fait vendre).

Londres : quelle drôle de ville. On dirait qu'elle a été pensée pour échapper à la vision aérienne (enveloppe et camouflage des parcs).

Après le dîner, légèrement ivre. Très bien.

Dimanche 20 décembre

Ciel strié bleu-gris, puis bleu soleil.
8 heures. Le parc est désert. À peine deux coureurs au loin. Le lac bleu acier.

Pourquoi êtes-vous allé à Londres ? Pour le *breakfast*.

Tous les journaux titrent sur l'*impeachment* de Clinton voté par le Congrès. À la télévision, Tony Blair, comme s'il parlait d'un match de football, justifie les raids sur l'Irak.
On traverse la Manche et Saddam Hussein est multiplié par cent mille.

Deux cavalières sur des juments noires.
Voilà : les chevaux arrivent de partout, maintenant, et puis des types en rollers, des coureurs, des coureuses.
Bruit des sabots sur le macadam (les gardes, la police montée).

Fleuron :
« Désormais, il voit en lui et hors de lui, en tout lieu et à tout moment.
« Se manifester spontanément sa propre et véritable nature. »

Revoir le livre d'Underwood, *Rimbaud et l'Angleterre* (1976). Le journal de Vitalie Rimbaud, à Londres, en 1874 (cf. *Studio*). Mon étonnement, le jour où je me suis rendu compte que personne ne l'avait lu et ne *voulait* le lire.

298

Partout *Christmas*, pas la même chose que *Noël*.

La City se prépare à être l'arbitre entre l'euro, le dollar et le yen. C'est à Londres aussi que se trouvent les clés de l'histoire de la France depuis cinquante ans : Vichy, Moscou, l'interpénétration de ces deux mensonges (cf. Stein, dans *Studio*).

Percées de lumière musicale dans le parc. Rimbaud : « La féerie manœuvre au sommet d'un amphithéâtre couronné par les taillis. » *Fleuron* : « La peur ne s'élève que là où l'on voit un autre que soi. »

Déjeuner au *River Café*, dans le quartier de Hammersmith, au bord de la Tamise. *Thames Wharf.* Soleil froid, très beau temps, canards et régates. Retour par les quais de Chelsea. Un saut à Trafalgar Square et à la National Gallery (Piero).

Fleuron : « Par quel instrument pourrait-on connaître le connaisseur ? »

« Une vache se préoccupe-t-elle de la guirlande que l'on a suspendue à son cou ? »

« Après avoir rejeté le corps au loin, comme s'il n'était qu'un cadavre, le Sage ne s'y rattache jamais plus,

« Alors même que – conséquences d'actions antérieures – il le perçoit encore ;

« Au même titre que l'ombre qui l'accompagne, ce corps n'est plus pour lui qu'une simple apparence. »

Rappel : l'importance des Védas dans *Nombres* (1968), bien vue par J. K. dans son texte d'alors, « L'engendrement de la formule ». Curieux destin de ce livre, non traduit en anglais, alors que *La Dissémination* de Derrida, commenté partout dans les universités américaines, lui emprunte son existence.

Maintenant, ici, dans les restaurants, les serveurs, les serveuses, tous et toutes habillés en noir (souvent très beaux et très belles), s'occupent d'une clientèle *middle-class* plus ou moins médiatique. Une sorte d'aristocratie domestique, comme martienne, survole un vieux monde endormi.

Dîner au *Sugar Club*, près de Regent Street.

Le soir : roman (Londres et New York).

Lundi 21 décembre

Ciel bleu pommelé rose. Froid sec. L'anglais *dry*.

Marche dans le parc. Les cavaliers ont l'air de vouloir imiter les gravures d'autrefois.

Clinton, maintenant, se fait photographier à la sortie d'un service religieux méthodiste avec sa fille Chelsea (cette fois, pas d'Hillary). Appel à l'inconscient incestueux national : *n'oubliez pas que je suis un père*.

Couverture de *Time* : les deux hommes de l'année, Clinton, le procureur Starr.

L'homme de l'année en France : Zinedine Zidane.

Les réactions françaises à l'affaire Lewinsky prétendent qu'il s'agirait d'une « chasse aux sorcières d'un autre âge ». Mais non, nous sommes bien dans cet âge-ci. Comment l'appeler ? *Massacre de la bagatelle*.

Ce n'est pas la première fois que je m'aperçois qu'il faut lire Rimbaud dans des typographies différentes. Quelque chose de nouveau veut sans cesse *sortir* de la page et parler (un instant valable pour tous les temps).

Fleuron : « Chasse l'illusion ! Rends-toi libre ! Sors de ton rêve ! Élève-toi à l'état d'illumination ! »

Dans le parc : herbe, saules pleureurs, mouettes, oies, canards et un drôle de silence que je n'ai entendu qu'ici.

L'affaire Lewinsky : beaucoup de bruit pour bientôt plus rien. Oubliés, les affaires, les morts, les scandales ! Diana ? Monica ? *Maya ! Nada !*

En d'autres termes : il ne se passe plus quelque chose que pour bien montrer qu'il ne se passe rien (sauf une répression redoublée ayant pour but un contrôle génétique mondial).

Vers Paris.

Fleuron (sous la Manche) : « Il est le même dans les honneurs et dans les opprobres ; le même envers les amis et les ennemis. »

17 heures : l'Eurostar fonce vers Paris, c'est-à-dire le sud-ouest. Le ciel est en feu.

Fleuron :

« Le Connaisseur affecte, selon les circonstances, le comportement d'un homme privé de raison,

« Celui d'un enfant ou celui d'un génie des ténèbres.

« On le prend tantôt pour un insensé et tantôt pour un sage ;

« Parfois il est investi d'une splendeur royale ; parfois ce n'est plus qu'un moine itinérant :

« Parfois, comme un python, il gît, immobile ; parfois son visage s'éclaire d'un bienveillant sourire ;

« Tantôt les hommes lui rendent les honneurs ; tantôt ils l'insultent ; tantôt ils ne le remarquent même pas. »

Et encore :

« Tout en agissant, il reste inactif ; tout en cueillant le fruit d'actions antérieurement accomplies, il n'en est pas affecté ;

« Tout en ayant un corps de chair, il ne s'identifie pas avec lui ; tout en étant limité, il est omniprésent. »

Merveilleux sommeil.

Mardi 22 décembre

Bleu-blanc clair.

Dissolution du Parlement israélien (Knesset), élections en avril. Confusion politique.

Nouvelle vague de répression en Chine : Qin Yongmin condamné à douze ans de prison.

Brillant manuscrit de Daniel Accursi, *La Philosophie d'Ubu*. Très actuel.

« Le Rentier, pour Ubu, est une figure philosophique, comme le Salaud chez Sartre, l'Hystérique chez Freud, le Sophiste chez Platon, ou le Capitaliste chez Marx. Le rentier symbolise la pompe à phynance, il en est l'emblème totémique. Il est passé par le grand décervelage. Il est celui qui ne pense plus. Sans cervelle, il n'est plus qu'un moulinet à clichés. Néant de pensée, pensée-morte, anti-cervelle, il est l'être couché, prosterné devant la phynance… C'est l'anti-artiste. Il profite de tout. Il rentabilise, épargne, boursicote, planifie les actions, les idées, la vie, la mort. Le monde du rentier c'est le monde de la gestion, de la mesquinerie, de l'étroitesse, du rétrécissement, de l'équilibre, de la mesure, de la règle, de la norme, des mains propres, des pantoufles, de la platitude... »

Merdre.

La *gidouille* comme préconcept universel. La Pataphysique comme chausse-trape de la Métaphysique. Lautréamont, Rimbaud, Mallarmé, Nietzsche, Jarry, Apollinaire (*Les Mamelles de Tirésias*), Vaché, les surréalistes : la profonde et merveilleuse révolte, la Terreur ridiculisée.

Ubu : « Cornegidouille ! Me voici roi dans ce pays. Je me suis déjà flanqué une indigestion et je vais maintenant commencer à prendre toute la phynance, après quoi je tuerai tout le monde et je m'en irai. »

Reprendre *César Antéchrist*, *Le Surmâle*, *L'Amour absolu*. Comme par hasard, à la fin du siècle, beaucoup de choses nouvelles à dire sur Jarry.

Et sur Molière : les nouveaux ridicules féminins. Développer la Mère Ubu. Inventer *La Fille Ubu*.

Soir : roman (une femme dans le temps).

Mercredi 23 décembre

Bleu frais.

Bourse en hausse : « La crise financière mondiale a été, au total, plutôt bien gérée. »

Faustroll (Jarry) : « Dieu est le plus court chemin de zéro à l'infini, dans un sens et dans l'autre. »

Cette amie, de gauche, hyperréactionnaire dans sa vie privée ; et cette amie, de droite, très réactionnaire socialement, et plutôt libérale dans sa vie quotidienne : l'Incohérence reconnaîtra les siennes.

Cette jeune fille de 21 ans, bourgeoise d'un milieu très catholique provincial. Sa mère, pour Noël, lui apporte une crèche dans son appartement de Paris, où elle est étudiante. Mais pourquoi avoir mis le petit Jésus *sur le ventre* dans sa mangeoire ? – « Mais voyons, il n'est pas encore né ! »

Le livre de Christian Millau, *Au galop des hussards*, précis, enlevé, plein d'anecdotes intéressantes. La vie littéraire française, dans les années 50. Nimier en ressort plus complexe, plus mystérieux. Portraits de Léautaud, Cendrars, Jouhandeau, Marcel Aymé, Erich von Stroheim, Chardonne, Giono, Albert Simonin, Louise de Vilmorin (ébouriffante, pathétique), Félicien Marceau, Sagan, Blondin, Céline, Morand, Orson Welles, etc.

Von Stroheim sur Jean Renoir (*La Grande Illusion*) : « Le premier jour, il m'a dit : "Entrez dans mon film, et faites ce que vous voulez." » Giono : « Pour moi, tout consiste à faire la chasse au bonheur. Ce serait affreux de mourir avant d'être mort. » Et aussi : « Si vous êtes généreux ou cruel, courageux ou lâche, cela se voit dans le style, quelle que soit l'histoire que vous racontez et quel que soit le soin que vous prenez à vous masquer. »

Mitterrand et l'extrême droite : évidemment. Haine de toute la nébuleuse vichyste pour de Gaulle.

Millau : « Prince des démons et des ténèbres, Charles de Gaulle n'en finira pas de nourrir les obsessions de l'extrême droite. Au point de susciter les rapprochements les plus inattendus dans une nouvelle géographie politique surréaliste. »

Chardonne faisant des fautes d'orthographe dans ses lettres. Sa manie comique de vouloir *marier* les gens.

Millau, pour finir, dit que mai 68 aura été « le triomphe du désordre moderne, se coulant dans la société française comme le nouveau grand conformisme du siècle ». Nimier, assure-t-il, aurait été malheureux de ces événements. Vraiment ? Nimier aurait peut-être été très heureux, au contraire.

Conclusion de Millau : « On aurait peine, quarante ans après, à s'émerveiller de quoi que ce soit dans le domaine des arts et de la littérature » (c'est exactement le clou qu'enfonce sans arrêt la presse américaine à propos de la France, suivant en cela les jugements des Français eux-mêmes).

Correction des épreuves d'un entretien sur Georges Bataille pour *Les Temps modernes*.

Soir : roman.

Jeudi 24 décembre

Bleu divin.

Continuation de la guignolade Le Pen-Mégret : exclusions, scission, décomposition. Lutte pour le fric. Les « gros bras » du Front national ont l'air d'être plutôt pour Mégret. La « base », elle, reste fidèle à Le Pen (qui appelle les scissionnistes « félons »).

Mais tout va pour le mieux dans le meilleur des mondes possibles, puisque la publicité mondiale sera en hausse de 4,1 % en 1999. En 1998 : 418 milliards de dollars.

La belle expression toute simple : *au jour le jour*.

Messe de minuit à Rome. Jean-Paul II épuisé, presque effondré sur sa croix. La veine de la main gauche, en gros plan, battant à toute allure (Parkinson). Il a gardé la modulation musicale de la voix, mais les mots dérapent souvent en bouillie. Regard inquiet, grande solitude sous les voûtes. Il porte tout l'édifice sur lui, le baldaquin du Bernin et ses baobabs, les piliers, les statues, les coupoles. Il annonce quand même le jubilé de l'an 2000 (ouverture de la porte de Saint-Pierre). Croit-il encore qu'il sera là ?

Autour de lui, la mécanique réglée et impassible de la cérémonie. Le Christ serait en train de mourir en croix sur l'autel que rien ne bougerait dans le rituel.

Élévation : va-t-il réussir à montrer l'hostie à bout de bras ? À lever le lourd ciboire d'or ? Les deux assistants, à droite et à gauche, sont prêts à tout. Ouf, ça y est.

Ite missa est. Il s'en va à petits pas. La foule applaudit.

C'était sur TF1. Sur France 2, Lustiger, à Notre-Dame de Paris, la jouait détendue, conviviale. À la fin, c'était presque une fête de famille (les enfants d'abord, etc.).

La première retransmission d'une messe de minuit à la télévision a eu lieu il y a cinquante ans, en 1948. De l'architecture à l'écran, on replonge dans l'architecture. Le catholicisme comme invention spectaculaire adaptée aux temps présents et futurs. Dégagements sur la sculpture, volume torsadé sphérique : Michel-Ange *forever*.

Jean-Paul II, pape énorme. Il vit en direct sa passion ravageante et dure. On est loin du sirop clérical.

Je revois la stupéfaction de X., quand je lui ai proposé de faire un film où l'on monterait ensemble (tourbillon musical à trouver) mille messes enregistrées un peu partout sur le globe. Du désert aux métropoles, de l'Asie à l'Europe. Idée toute simple : rond blanc de l'hostie, rond noir de la caméra. J'ai cru qu'il allait s'évanouir.

Même stupeur, lorsque j'ai proposé de monter l'*Éthique* de Spinoza sur fond d'images pornographiques (les films pornos, on le sait, *doivent* être idiots).

Vendredi 25 décembre

Gris doux, vent.

Le matin, tôt, personne dans les rues, sauf un type d'une cinquantaine d'années en train d'ouvrir son garage. Il me voit, me regarde fixement, et me lance : « Alors ? Toujours de gauche ? » Je crois qu'il veut plaisanter, et je réponds en riant : « D'extrême. » Mais c'est qu'il ne plaisante pas du tout, et se met à hurler : « Ah oui, c'est ça, maoïste, hein, sale con ! Maoïste ! » Le mot *maoïste*, dans la surdité du matin, fait un très bel effet. « Sale con ! Maoïste ! » On ne va quand même pas faire le coup de poing, à cette heure-ci dans les rues de Paris. « Maoïste ! » – « C'est ça, c'est ça. »
Joyeux Noël.

Le pape (toujours lui) adresse ses vœux à la planète en 58 langues. Autant de haies à passer pour le coureur de fond. Chaque fois, scène à la *Finnegans Wake*. Condamnation très ferme de la peine de mort (ce n'est pas trop tôt) : flèche destinée aux États-Unis qui ont plus de 3 700 exécutables en attente.

X. est très liée avec Y. et Z., qui se détestent. On est d'abord surpris de cet accommodement, et puis on comprend que c'est *comme en famille* (la société, pour elles, pour eux, est une grande famille : on se hait, on s'adore, on a chaud là-dedans, et puis le temps passe, tout le monde est mort).

D., regardant un portrait de Haydn (tout en écoutant un quatuor de lui) : « C'est étonnant de penser qu'un corps appelé Haydn *a vécu*. »

Réponses à une enquête de *L'Événement du jeudi* sur les « intellectuels » :

« Quel est pour vous l'intellectuel qui compte et comptera le plus ?
– Voltaire.
– Quel est l'intellectuel contemporain dont vous regrettez le plus la disparition ?
– Nietzsche. »
Voilà tout.

Nietzsche, justement : « Les sectes, qui sentent qu'elles resteront faibles, font la chasse aux disciples isolés intelligents et tentent de suppléer par la qualité à la quantité qui leur fait défaut. Ce n'est pas là un mince danger pour les gens intelligents. »

L'avenir ? « Ceux qui, un jour, auront fait mieux, donneront librement leurs commentaires qui, eux-mêmes, ne passeront pas inaperçus » (Debord).

Soir : roman.

Samedi 26 décembre

Gris, pluie, vent.
Radio, par hasard : 94ᵉ Symphonie de Haydn, *La Surprise*.

Pour ce journal, Saint-Simon : « On s'est proposé de s'éclaircir et de se rendre raison à soi-même en se soulageant d'autant la mémoire. »

George Orwell, préface à *Animal Farm* : « D'après tout ce que je sais, il se peut que, lorsque ce livre sera publié, mon jugement sur le régime soviétique soit devenu l'opinion généralement admise. Mais à quoi cela servira-t-il ? Le remplacement d'une orthodoxie par une autre n'est pas nécessairement un progrès. Le véritable ennemi, c'est l'esprit réduit à l'état de Gramophone, et cela reste vrai que l'on soit d'accord ou non avec le disque qui passe à un certain moment. »

Le passage à l'euro et l'arrivée de l'an 2000 occupent tous les esprits. Préparatifs commerciaux planétaires de la nouvelle ère. En réalité, l'entrée dans le 21ᵉ siècle a eu lieu, avec force, cette année-ci. Le reste sera du réglage. Rendez-vous donc, en 2003, pour voir.

La bouleversante photo de Proust prise au jardin des Tuileries, le 24 mai 1921, par Jean-Louis Vaudoyer. Il est debout, très droit, au garde-à-vous, chapeau et canne dans la main droite. Triomphe militaire (le capitaine Proust vengeant le capitaine Dreyfus).

Il vient de voir, dans la salle du Jeu de Paume, l'exposition hollandaise de tableaux anciens et modernes. Il tient son petit pan de mur jaune, la mort de Bergotte, et la phrase qui résume tout : « Mort à jamais ? Qui peut le dire ? » Mission accomplie. Le même jour, très tôt, il a fait porter ce mot à Vaudoyer : « Cher ami, je ne me suis pas couché pour aller voir ce matin Vermeer et Ingres. Voulez-vous y conduire le mort que je suis et qui s'appuiera sur votre bras » (il n'a plus qu'un an à vivre).

Un jeune mort en pleine forme, donc, au soleil.

Le soir : très beau combat de boxe poids lourds Johnson-Cole à New York. Match nul.

Puis un film de la BBC, préparation du prochain conclave après la disparition de Jean-Paul II. Reportage sur les différents *papabili*, parmi lesquels Martini, archevêque de Milan. Son handicap serait d'être jésuite, ce qui me paraît au contraire un avantage, aucun pape n'ayant jamais été jésuite (la surprise serait là). Plutôt la Compagnie de Jésus que l'Opus Dei, en somme. Et probablement un pape *euro*.

Autres candidats possibles : au moins deux Africains, trois Brésiliens, trois autres Italiens, le Belge Daneels, le Français Lustiger (mais son élection pourrait être prise pour une provocation par les Juifs).

C'est bien entendu le Saint-Esprit qui décide.

La BBC, bien informée, excellent montage, ce qu'il faut d'ironie anglicane, sans plus. Couplet habituel sur les femmes exclues du sacerdoce et de l'institution (sous-entendu : mais pourquoi Dieu n'a-t-il pas engendré une *fille* ? etc.).

Dimanche 27 décembre

Saint-Jean. Vent violent.

Tempête à l'Ouest ? Je pense à la maison solitaire dans l'île, au bord de l'eau. Peur pour les arbres.

Vers 15 heures, immense et furtif bonheur, sans raison.

Une amie, lisant des pages de ce journal :
« Il n'y a pas à dire, vous écrivez bien.
– …
– Vie intérieure, hein ? Très intello.
– …
– En tout cas, pas du tout *mondain* » (ton approbatif, légèrement déçu).
Une autre :
« Mais il n'y a rien sur votre vie érotique !
– …
– C'est très chaste !
– …
– En somme, vous ne dites rien » (ton préoccupé).

Le milliardaire Ben Laden, quelque part en Afghanistan, appelle tous les musulmans, après les raids sur l'Irak, à « tuer les Américains, les Britanniques et les Israéliens ». S'il n'existait pas, celui-là, il aurait fallu l'inventer. Excellent figurant du cirque.

Le 6 mai 1978, dans son cours au Collège de France, Barthes rappelle une phrase de Kafka dite à Janouch : « Je n'ai rien de définitif. »
Et puis : « En somme, tout se joue, non au niveau des contenus, des opinions, mais au niveau des images : c'est l'image que la communauté veut toujours sauver (quelle qu'elle soit), car c'est l'image qui est sa nourriture vitale, et cela de plus en plus : surdéveloppée, la société moderne ne se nourrit plus de croyances (comme autrefois), mais d'images. Le scandale de Sollers vient de ce qu'il s'attaque à l'Image et semble vouloir empêcher à l'avance la formation et la stabilisation de toute image. Il rejette la dernière image possible : celle de "celui-qui-essaye-des-directions-différentes-avant-de-trouver-sa-voie-définitive" (mythe noble du cheminement, de l'initiation : "après bien des errements, mes yeux se sont ouverts") : il devient, comme on le dit, "indéfendable". »
Barthes me manque (les dîners au *Falstaff*, à Montparnasse, où apparaissait, de temps en temps, Samuel Beckett, très ivre et très digne).

Autre souvenir : l'ancienne *Coupole*, vers 2 heures du matin. Giacometti arrivait de son atelier, se plongeait dans un journal et, souverain, commandait *tous les hors-d'œuvre*.

Soir : Bach, *Passion selon saint Jean*.
Roman.

Lundi 28 décembre

Pluie.

Les vieux conformismes se défendent : « *Le syndrome Godard*. C'est le culte entretenu par les snobs. Il s'agit de vénérer, hélas sans recul et au premier degré, des œuvres tératologiques au point d'être illisibles, inaudibles, irregardables… Ce sera alors un amour (affecté ? sincère ? ostentatoire en tout cas) pour *Finnegans Wake* de Joyce, pour *Eden, Eden, Eden* de Pierre Guyotat, *Femmes* de Philippe Sollers, *Nouvelle Vague* ou *Forever Mozart* de Jean-Luc Godard, sans oublier l'intégrale de Boulez » (*Marianne*).

Violents combats au Kosovo.

Le Monde : « L'euro dope l'Europe ».
L'Union européenne sera la zone mondiale la plus dynamique du monde industrialisé, devant les États-Unis et le Japon. Les Japonais : « L'euro sera un grand succès » (ici, bouderie redoublée des prédicateurs apocalyptiques).
Cependant, Strabourg (même logique à l'envers) : « Une trentaine de véhicules incendiés, des jets de pierre contre les tramways et les bus, les violences redoutées se sont produites, *malgré la mise en place d'activités culturelles et sportives destinées aux jeunes* » (c'est moi qui souligne, bien sûr).

Avis aux débutantes en amour : qui trop étreint, mal embrasse.

Cet ami qui s'est suicidé en province. Seul message : « Discrétion avant tout. »

Beethoven, *Triple Concerto pour piano, violon, violoncelle et orchestre*.
Une amie :

« Vous vivez vraiment comme ça ? En musique ?

– Oui.

– Ah bon. »

Soir : roman (la pianiste).

Mardi 29 décembre

Blanc silence, soleil derrière.

L'année 1999 sera la dernière à s'écrire avec un 19. Comme si 2000 était *enfin* la fin du 19e siècle. N'auront été du 20e, finalement, que les savants, les artistes et quelques penseurs. Cette véritable histoire secrète reste à écrire. Tout le reste ressemble trop souvent à un hurlement de terreur.

Mieux que Pinochet : deux anciens génocideurs cambodgiens (un million et demi de morts) sont reçus avec force sourires et courbettes par le gouvernement de Phnom Penh, au nom de la « réconciliation nationale ». Du bout des lèvres, ils se déclarent « désolés ». Silence d'obscénité mondiale.

L'incroyable histoire de l'embaumement du cadavre de Lénine et de la construction du mausolée de la place Rouge à Moscou. Le laboratoire fondé à cette occasion (après nomination d'une « commission d'immortalité ») offre désormais ses services aux riches macchabées de la mafia russe. De Lénine à la mafia, via *Rituel Service*, la boucle est bouclée. Il y a une abjection particulière du communisme (coup d'Égypte) et une abjection nazie correspondante sur le plan de la culture de mort. J'ai parlé de cela, autrefois, après l'information sur la momification, en Chine, du cadavre de Mao.

Les services secrets britanniques recrutaient encore récemment des agents avec des petites annonces, très *littéraires*, de ce genre : « Vous attendez Godot ? Vous aimez enquêter ? Vous savez écrire ? »

Le franc va donc disparaître, après deux siècles d'existence plus ou moins dramatiques. Mais on ne sait pas assez qu'au départ il a été, dans son appellation même, une dette à payer à l'Angleterre : « Enfant de la Révolution, le franc a remplacé la livre tournois comme unité monétaire légale en 1795. Le nom qui est adopté, en cette période de guerres, fait allusion à un épisode symbolisant la liberté et l'indépendance. Ce sont en effet des pièces d'or frappées en 1356 pour payer la rançon de Jean le Bon, prisonnier des Anglais, qui reçurent les premières cette appellation pour avoir permis au souverain de revenir "franc", c'est-à-dire affranchi, libre. »

On a encore cette monnaie en poche jusqu'en 2002. Ensuite, plus de traces (le franc est mort, vive la France.)

Préparation, avec Marcelin Pleynet, du n° 65 de *L'Infini*. Décision de transformer la quatrième de couverture. Un des derniers Picasso s'impose, corsaire illuminé, homéro-shakespearien, avec sa verticale d'épée dans la main droite. Traversée du 20ᵉ siècle, abordage du 21ᵉ.

Mercredi 30 décembre

Bleu doux. Tout à coup : Paris, ville *facile*.

Correction des épreuves de *Studio* pour l'édition « Folio ».

Le vieux voisin du dessous est mort, silhouette discrète et grise. En revanche, emménagement de joyeuses étudiantes allemandes, au bout du couloir. Leurs copains, chargés de sacs, débarquent pour les fêtes. Bonjour, bonjour.

Je reprends la question Sartre-Beauvoir. *La Cérémonie des adieux*, *La Force de l'âge*.

Pour la plupart des universitaires, je suis mort après 1968. Mais je vois que, dans des histoires plus ou moins officielles de la littérature française, je vis encore en 1973, grâce à la publication de *H* et au colloque de Cerisy (sur Artaud et Bataille). Ensuite, je disparais, pour ne resurgir qu'en « renégat » ou en « traître », avec la publication de *Femmes* en 1983. Là, le glas est définitivement sonné, et je n'ai donc rien publié depuis quinze ans. Pour avoir une telle vision falsifiée de l'Histoire, il faut de l'estomac. Les militants en ont.

Prochaines publications, donc : *Passion fixe*, roman ; *La Guerre du goût II* (avec les textes sur Cézanne, Bacon, Hemingway, Picasso, etc.). Plus, sans doute, deux ou trois surprises. Désolé.

Posthumus, dans *Cymbeline*, de Shakespeare : « Ceci est encore un rêve ou quelque absurdité comme les fous en profèrent sans y réfléchir. De deux choses l'une : ou ce livre n'a pas de sens, ou il est inexplicable à notre sens. En cela, il est comme ma vie même, et je veux le garder, ne fût-ce que par sympathie. »

Soir : roman (moments extatiques sans pourquoi).

Jeudi 31 décembre

Gris pluvieux, puis grande éclaircie dans l'après-midi.
Bach, Cantate BWV 66, *Réjouissez-vous, cœurs*.

L'effet euro : progression des Bourses européennes en 1998. Paris, + 31,5 % (meilleure performance depuis dix ans) ; Milan, + 40,9 % ; Francfort, + 18,5 % ; Londres, + 14,5 %.

Concurrence déclenchée avec le dollar. Sur CNN : « Youro ! Youro ! »

Tous les enfants à naître demain seront crédités d'un livret de Caisse d'épargne de 100 euros (ce livre-ci devrait coûter autour de 20 euros).

Les employés des banques font des heures supplémentaires primées devant leurs ordinateurs. Ils réveillonneront ainsi, verres en plastique et assiettes de carton, le nez sur les chiffres.

Lâcher de ballons bleus à Bruxelles, en présence des officiels, et dévoilement de la parité stable de la nouvelle monnaie. Un euro vaut donc 6,559 57 francs.

Un expert de Singapour : « Nous nous attendons à ce que l'euro remplace le dollar dans les réserves et les portefeuilles des gestionnaires de fonds. »

Triomphe d'Ubu. Fin d'année dans le Temple de la Phynance, dont le centre et la circonférence sont à la fois partout et nulle part.

Atmosphère d'hôpital pour un accouchement. *Eurosemary's baby*.

Réveillon : *Le Vieux Marc*, de Picasso (1912).

C'est une fête, un dîner de joie, en l'honneur du grand amour créatif de Picasso, Eva. La miche de pain, le jambon phallique transversalement entamé, les linges froissés, la bouteille de vieux marc, la table tournante dans deux dimensions différentes. Le journal du jour est sur la table pour célébrer ce jour qui ne passera pas. Comme d'habitude, Picasso convoque tous les sens en peinture,

ailleurs la musique, ici le goût. Le marc est un alcool, résidu de fruits que l'on a pressés pour en extraire le jus. *Marc* vient de *marcher*, avec le sens de *fouler*. On doit lire un Picasso dans l'espace comme on lit aussi, de façon divinatoire, dans le marc de café. Mais comme il faut aussi l'entendre simultanément en français et en espagnol, on laissera se détacher MAR (la mer est au masculin en espagnol), VIE, YEUX, EVA, MA VIE, MARAVILLA. Il est aussi question d'une fête à Venise (grâce à ce vieux saint Marc, en douce, avec son lion ailé). S'agit-il d'une messe pas du tout noire ? Mais oui, puisque voici un verre à pied qui n'est autre qu'un ciboire au moment de la consécration, avec son rond blanc d'hostie disquant la toile. On distingue même, en mauve, les deux pans frontaux de l'étole du célébrant. Le tout est en forme de banquet populaire argotique (*miche*) et d'adoration perpétuelle. La table (*mesa*, en espagnol, très proche de *misa*, messe), est une Sainte Table en mouvement d'amour, brûlant comme de l'eau-de-vie. « J'irai vers l'autel de Dieu, du Dieu qui réjouit ma jeunesse » (Picasso a vu et entendu tout ça dans son enfance, il sait ce qu'est une communion). Le mot JOUR (Journal incomplet en noir sur fond blanc) renvoie aussi, en entendant la *jota* du J espagnol, au verbe *Joder* (baiser) et au français *Jouir*.

La messe du Jour a été dite, comme énième métamorphose de l'Incarnation. Profane, mais sacrée de l'être à ce point, la sensualité de Picasso se donne, une fois de plus, libre cours. Pain, jambon, alcool de feu : nul blasphème, pourtant, une simple affirmation explosive. Picasso aime Eva (elle va mourir trois ans plus tard), c'est son amie, sa vie, sa jolie. Bonjour, bonne année, dans les siècles des siècles. On reparlera de ce tableau de 1912 en 2012, c'est tout vu.

Vendredi 1ᵉʳ janvier 1999

Magnifique journée de printemps.

Soir bleu dans le cloître de Port-Royal. Pleine lune, air transparent, Vénus très brillante (*Vénus* : du sanscrit védique *vanas*, charme ; du verbe *van*, désirer). Des merles, surpris, se mettent à chanter.

Rimbaud :

> *Plus de lendemain,*
> *Braises de satin,*
> *Votre ardeur*
> *Est le devoir.*

À bientôt.

Chronologie

Janvier

7 Les chômeurs descendent dans la rue et occupent les antennes ASSEDIC : le gouvernement débloque un milliard de francs, mais reste ferme face aux revendications d'une hausse de 1 500 francs des minimas sociaux.
Monica Lewinsky (25 ans, ex-stagiaire à la Maison-Blanche), interrogée dans l'affaire Paula Jones (remontant à 1991), jure n'avoir jamais eu de relations sexuelles avec Clinton.

12 Linda Tripp remet au procureur Kenneth Starr des enregistrements de conversations avec Monica racontant le contraire.

17 Clinton nie sous serment avoir eu une relation avec Monica Lewinsky.

23 Une avalanche emporte un groupe d'adolescents de la région parisienne, qui faisaient une randonnée près des Orres (Hautes-Alpes) : onze morts. Le guide de montagne et le directeur du centre UCPA sont mis en examen.

28 Inauguration à Saint-Denis du Stade de France : ellipse aérienne de 80 000 places, au nord de Paris, le nouveau stade est l'un des plus grands au monde, après ceux de Rio, Barcelone et Mexico.

Février

6 Le préfet de Corse Claude Érignac est abattu par balles à Ajaccio : cette atteinte sans précédent à l'autorité de l'État amène le nouveau

317

préfet, Bernard Bonnet, à lancer une vaste opération « mains propres » dans différents secteurs économiques et dans les services de l'État.

Le FN perd son seul siège à l'Assemblée nationale, après l'annulation de l'élection de Jean-Marie Le Chevallier, député du Var et maire de Toulon. Son épouse Cendrine, candidate à sa place, sera battue par la socialiste Odette Casanova.

23 Annonce de l'ouverture du capital d'Air France : l'opération de privatisation partielle (20 %), associée à un actionnariat salarié important, doit être réalisée début 1999.

Mars

7 Appel de Jean-François Mancel au FN : en pleine campagne électorale, le président du conseil général de l'Oise (RPR) propose au FN de devenir « une partie de la droite de demain », relançant la polémique sur les relations avec le parti de Jean-Marie Le Pen. Il est exclu du RPR le 18 mars.

Occupation de la cathédrale d'Évry par les sans-papiers, qui investissent d'autres églises de la région parisienne et de province. A la fin de l'opération de régularisation lancée par Lionel Jospin en juin 1997, sur 140 000 dossiers, 60 000 environ seront refusés.

11 La dépouille d'Yves Montand est exhumée pour expertise de recherche en paternité. L'analyse génétique paraît démontrer qu'il n'y a aucun lien entre Aurore Drossart et le chanteur. La cour d'appel se prononcera le 17 décembre 1998.

Feu vert de Jacques Chirac au projet de réforme de la justice, ouvrant la voie à la réforme constitutionnelle du Conseil supérieur de la magistrature (CSM). Indépendance, respect de la présomption d'innocence et simplification de la procédure sont les autres grands axes de cette réforme.

15/22 La gauche remporte les élections régionales et cantonales. La droite, qui contrôlait 20 des 22 régions métropolitaines, n'en préside plus que 14 et perd l'Île-de-France.

Malgré les mots d'ordre des états-majors, quatre présidents de droite sont élus avec les voix du Front national : Charles Millon (DL, Rhône-Alpes), Jacques Blanc (DL, Languedoc-Roussillon), Charles Baur (FD, Picardie) ainsi que Jean-Pierre Soisson (apparenté UDF, Bourgogne). Ils sont exclus de l'UDF le 8 avril.

16   La loi sur la nationalité restaure le retour au droit du sol. A partir du 1er septembre, les enfants nés en France de parents étrangers, et y ayant résidé au moins cinq ans entre l'âge de 11 et 18 ans, deviendront français de plein droit.
Déménagement de la Bibliothèque nationale : 10 millions d'ouvrages quittent la rue de Richelieu pour le nouveau site de Tolbiac. La BNF connaît un démarrage difficile et sa première grève en octobre.

25   Qualification de la France pour l'euro. Les déficits publics ne dépassent pas 3,02 % du PIB en 1997, en ligne avec les exigences de Maastricht. Le gouvernement table sur un déficit public de 2,9 % en 1998.

26   Arrestation du tueur en série présumé de l'Est parisien. Guy Georges sera mis en examen pour les agressions de onze jeunes femmes, dont sept ont trouvé la mort, depuis 1991.

Avril

2   Maurice Papon condamné à dix ans de réclusion par la cour d'assises de Bordeaux pour « complicité de crimes contre l'humanité », pour son rôle dans des déportations de juifs. À l'issue du plus long procès de l'après-guerre, cet ancien haut fonctionnaire du gouvernement de Vichy se pourvoit en cassation et sort libre du tribunal.

6   Guérilla Toubon-Tiberi à la Mairie de Paris : l'ancien garde des Sceaux, Jacques Toubon, maire du XIIIe arrondissement, crée un nouveau groupe au sein de la majorité RPR-UDF. Les trente-trois dissidents du groupe PARIS rentreront dans les rangs à l'automne.

17   L'allocation municipale de naissance décidée par la Mairie FN de Vitrolles, attribuant une prime de 5 000 francs selon un critère de « préférence nationale », est jugée illégale par le tribunal administratif de Marseille.

22   L'Assemblée nationale adopte l'euro par 334 voix contre 49. Le groupe RPR s'abstient, tandis que les communistes votent contre. En mai, les premiers euros sont frappés à l'usine de Pessac, près de Bordeaux.

29   Le président du Conseil constitutionnel, Roland Dumas, est mis en examen pour « recel et complicité d'abus de biens sociaux » en marge de l'affaire Elf. Il exclut toute démission.

30   Plan de rattrapage pour l'enseignement public en Seine-Saint-Denis après deux mois de protestations contre la situation alarmante dans ce département. Le ministre Claude Allègre accorde 3 000 nouveaux postes d'enseignants et des crédits pour la rénovation des locaux.

Mai

3   Vol d'un tableau de Camille Corot au musée du Louvre : *Le Chemin de Sèvres*, estimé à 68 millions de francs, disparaît à une heure de grande affluence.

5   Un accord avec Nouméa sur l'avenir de la Nouvelle-Calédonie est signé par Lionel Jospin, les indépendantistes et les anti-indépendantistes. Le futur statut de l'île prévoit l'autodétermination dans quinze à vingt ans. Lors du référendum du 8 novembre, les Calédoniens approuvent l'accord institutionnel à une large majorité.

13   Promulgation de la loi sur les 35 heures, durée légale du travail hebdomadaire en 2000 pour les entreprises de plus de 20 employés et en 2002 pour les autres. Au 18 novembre, 640 accords d'application de la loi ont été signés concernant 71 000 salariés et créant 5 650 emplois.

16   Épilogue judiciaire de l'assassinat de la députée Yann Piat : à l'issue d'un procès de six semaines, le commanditaire, Gérard Finale, et le tueur, Lucien Ferri, sont condamnés à la réclusion criminelle à perpétuité.

17   Parité hommes-femmes : Lionel Jospin ouvre la voie de la parité dans le domaine politique. Le Conseil des ministres adopte un projet de loi insérant dans la Constitution un alinéa stipulant que « la loi favorise l'égal accès des femmes et des hommes aux mandats et fonctions ». Le texte sera présenté au Parlement en décembre.

30   Afghanistan : séisme, environ 3 000 morts.

Juin

1ᵉʳ   Siphiwe Nyanda, premier général noir à la tête des armées de l'Afrique du Sud.

9   Jorge Videla, ancien chef de la junte argentine (1976-1983), arrêté pour « détournement d'enfants en captivité » et incarcéré.

21   Andrès Pastrana Arango (47 ans, conservateur) élu président de la Colombie (50,2 % des voix), en fonction le 7 août ; la Farc (guérilla) s'était prononcée pour lui.

24   État d'urgence en Tchétchénie.

25   Le chanteur berbère Matoub Lounès (né le 26 janvier 1956, enlevé le 25 septembre 1994 par le GIA et libéré quinze jours plus tard) est assassiné.

28   Slavko Dokmanovic, ancien maire serbe de Vukovar, inculpé de crimes contre l'humanité, se suicide en prison aux Pays-Bas.

Juillet

6   Les talibans donnent quinze jours pour rapporter les postes de TV. Expulsion de la plupart des ONG humanitaires.

8   Le débat sur l'euthanasie est relancé après la mise en examen d'une infirmière de l'hôpital de Mantes-la-Jolie, Christine Malèvre, qui reconnaît avoir mis un terme aux souffrances d'une trentaine de malades incurables. En octobre, elle revient entièrement sur ses déclarations.

12   Une marée tricolore d'un million de personnes sur les Champs-Élysées après la victoire des Bleus : la France, qui accueillait le *Mundial*, remporte pour la première fois la Coupe du Monde de football, écrasant le Brésil par trois buts à zéro.

17   Tour de France perturbé par des affaires de dopage : exclusion de l'équipe Festina après la découverte de produits dopants. Interpellations, perquisitions, enquêtes se succèdent, menaçant à tout moment le Tour.
Kenneth Starr cite Clinton à témoigner.

Sang contaminé : Laurent Fabius, Edmond Hervé et Georgina Dufoix renvoyés devant la Cour de justice de la République. Les trois anciens ministres socialistes sont accusés d'« homicides involontaires et atteintes involontaires à l'intégrité des personnes ». Le procès est prévu pour février 1999.

18   Le président Mandela (80 ans) épouse en troisièmes noces Graça Machel (42 ans), veuve de l'ancien président du Mozambique.

22   Drame à Perros-Guirec : le naufrage d'un dériveur au large des côtes bretonnes coûte la vie à quatre jeunes scouts ainsi qu'à un plaisancier venu à leur secours. La justice fait état de manquements graves aux règles de sécurité et met en examen le responsable du camp, l'abbé Jean-Yves Cottard, qui sera incarcéré durant trois semaines.

27   Monica Lewinsky reconnaît sa liaison avec Clinton.

28   Monica Lewinsky obtient l'immunité en échange de son témoignage.

29   Promulgation de la loi sur les exclusions, qui vise à garantir l'accès de tous aux droits existants en matière d'emploi, de logement, d'éducation et de santé. La France est le seul pays européen à se doter d'une loi globale sur ce sujet.

Août

3   Le corps du petit Adrien, 12 ans, retrouvé dans un bunker désaffecté de Thionville (Moselle), deux mois après sa disparition. Le 26 septembre, deux marginaux seront mis en examen, à la suite des aveux de l'un d'eux qui se rétractera par la suite.

6   Monica Lewinsky témoigne neuf heures devant le Grand Jury (chambre de mise en accusation). Une tache sur une robe de cocktail bleu foncé est en cours d'analyse.

7   François Léotard mis en examen pour le blanchiment présumé de 5 millions de francs au profit de l'ex-Parti républicain. En octobre, lui et son directeur de cabinet, Renaud Donnadieu de Vabres, seront de nouveau mis en examen pour infraction au financement des partis.

11 Les Talibans contrôlent 80 % de l'Afghanistan.

17 Clinton avoue s'être livré à des jeux sexuels.

21 Alain Juppé mis en examen dans l'affaire des emplois fictifs à la Mairie de Paris. Ces salaires, dont auraient bénéficié des permanents du RPR entre 1988 et 1995, étaient payés par des entreprises privées ou par l'Hôtel de Ville.

Septembre

1ᵉʳ Ouverture du plus important procès d'islamistes jamais tenu en France : 138 prévenus du « réseau Chalabi », accusés d'avoir soutenu des groupes armés algériens, comparaissent dans un gymnase aménagé à Fleury-Mérogis, près de Paris. Les avocats boycottent ce « procès de masse ». Le jugement sera prononcé en janvier prochain.

2 Le ministre de l'Intérieur Jean-Pierre Chevènement, victime d'un grave accident d'anesthésie à l'hôpital du Val-de-Grâce, sombre dans le coma. Son rétablissement rapide lui permettra d'envisager un retour aux affaires officielles début 1999. Jean-Jacques Queyranne, secrétaire d'État à l'Outre-mer, assure l'intérim.

4 Omar Raddad libéré de prison après plus de sept années d'emprisonnement. Son avocat, Me Jacques Vergès, va déposer une requête en révision de sa condamnation à dix-huit ans de réclusion pour l'assassinat, qu'il a toujours nié, de sa patronne, Ghislaine Marchal.

9 Corse : diagnostic sans complaisance de la commission parlementaire sur l'utilisation des fonds publics. Le rapport Glavany préconise une politique de fermeté ancrée dans la durée.

23 Jean-Yves Haberer, ancien PDG du Crédit Lyonnais, est mis en examen pour présentation de comptes inexacts et abus de biens sociaux, plus de quatre ans après la déroute financière du groupe bancaire public.

28 Changement à la direction de la MNEF après six mois de crise, déclenchée par des révélations sur la gestion douteuse de la mutuelle. Olivier Spithakis, démissionnaire, est remplacé par Jacques Delpy à la tête de cet organisme qui assure la couverture sociale de 820 000 étudiants.

30 Dix morts après une panne d'électricité à l'hôpital Édouard-Herriot de Lyon. Une enquête judiciaire est ouverte.

Florence Rey, 23 ans, est condamnée à vingt ans de réclusion criminelle pour sa participation à la fusillade du 4 octobre 1994 à Paris, qui avait fait quatre morts, dont trois policiers.

Octobre

2 Christian Poncelet (RPR) succède à René Monory (UDF) à la tête du Sénat.

3 Première journée d'appel de préparation à la défense pour près de 15 000 jeunes gens. L'APD remplace le service national et concernera aussi les jeunes filles à partir de l'an 2000.

6 Grèves à la RATP et à la SNCF après des agressions contre des agents. Le 8, Lionel Jospin intervient à la télévision et annonce des mesures pour lutter contre la violence dans les transports.

9 PACS : coup de théâtre à l'Assemblée, la proposition de loi est déclarée irrecevable. L'opposition, bénéficiant de l'absentéisme des députés de gauche, parvient – cas exceptionnel – à faire passer une motion d'irrecevabilité.

Le PACS, qui doit permettre à « deux personnes majeures d'organiser leur vie commune, qu'elles soient de sexe différent ou de même sexe », va entraîner des débats houleux, au cours desquels la députée de droite Christine Boutin sera la plus combative.

15 Dans toute la France, grande journée de protestation lycéenne contre les conditions de travail, avec un demi-million de participants. En novembre, Claude Allègre annonce des fonds pour l'aménagement des lycées et le recrutement de personnel éducatif supplémentaire.

Ouverture de la nouvelle ligne de métro, Météor, la première depuis cinquante-trois ans à Paris. Entièrement automatisée, elle relie la Madeleine à la BNF.

21 Affaire de la josacine empoisonnée : la Cour de cassation rejette le pourvoi formé par Jean-Marc Deperrois, condamné à vingt ans de réclusion criminelle pour l'empoisonnement de la petite Émilie Tanay.

22 Fermeture annoncée des Ateliers et Chantiers du Havre : le gouvernement retire son soutien aux ACH, provoquant une vague de protestations dans la région. Depuis 1995, l'État a accordé au chantier naval des aides d'un montant de 1,8 milliard de francs, que la Commission européenne juge en quasi-totalité « illégales ».
Les Verts choisissent Daniel Cohn-Bendit pour mener leur liste européenne de juin 1999. L'ancien révolutionnaire de mai 1968 crée des remous dans la gauche plurielle en demandant à Lionel Jospin la régularisation des sans-papiers, et en taxant le leader du parti communiste, Robert Hue, de « ringardise ».

27 Vente des Picasso de Dora Maar, qui fut la compagne du peintre. L'enchère la plus élevée (37 millions de francs) se porte sur *La Femme qui pleure*, une œuvre de 1937.

Novembre

2 Un officier français est mis en examen et écroué pour espionnage au profit des Serbes de Yougoslavie. Le commandant Pierre Bunel, détaché auprès de l'OTAN, est soupçonné d'avoir remis à des agents serbes des documents classés secret défense.

5 La réhabilitation par Lionel Jospin des « mutins du Chemin des Dames », épisode controversé de la guerre de 14-18, provoque un accroc dans la cohabitation, Jacques Chirac ayant jugé « inopportune » la prise de position du Premier ministre.

6 Inauguration du musée d'Art moderne et contemporain de Strasbourg. Le bâtiment de verre, de granit rose et de métal, conçu par l'architecte Adrien Fainsilber, abrite tous les courants de l'art moderne, de la fin du XIXe à la première moitié du XXe siècle.

10 François Santoni, ancien dirigeant d'A Cuncolta Independentista, est libéré, un mois et demi après avoir pris ses distances avec la violence et la radicalisation du mouvement nationaliste corse. Il était en détention provisoire depuis vingt-deux mois pour une affaire d'extorsion de fonds.

14 Évacuation sanitaire des sans-papiers grévistes de la faim de Limeil-Brévannes (Val-de-Marne) après soixante-treize jours de jeûne. Ces grèves de la faim sont de plus en plus nombreuses et longues : une dizaine cette année, supérieures à un mois.

17 Inéligibilité de Jean-Marie Le Pen réduite à un an, par la cour d'appel de Versailles, pour l'agression en mai 1997 d'une élue socialiste. Il se pourvoit en cassation, retrouvant ainsi la possibilité de conduire la liste FN aux européennes.
Par ailleurs, privé le 6 octobre de son immunité parlementaire européenne, il est poursuivi par la justice allemande pour avoir « publiquement minimisé l'holocauste ».

19 Un projet de loi sur le dopage est adopté en première lecture par les députés. Il renforce la prévention, la lutte contre les pourvoyeurs et instaure un Conseil de prévention et de lutte contre le dopage.

27 Grèves en série à la SNCF pour réclamer des augmentations d'effectifs. Les cheminots reprennent le travail, alors que le mouvement des contrôleurs se durcit, affectant l'ensemble de l'Hexagone. Une détente interviendra à partir du 10 décembre.

Décembre

2 Catherine Trautmann contrainte de reporter sa réforme sur l'audiovisuel, projet très controversé qui prévoit la réduction du temps de publicité sur France 2 et France 3, et la création d'une holding commune des chaînes publiques.

4 Jacques Chirac reprend l'offensive dans son discours-programme de Rennes, prônant notamment le principe d'un service minimum en cas de grève dans les services publics.

8 Vers la fin du monopole de l'EDF : l'ouverture du marché de l'électricité est adoptée par le Conseil des ministres. Le projet de loi sera examiné par le parlement en février.

9 Le Conseil d'État annule l'élection de Charles Millon à la présidence de la région Rhône-Alpes. M. Millon décide de se représenter.
Les députés adoptent le PACS en première lecture, après deux mois de discussion. La longue marche parlementaire de la proposition de loi des députés de gauche ne devrait s'achever qu'à l'automne 1999.

11 Guerre ouverte au FN : Jean-Marie Le Pen suspend du parti Bruno Mégret, ex-délégué général. 13 membres (sur 44) du bureau politique, dont Bruno Mégret, seront exclus du parti les 23 et 24 décembre, par le président du FN qui refuse la tenue d'un congrès extraordinaire décidé par les mégrétistes.

12 Vincent Cochetel libre, 317 jours après son enlèvement. Le délégué du Haut-Commissariat pour les réfugiés dans le Caucase, détenu vraisemblablement en Tchétchénie, est libéré grâce à l'intervention de forces russes et ingouches.

13-16 Flambée de violence dans les quartiers sensibles de Toulouse après la mort d'un adolescent, tué par un policier alors qu'il tentait de voler une voiture.

15 Les minima sociaux sont augmentés de 3 % : Lionel Jospin répond ainsi partiellement aux revendications des chômeurs de nouveau mobilisés.

16 Égalité hommes-femmes : l'Assemblée nationale adopte en première lecture le projet de révision constitutionnelle relatif à l'égalité d'accès aux mandats et fonctions politiques.

18 Annulation des élections régionales en Corse par le Conseil d'État, relevant des irrégularités sur les votes.

22 Le scrutin régional est réformé : le projet de loi modifiant le mode de scrutin et le fonctionnement des conseils régionaux est adopté à l'issue d'une troisième lecture et d'un affrontement droite-gauche. Pittbulls et rottweilers bientôt interdits : l'Assemblée nationale adopte le projet de loi visant à renforcer le dispositif législatif contre les animaux dangereux, destinés à être éradiqués dans les dix ans à venir.

24 Fin des investigations dans l'« affaire Dumas » par les juges Eva Joly et Laurence Vichnievsky, au terme de près d'un an d'enquête.

31 Passage officiel à l'euro.

Table

Du même auteur

RÉALISATION : PAO ÉDITIONS DU SEUIL.
IMPRESSION : NORMANDIE ROTO IMPRESSION S.A. À LONRAI
DÉPÔT LÉGAL : FÉVRIER 1999. N° 34259 (990246).

Journal de la fin du siècle

1991
Les Frontières vives
par Michel Winock

1992
par Jean-Noël Jeanneney
(à paraître)

1993
Journal d'une Parisienne
par Françoise Giroud

1994
Une année Sisyphe
par Edgar Morin

1995
L'Année des dupes
par Jacques Julliard

1997
Théâtre d'ombres
par Bertrand Poirot-Delpech